华 章 经 典 · 管 理

Z理论

THEORY Z

How American Business Can Meet the Japanese Challenge

[美] 威廉·大内 著 朱雁斌 译
William G. Ouchi

机械工业出版社
CHINA MACHINE PRESS

图书在版编目（CIP）数据

Z 理论：典藏版 /（美）威廉 · 大内（William G. Ouchi）著；朱雁斌译 . —北京：机械工业出版社，2023.12

书名原文：Theory Z: How American Business Can Meet the Japanese Challenge

ISBN 978-7-111-74865-6

Ⅰ. ① Z…　Ⅱ. ①威… ②朱…　Ⅲ. ①企业管理 – 经济理论　Ⅳ. ① F272

中国国家版本馆 CIP 数据核字（2024）第 015419 号

机械工业出版社（北京市百万庄大街 22 号　邮政编码 100037）

策划编辑：华　蕾　　　　　责任编辑：华　蕾　王　芹

责任校对：贾海霞　陈立辉　责任印制：刘　媛

涿州市京南印刷厂印刷

2024 年 5 月第 1 版第 1 次印刷

170mm × 240mm · 17.5 印张 · 1 插页 · 208 千字

标准书号：ISBN 978-7-111-74865-6

定价：59.00 元

电话服务　　网络服务

客服电话：010-88361066　机　工　官　网：www.cmpbook.com

010-88379833　机　工　官　博：weibo.com/cmp1952

010-68326294　金　　书　　网：www.golden-book.com

封底无防伪标均为盗版　机工教育服务网：www.cmpedu.com

丛书赞誉

任何一门学问，如果割断了与自身历史的联系，就只能成为一个临时的避难所，而不再是一座宏伟的城堡。在这套管理经典里，我们可以追本溯源，欣赏到对现代管理有着基础支撑作用的管理思想、智慧和理论。大师的伟大、经典的重要均无须介绍，而我们面对的经典内容如此丰富多彩，再美的语言也难以精确刻画，只有靠读者自己去学习、去感悟、去思考、去探寻其中的真谛和智慧。

西交利物浦大学执行校长◎席酉民

当企业在强调细节管理、有效执行的时候，实际上也是在强调对工作的分析和研究。当我们在强调劳资合作的时候，也就是在强调用科学的方法研究工作，将蛋糕做大，从而使双方都能获益。最原始的思想往往也是最充满智慧的、纯粹的、核心的思想。

南京大学人文社会科学资深教授、商学院名誉院长、
行知书院院长◎赵曙明

现代管理学的形成和发展源于相关人文社会科学学者对组织、组织中的人和组织管理实践的研究。如果我们能够转过身去，打开书柜，重

新看看这些著名学者的经典作品，就会发现摆在我们面前的多数当代管理图书好像遗失了点什么——对管理本质和实践的理解，就会感叹它们的作者好像缺少了点什么——扎实的理论功底和丰富的实践经验。

华南理工大学工商管理学院前院长◎蓝海林

把管理作为一门可以实验的科学，是具有开拓性的思考者和实践者留下的宝贵精神财富。伴随着科技进步和生产工具手段的变化，追求管理科学性的努力生生不息，成为人类文明的一道亮丽风景线。

复旦大学企业研究所所长◎张晖明

管理百年，经典有限，思想无疆，指引永远。经典，是经过历史检验的学术精华，是人类精神理性的科学凝练，是大师级学者回应重大现实问题的智慧结晶。希望青年学子能够积淀历史，直面现实读经典；希望年轻学者戒骄戒躁，像大师一样做真学问，代代传承出经典。

北京师范大学人本发展与管理研究中心主任◎李宝元

该丛书是管理学科的经典著作，可为读者提供系统的管理基础理论和方法。

武汉理工大学管理学院教授◎云俊

出版说明

自1911年弗雷德里克·泰勒的《科学管理原理》出版至今，漫长的管理历程中不断涌现灿若星河的经典之作。它们在管理的天空中辉映着耀眼的光芒，如北极星般指引着管理者们不断前行。这些图书之所以被称为管理经典，是因为在约百年的管理实践中，不管外界环境如何变迁，科学技术生产力如何发展，它们提出的管理问题依然存在，它们总结的管理经验依然有益，它们研究的管理逻辑依然普遍，它们创造的管理方法依然有效。

中国的管理学习者对于管理经典可以说是耳熟能详，但鉴于出版时间久远、零乱和翻译的局限，很多时候只能望书名而兴叹。“华章经典·管理”丛书的推出，不仅进行了系列的出版安排，而且全部重新翻译，并统一装帧设计，望能为管理学界提供一套便于学习的精良读本。

中国的管理实践者身处的内外环境是变化的，面对的技术工具是先进的，接触的理论方法是多样的，面临的企业增长是快速的，他们几乎没有试错的时间。那么他们要如何提升自己的管理水平，才能使自己在竞争中立于不败之地？最好的方法就是找到基本的管理理论。

管理经典就如一盏盏明灯，既是最基本的管理，又是更高明的管理。因此，对管理实践者来说，阅读这套丛书将受益良多。

“华章经典·管理”丛书追求与时俱进。一方面，从古典管理理论起，至当代管理思想止，我们选取对中国的管理实践者和学习者仍然有益的著作，进行原汁原味的翻译，并请专业译者加强对管理术语的关注，确保译文的流畅性和专业性。另一方面，结合中国的管理现状，我们邀请来自企业界、教育界、传媒界的专家对这些著作进行最新的解读。

这些工作远非机械工业出版社凭一己之力可以完成，得到了各界专家的支持与帮助，在此一并感谢：

包　政　陈佳贵　陈春花　黄群慧　蓝海林　李宝元
李新春　马风才　彭志强　施　炜　王方华　王以华
王永贵　魏　江　吴伯凡　吴晓波　席酉民　肖知兴
邢以群　颜杰华　杨　斌　云　俊　张晖明　张瑞敏
赵曙明

“华章经典·管理”丛书秉承“为中国读者提供世界管理经典的阅读价值，以知识促进中国企业的成长”这一理念，精心编辑，诚意打造。仅盼这套丛书能借大师经典之作，为更多管理实践者和学习者创造出更为有效的价值。

目　录

丛书赞誉
出版说明
总　　序
译 者 序
致　　谢

导言　我们为什么需要向日本学习 · 1

第一篇　向日本学习

第 1 章　我们能学到什么 · 10

终身雇佣制 · 16
评估与升职 · 24
非专门化的职业发展模式 · 28

第 2 章　日本公司的运作方式 · 37

决策 · 41

集体价值观 · 46
强调在整体上关注人 · 49

第 3 章 美日公司比较 · 54

比较一 · 55
不同的传统 · 61
比较二 · 65

第 4 章 Z 型组织 · 68

企业风格的问题 · 70
企业实质的问题 · 75
支撑 Z 型组织的理论 · 80
难以改变 · 85

第二篇 让 Z 理论发挥有效的作用

第 5 章 从 A 到 Z：步骤 · 94

第一步：了解 Z 型组织和你扮演的角色 · 97
第二步：审查公司的哲学观 · 99
第三步：确定适当的管理哲学并让公司的领导参与 · 101
第四步：哲学观的实现靠的是搭建结构和提供动力 · 102
第五步：培养人际交往的能力 · 103
第六步：自我检验和系统检验 · 108
第七步：让工会参与 · 110
第八步：稳定雇佣关系 · 114
第九步：确定缓慢的评估和升职制度 · 116
第十步：拓宽职业发展模式的发展方向 · 118
第十一步：做好在基层实施变革的准备 · 120
第十二步：选择在哪些方面实施参与式管理 · 123
第十三步：提供发展整体化关系的机会 · 124
总结 · 125

第 6 章　从 A 到 Z：设计哲学观 · 126

哲学观的产生 · 128
让哲学观发挥作用 · 134
在灵活运用手册的过程中加以完善 · 138
让各个零部件协调运转 · 142
利用自我批评 · 144
有关企业哲学观的结论 · 154

第 7 章　谁取得了成功：一些有关 Z 型组织的案例 · 155

案例一：变革从上层开始 · 156
案例二：传播文化 · 160
案例三：接班人的问题 · 164
案例四：Z 理论在办公室和工厂中的应用 · 167
案例五：通用汽车的工厂 · 170
结论 · 184

第 8 章　Z 型文化 · 188

容纳批评与欢迎开诚布公的场所 · 193
信任、友谊和合作 · 198
成为一个团队 · 200
走动式管理 · 202
谁重视他们的产品，他们就重视谁 · 203
先有鸡还是先有蛋 · 205
支持 Z 型文化的 Z 型环境 · 206
置身于 Z 型文化中的意义 · 208

结论　美国号企业航母的生死存亡 · 213
附录 A　Z 型公司的哲学观 · 218
附录 B　质量控制小组 · 245
注释 · 253
参考文献 · 257

总 序

学习管理　感悟管理　演练管理　享受管理

如今，市场上经管类图书可以说是琳琅满目、鱼龙混杂，时髦的名词和概念一浪接一浪滚滚而来，不断从一个新理念转到另一个新理念，传播给大众的管理概念和口号不断翻新，读者的阅读成本和选择成本不断上升。在这个浮躁的社会时期，出版商有时提供给读者的不再是精神食粮，而是噪声和思维杂质，常常使希望阅读、学习和提升的管理者无所适从，找不到精神归依。任何一门学问，如果割断了与自身历史的联系，就只能成为一个临时的避难所，而不再是一座宏伟的城堡。

针对这种情况，机械工业出版社号召大家回归经典，阅读经典，并以身作则，出版了这套“华章经典”，分设 3 个子系——管理、金融投资和经济。

“华章经典·管理”系列第一批将推出泰勒、法约尔和福列特的作品，后续将穿越现代管理丛林，收录巴纳德、马斯洛、西蒙、马奇、安索夫等各种流派的管理大师的作品。同时，将收录少量对管理实践有过重要推动作用的实用管理方法。

作为管理研究战线的一员，我为此而感到高兴，也为受邀给该系列作序而感到荣幸！随着经济全球化和知识经济的到来，知识的更新速度迅速提升，特别地，管理知识更是日新月异，丰富多彩。我们知道，大部分自然科学的原理不会随时间变化而失效，但管理的许多知识与环境和管理情境有关，可能会随着时间和管理情境的变迁而失去价值。于是，人们不禁要问：管理经典系列的出版是否还有现实意义？坦率地讲，许多贴有流行标签的管理理论或方法，可能因时间和环境的变化而失去现实价值，但类似于自然科学和经济学，管理的知识也有其基本原理和经典理论，这些东西并不会随时间的流逝而失效。另外，正是由于管理有许多与情境和人有关的理论、感悟、智慧的结晶、哲学的思考，一些管理知识反倒会随着历史的积淀和经历的丰富而不断发展与深化，绽放出更富历史感、更富真知的光彩。换句话说，不少创造经典的大师可能已经走了，但其思想和智慧还活着！不少浮华的流行概念和观点已经死了，但其背后的经典还闪闪发光！在这套管理经典里，我们可以追本溯源，欣赏到对现代管理有着基础支撑作用的管理思想、智慧和理论。

观察丰富多彩的管理实践，不难发现：有的企业家、管理者忙得焦头烂额，被事务困扰得痛苦不堪，结果事业做得还不好；有的企业家、管理者却显得轻松自如、潇洒飘逸、举重若轻，但事业红红火火、蒸蒸日上。是什么使他们的行为大相径庭，结果有天壤之别？一般的回答是能力差异。我不否认人和人之间的能力有差别，但更想强调能力背后的心态、思维方式和理念，即怎样看待管理，怎样面对问题，怎样定位人生。管理因与人有关，始终处于一种动态的竞争和博弈的环境下，因而永远都是复杂的、富于挑战的活动。要做好管理，成为优秀的企业家和管理者，除了要具备我们经常挂在嘴边的许多素质和技能，我认为最重要的是要具备管理的热情，即首先要热爱管理，将管理视为自己生存和生活不可分割的一部分，愿意体验管理和享受管理。此外，管理永远与问题和挑战相伴。我经常讲，没有一个企业或单位没有问题，管理问题就像海边的礁石，企业运行状况良好时，问题被掩盖了；企业运行状况恶化时，所有的问题就会暴露出来。实际上，涨潮时最容易解决问题，但此时也最容易忽视问题，退潮时问题都出来了，解决问题的最好时机也过去了。面对管理问题，高手似乎总能抓住少数几个关键问题，显得举重若轻，大量小问题也会随着大问题的解决而消失。而菜鸟经常认认真真地面对所有问题，深陷问题网之中，结果耽误了大事。人生的价值在于不断战胜自我，征服一个个管理难题，这实际上不仅是人生的体验，更是对自己能力的检验。若能这样看问题，迎接管理挑战就不再是一种痛苦，而会成为一种愉悦的人生享受。由此，从管理现实中我们能体会到，真正驾驭管理需要对管理知识、艺术、经验和智慧的综合运用。

高水平的管理有点像表演杂技，杂技演员高难度的技艺在常人看来很神奇，但这些令人眼花缭乱的表演实际上是建立在科学规律和演员根据自身特点及能力对其创造性运用之上的。管理的神奇也主要体现在管理者根据自身特点、能力以及组织和环境的情况，对基本管理原理的创造性应用之上。

因为“管理是管理者的生活”，我经常劝告管理者要“享受管理”，而要想真正做到这一点，除了拥有正确的态度和高尚的境界外，管理者还需要领悟管理的真谛；而要真正领悟管理的真谛，管理者就需要学习掌握管理的基本知识和基本技能。当然，管理知识的来源有直接和间接之分，直接知识是通过自己亲身体验领悟而来，这样过程太长；间接知识是通过学习或培训取得，这样过程较短，成效较快——两者相辅相成。

管理知识浩如烟海，管理技术和技能多如牛毛，而且随着时代、环境以及文化的变化而变化，同一种知识和技能的应用还有很强的环境依赖性，这就使管理的学习变得很难把握。许多人不知道看什么样的书，有的人看完书或听完课后的体会是当时明白了，也听懂了，但仍不知道怎样管理！实际上，管理的学习同经济学、自然科学等一样，首先在于掌握基本的思想和方法论。管理面对的是实际的企业、组织和人，一般规律对他们有用，但他们往往也有独特性，这使管理具有科学、艺术、实务、思想等多种属性，所以不能僵化地看待管理知识，在理解和运用管理知识时一定要注意其使用对象的特殊性。其次，管理者手中能够应用的武器有两种：科学的、带有普遍性的技术、方法，以及与人有关的、随情况变化的、涉及心理和行为的具有艺术特色的知识和经验。前者容易通过书本学习，后者则要通过实践或案例教学学习和体会。再次，管理重在明确目标以及其后围绕目标选择最佳或最满意的路径，而完成这一任务除了要拥有高瞻远瞩、运筹帷幄的能力以及丰富的知识和经验外，最基本的是要学会和善用成本效益分析工具。最后，所谓“三人行必有我师”，无论成功与失败，任何管理实践中都蕴含着知识和经验，所以，对管理来说，处处留心皆学问。若管理者要增加自己的管理知识并丰富自己的管理经验，就要善于观察组织及人的行为和实践活动，勤于思考和提炼，日积月累。

有人形象地比喻，管理类似于下棋，基本的管理知识类似于对弈的基本规则，各种管理技能和成功的管理实践类似于人们总结出的各种棋谱，实际的管理则由这些基本规则、各种棋谱演变出更加丰富多彩、变幻莫测的局势。水平接近者的比赛，赛前谁都难以确定局势的变化和输赢的结果。类似地，管理的学习始于基本知识和基本技能，而要演化出神奇的管理实践需在此基础上去感悟、去享受！

实际上，管理活动本身犹如一匹烈马或一架难以控制的飞机，要想驰向发展的愿景或飞向辉煌的未来，不仅要享受奔驰中飘逸的快感或飞翔时鸟瞰世界的心旷神怡，还要享受成功后的收获，因此，必须设法“驾驭”好管理。

我陪人练习驾车时曾深有体会地告诉驾驶者：开车的最高境界是用心，而不是用身体，要把车当作你身体功能的一种延伸，使车与你融为一体，然后在你心神的指挥下，心到车到。“管理”这匹烈马或这架复杂难控的飞机何尝不是如此，它也是人类、领导者、管理者的功能的一种延伸、一种放大器，而要真正享受它带来的感受并使它发挥功效，必须娴熟且到位地驾驭它。面对种种复杂的管理，更需要用心驾驭。

在这里，我没有对经典系列本身给予太多介绍，只重点谈了如何学习管理，提升管理水平，最后达到享受管理。这是因为，大师的伟大、经典的重要均无须介绍，而我们面对的经典内容如此丰富多彩，再美的语言也难以精确刻画，只有靠读者自己去学习、去感悟、去思考、去探寻其中的真谛和智慧，我只是提供了我自认为可以研究和实践管理的途径，希望这些文字有助于读者对管理的阅读、理解和思考！

席酉民

西交利物浦大学执行校长

译者序

组织的血型

众所周知，人之性格，血型使然。血型的种类大致分为A型、B型、AB型、O型以及个别罕见类型。流淌在人们身体中的血液决定了他们的基本性格，血型不同，性格也不同，做事的方式和态度也不同。俗话说，人以群分，物以类聚，由人组成的组织也应该具有某种所谓的基本“血型”，即根本性的性格、特征和行为方式。但是，人们对于管理学意义上的组织的具体分类还存在异议，各国和各个时代的学者对此也是众说纷纭，没有定论。

20世纪80年代，美国企业面临日本企业的巨大挑战。当时美国感到日本的企业和经济给他们带来了极大威胁，纷纷惊呼“狼来了”。但是，事情有两面，有利有弊，或者按照中国古代思想，“三十年河东，三十年河西”，而且，“他山之石可以攻玉”。在美国人普遍提出“日本威胁论”的同时，日裔美籍学者威廉·大内撰写了这部管理学著作《Z理论》，他从组织的角度研究了日本的企业及其成功模式，希望从拥有不同文化背景的日本企业身上找到美国企业可以借鉴的东西，希望化威胁为美国企业发展的动力。孔子曰：“三人行，必有我师焉。”日本企业曾经以美国工业企业制度为楷模，而威廉·大内先生认为美国企业也需要调整心态，“师夷长技以制夷”。

虽然本书用很大的篇幅论述日本企业的优势，但其中讨论的内容并不局限于对日美企业的比较和分析，而是上升到了一般意义上的组织范畴。威廉·大内先生挑选了日美两国的一些典型企业作为研究对象，从雇佣制、评估与升职、雇员的职业发展、控制机制、决策、负责制和对整体或局部的关注等方面分析了双方企业或组织的特点。例如，日本企业实施的是终身雇佣制；而在美国企业中，雇员的流动性非常大，管理者在雇用雇员时想的是如何解雇雇员，他们在招募雇员时只考虑眼前的经济利益，只考虑自己的短期“政绩”，没有考虑到企业的长期发展和利益。

为什么威廉·大内先生选择“Z”来命名这种最理想化的组织呢？在比较了日美两国企业的不同管理特点后，他在道格拉斯·麦格雷戈就雇员的管理提出的“X 理论”和“Y 理论”管理学说的基础上，提出了“Z 理论”。Z 理论强调组织管理的文化因素，并认为组织或企业在生产力上不仅需要考虑技术和利润等硬性指标，而且还应考虑软性因素，如人性化因素，即信任、人与人之间的密切程度和微妙的关系等。

X 理论和 Y 理论体现了西方的管理原则，而 Z 理论强调在组织的管理中加入东方的人性化因素，是东西方文化和管理哲学的碰撞和融合。有人认为 Z 理论是对 X 理论和 Y 理论的一种补充与完善，企业的管理者在管理雇员的过程中要根据企业的实际情况把握制度与人性、控制与主动之间的“度”，因地制宜地实施最符合组织利益和雇员利益的管理方法。

在比较分析 X 理论、Y 理论和 Z 理论的基础上，威廉·大内先生总结出西方和日本的组织的基本形式，即 A 型、J 型和 Z 型。A 型是大多数美国企业的组织形式，其突出特点是雇员的流动性大、岗位设置专业化等。J型是专门针对日本企业提出来的，具有终身雇用、雇员通才化等特点。例如，我们经常在日本电影和日剧中看到乱糟糟的办公室里摆放着许多办公桌，雇员们像没头苍蝇一样跑来跑去，办公室的上首是经理或课长的办公桌，就像教室里摆的老师的讲台一样。透过威廉·大内的分析和介绍，这种办公室布局竟然是日本式管理方法的特点之一。Z型组织扬长避短，兼有A型和J型的优势，是最理想和最成功的组织。A型和J型是组织普遍采用的形式，而Z型是少数长盛不衰的组织才具有的“血型”。

虽然人的血型不能从A型转变为B型，但按照威廉·大内的理论，大多数组织或A型组织在这方面不是无能为力的，它们通过努力是可以从A型转变为Z型的。为此，他提出了十三步骤法帮助组织从A型转为Z型，其中的基础是组织的文化和哲学观。

文化和哲学观是什么呢？孔子曰：“为政以德，譬如北辰，居其所而众星共之。”即管理国家要靠德，就像北极星处在自己的位置上，而众多的星辰拱卫它。我们可以把它引申为：管理组织或Z型组织要靠企业的文化和管理者的品德，用企业的文化来统帅公司。另外，麦肯锡的管理理论与方法与此不谋而合，有异曲同工之妙。它认为组织或企业的硬件是战略、结构、制度，软件是风格、雇员、能力，所有这些要素都以企业文化为中心展开。以企业文化为管理之道的公司，就像日月星辰一样有秩序地运转。

在Z型组织内部，不同血型和不同性格的人需要有一致的目标。他们需要在统一的文化氛围里耳濡目染，通过团队、信任、友谊、合作、批评、开诚布公等方式逐渐使自己的价值观和人生观与企业的哲学观统一起来。否则，如果雇员的价值观与企业的哲学观格格不入，如果雇员或管理者总是考虑自己的“如意算盘”，就算他们是彼得·德鲁克这样的管理大师，或者神仙下凡，企业也不会表现出强大的生命力。孔子曰：“道之以政，齐之以刑，民免而无耻；道之以德，齐之以礼，有耻且格。”其中的“道之以德”是说“用德行来教导，用礼仪来整治，民众有廉耻，而且敬服”，用在现时，也就是强调企业文化的重要性。制度对于组织固然非常重要，一个没有制度的组织，其成员必定松松垮垮，这样的组织是不会取得成功的。但是如果组织强调了规章制度，却忽视了企业文化的建设，组织中就会出现“上有政策，下有对策”的局面，组织的成员不首先考虑如何执行政策，而是首先想怎样钻空子。如果重视企业文化，也就抓住了经营管理之“道”。在这样的思想指导下，向雇员充分授权，并用信任和尊重来对待他们，用制度来约束他们，他们就会自我管理，也就是“有格”，他们就会知道什么是正确的、什么是错误的。总之，就是“用制度来约束，用文化来改变，用情感来感染，用事业来激励”。

总之，组织的成功离不开信任、微妙性和密切的关系，因此完全可以实行以开诚布公和沟通为基本原则的参与式管理，即组织除了有硬件外，还需要具备文化上的软件，这也是本书要探讨的内容。当然，威廉·大内提出的 Z 型组织不一定是最完美的组织形式，现实中组织形式不一定只有 A 型、J 型和 Z 型，不像血型只有那么几种和个别罕见类型，组织的“血型”还需要靠组织及其管理者和成员的实践来检验和发展。

朱雁斌

2007 年 7 月

致　谢

1973年，我开始研究日本公司的管理方式。当时，我着手做的是一个许多人都不感兴趣的学术项目。最早向我提供经费的是美国全国生产力委员会（现在已经不存在了）。随着项目研究的深入，关于日本质量和生产力的争论日益成为热门话题，而且我经常被美国公司请去，与它们分享我的研究成果。通过与许多管理人员探讨美国公司能实施什么样的变革，我的认识越来越完整，变革要吸取日本公司的成功经验，而不是照猫画虎。这个研究项目的合作者最初是理查德·帕斯卡尔（Richard Pascale）。许多管理人员为我付出了不少时间，没有他们，我可能无法了解日本公司。其中，有两位发挥了特别重要的作用。一个是盛田昭夫（Akio Morita），他是索尼（Sony）公司的创始人之一，而且是我多年的挚友。在企业经营的认识上，他的思路非常宽广，他不仅与我分享他的观点，而且还让我随便参观他的公司。另一个是设在华盛顿的日本生产力中心办事处的新井让二（Joji Arai），我在日本见什么人都是他安排的，在这方面他的帮助最大。

到这个时候，我的研究范围已经超出日本公司的范畴，并转移到大家都在关注的问题：日式管理方式在美国应用能取得成功吗？许多企业家曾经不相信我们能取得成功，大多数学者过去也认为成功是不可能的，而且现在许多学者仍旧持有这种观点。对于研究日本社会和文化的专家来说，美日之间的差异是非常巨大的，因此它们之间相互借鉴对方的社会组织管理方式似乎是不可能的。然而对于一个攻读商务组织行为学的学生来说，美日企业在企业任务上存在的相似性，间接地表明日本公司所具有的某种形式的基本特征肯定是可以移植的。让只有某种文化才具有的原则，与普遍适用于经济组织的原则脱钩就成了我的目标。我面临的最大困难是为我的课题寻求支持。美铝基金会（Aloca Foundation）的会长查尔斯·格里斯沃尔德（Charles Griswold）是唯一看到我的研究课题有一定希望并在资金上支持我的人。他之所以这么做，部分原因是他听取了阿佳·米勒（Arjay Miller）的意见，后者当时是斯坦福大学工商管理研究生院（Stanford University Graduate School of Business）的院长，而我当时是研究生院的教师。米勒院长理解并支持我的工作，他坚定不移的精神令我无法一一报答。

为了证实有些美国公司可以采用日式管理方式的论点，我又系统地研究了一些Z型公司。在该过程中，我与许多企业界人士讨论过这个问题。惠普（Hewlett-Packard）公司的约翰·多伊尔（John Doyle）是给我帮助最大的人之一。他始终不相信简单的办法能解决问题，在对组织和管理的认识上总是富有见地。雷恩出版公司（Lane Publishing Company）的梅尔·雷恩（Mel Lane）和他的兄弟比尔（Bill）允许我以他们的 *Sunset Magazine and Books* 的员工为实验对象，帮助我完善我的研究方法。因此，我能够考察一个在我看来似乎属于Z型的公司，并确定我是否可以以数字的方式测量它的关键特征。本书没有列出这些统计数字和测量标准，但我希望，通过这项工作总结出的观点确实能经得住考验。

到这个时候，来自日本的挑战已呈铺天盖地之势，美国人想知道美国会有什么反应。差不多有几十个出版商邀请我就这个主题写一本书，然而，所有这些出版商想要的不是大学教科书，就是哗众取宠的快餐，后者在我看来毫无实质内容。这两种书都吊不起我的胃口。因此在Addison-Wesley出版社的编辑斯图亚特·米勒（Stuart Miller）与我接触前，我一直没有开始写本书。他曾问我是否可以写这样一本书：不保证能找到简单的答案，而是探讨日式管理方式和美国生产力的基础性问题。如果我这本书能成功地吸引大批读者，那么部分功劳应属于编辑哈里特·鲁宾（Harriet Rubin）、安·蒂尔沃斯（Ann Dilworth）、沃伦·斯通（Warren Stone）和帕梅拉·皮尔森（Pamela Pierson）。

最重要的是，本书认为推销钢材和销售时尚牛仔裤的公司、神秘的医院和官僚作风盛行的邮局都属于社会要素。因此，本书探讨的是信任、微妙性和密切的关系。没有这些内容，任何社会要素都无法取得成功。我的第一个牧师艾伦·哈克特（Allen Hackett）教会了我什么是信任，因为他相信他的教徒，所以允许他们按照个人的方式成长。我的母亲和姐姐教会了我什么是微妙性。最重要的是我的父亲，在他的引导下，我在成长过程中一直保持低调。我的妻子教会了我什么是密切的关系，她让我知道信任和微妙性的增强离不开密切的关系。

本书包含实际案例，其中对日式管理方式的认识被应用到美国企业中。我有许多机会亲身体验企业的实践。我与时任克莱斯勒公司（Chrysler Corporation）经理的小查尔斯·W. 乔伊纳（Charles W. Joiner）相识多年，而且是挚友。通过他，我了解到管理人员在工作中面临怎样的个人挑战、压力和乐趣。通过博思艾伦咨询公司（Booz, Allen and Hamilton）（美国最大的管理咨询公司）的詹姆斯·法利（James Farley）及其合伙人和奥利弗·威廉森（Oliver Williamson），我学会了如何设计大型组织。后者是一位经济学家，主张彻底改革我们的组织设计方法。在实施这个研究项目过程中，我拜访了几百人，用数千小时收集调查表和分析数据。此外，虽然本书没有提供这些数据，但是我的学生们通过深思熟虑，将它们组合在一起，并融会贯通。他们是玛丽・安・马奎尔（Mary Ann Maguire）、阿尔弗雷德・杰格尔（Alfred Jaeger）、杰里・约翰逊（Jerry Johnson）、艾伦・威尔金斯（Alan Wilkins）、艾丽丝・卡普兰（Alice Kaplan）、雷蒙德・普里斯（Raymond Price）、大卫・吉布森（David Gibson）、罗伯特・肯莫尔（Robert Kenmore）和帕特丽夏・希金斯（Patricia Higgins）。

由于惠普公司、代顿 - 哈德森（Dayton-Hudson）公司、英特尔（Intel）公司、罗克韦尔国际公司（Rockwell International Corporation）和美国礼来公司（Eli Lilly and Company）允许我复制它们的企业目标手册，因此我要对它们表示感谢。它们开放的态度将有益于我们所有人。

在我到加利福尼亚大学洛杉矶分校（UCLA）后，我开始进入最后一个阶段，即把各种观点真正地组合在一起，并记录下来。克莱・拉佛尔斯（Clay LaForce）院长在那里营造了一个富有创造力和给予大力支持的氛围，这种氛围让我倍受鼓舞。我的同事和学生帮助我厘清思路、迸发出新的想法，我对他们所有人表示感谢。我还要感谢我的妻子卡罗尔和我的孩子们——莎拉、詹尼弗和安德鲁，他们提供的是最原始的黏合剂，这种黏合剂不仅给我支持，而且还约束我的行为，没有这种黏合剂，我可能熬不过漫长的过渡期，最终写成本书。

威廉・大内
美国加利福尼亚州圣莫尼卡市

THEORY Z

How American Business Can Meet
the Japanese Challenge

导言

我们为什么需要向日本学习

不久前，我安排我的两个博士生与某个公司的副总裁共进午餐。该公司是美国最受尊敬、规模最大的公司之一，在“十佳优秀管理公司”中，它经常榜上有名。这次午餐让这两个未来的教育者有机会向我们的客人提问，而客人的职位和经验有助于他们从一个独特的视角看问题。在讨论了许多问题后，我的学生用一个问题来总结他们感兴趣的事情：“在您看来，美国企业在未来10年面临的关键性问题是什么？”副总裁回答说：“关键性问题不是技术或投资，也不是规章制度或通货膨胀。关键性问题是我们如何对一个事实做出反应，事实就是日本人知道如何比我们管理得更好。”

举例说明，通用汽车（General Motors）别克（Buick）分公司的一些工程师和经理最近拜访了他们在东京的经销商，该经销商进口别克汽车，然后卖给日本人。这个经销商经营的似乎是一个庞大的修理厂，因此他们就问经销商，他是如何建立起这样庞大的服务体系的。这个经销商有些尴尬地解释说这根本就不是修理厂，而是一个重新装配点，他在这里把新近到货的汽车拆开，然后按照日本的标准重新组装。他特别提到，虽然许多日本人喜欢美国车，但他们不会接受低劣的质量，而这些车就是按照这种标准被组装在一起的。

像这样的故事比比皆是。我们知道第二次世界大战后日本生产力的增速是美国的400%。更严重的是，我们知道美国生产力的增幅现在落后于任何欧洲国家，包括被说得非常糟糕的英国。虽然美国许多观察家对日本人的成功啧啧称奇，但是他们得出这样一个结论，即日本是一个无法让美国学到很多东西的国家。他们认为日本的方法完全不适合美国的国情。

但是，我们的故事有不同的结局。别克的工程师和经理想当然地认为日本人的成功经验在密歇根州弗林特市没有用武之地，他们打算按照自己的思路创造自己的成功。他们挑选了别克总装厂，它在效率和质量上已经沦落到整个公司的末流，后来在工人和工会的配合下重新设计了工厂的管理模式，而这种管理模式与日本人的管理方式差不多。在两年内，别克总装厂超过了通用汽车的所有总装厂，在质量和效率上跃居首位。引导他们改造通用汽车陷入困境的别克工厂的思路，就是被我称为 Z 理论管理法的基本原则。这个基本原则非常简单，它认为牵涉其中的工人是提高生产力的关键。

作为一个国家，我们已经认识到技术的价值并采用科学的方法研究它，但我们同时低估了人的价值。我们的政府面向电气工程、物理和天文等领域拨款几亿美元用于研究新技术。政府支持发展复杂的经济概念。但是，在提升我们对如何管理和组织干活的人的认识上，政府几乎没有拨款。我们是通过向日本人学习才获得这方面的认识的。靠货币政策或通过增加研发投资是不能解决美国的生产力问题的。只有我们学会如何管理人，使他们更有效地在一起工作，这个问题才能被根除。Z 理论提供了应对的方法。在工作上，美国工人与日本工人几乎一样努力；美国的管理人员差不多与日本的管理人员一样，都想做出优异的成绩，但更加努力工作没有提高生产力；大多数雇员竭尽所能地努力工作，而且许多人为了他们自己的利益很卖力地工作，他们不想落在后面。我认为生产力是社会组织的问题，或按企业的话说，是管理组织的问题。要解决生产力这个问题，我们需要按照有效的方式使个人的行为协调一致，并从合作和长期的观点出发，向雇员提供激励机制，鼓励他们协调自己的行为。

Z 理论的第一个原则是**信任**。生产力和信任是紧密相关的，尽管看起来二者毫不相关。要搞清这种说法，先看看英国经济在 20 世纪的发展情况。这是一段工会、政府和管理层互不信任的历史，这种不信任使经济瘫痪，使得英国人的生活水平一落千丈。

但是，资本主义和信任没有必要相互排斥。哈佛商学院的青年学者托马斯·利弗森（Thomas Lifson）详细研究了日本的综合贸易公司。像三井（Mitsui）、三菱（Mitsubishi）和住友（Sumitomo）等贸易公司在全世界都设有办事处，推销日本生产的产品是他们的传统业务。在日本工业成功实施的出口战略中，这些贸易公司无疑起到了非常重要的作用。它们能够迅速进入新的市场，敲定美国公司敲定不了的交易，并协调广泛分布的商业活动，使之步调一致。利弗森说贸易公司的主要特点是粗放型管理体系，这种体系使得贸易公司的雇员相互之间有信任感。日本的雇员与美国的雇员一样都想取得成功。他们希望达成有利于本部门和自己的交易。他们在一个充满不确定性的环境中工作，他们买卖铜矿石、原油、小麦和电视机等商品。在某一天，某个大型贸易公司的总部收到 35 000 份电报，每一份电报都包含买或卖的报盘信息。如果某个部门承担亏损，而另一个部门足以弥补这种亏损，这样受益的就是整个公司，那么整个公司的利润率就会达到最大值。贸易公司的成功，关键取决于个别部门和雇员是否愿意做出牺牲。这种意愿之所以存在，是因为日本的贸易公司采取了增进信任的管理方式，信任来源于人们知道有失将来必有得，公平最终会被恢复的。

有一家美国公司既具有显而易见的独特性，同时又与日本人的管理风格几乎相似，这家公司就是惠普公司，主要生产计算机、精密仪器和电子元器件。惠普公司的人事专家描述副总裁交给他的一项特殊任务，其中他被要求提出一套可在全公司使用的新规程。这项任务使他有机会出人头地、发挥作用和被整个公司认可。在实施这个项目一周后，他发现公司的一个不起眼的部门已经设计出一套非常相似的方法，但其他部门对此一无所知。就像我们中的任何人一样，他犹豫了片刻，不知道是否要在已经存在的方法的基础上创造出一套新的规程。最后，他找到那位副总裁，告诉他这个问题已经被其他人解决了，只需要稍微修改就可以符合公司的要求。他相信副总裁会因他的诚实而奖励他，给他一项同样具有挑战性的任务。更重要的是，他相信他的同事将来对他也会同样坦率和诚实。这就是生产力。

Z 理论的另一个重要原则是**微妙性**。它是日式方法转变为美式方法的产物。人与人之间的关系始终是复杂的和处于变化之中的。班组长非常了解他的工人，可以准确地说出每个工人的特点，确定谁与谁配合得好，可以组建效率很高的工作小组。这种微妙性根本就是无法捕捉的，不是显而易见的，而且任何官僚主义的规定都有可能破坏这种微妙性。如果带有官僚主义的管理层或同样僵化的工会合同迫使班组长严格按照资历确定工作小组，那么这种微妙性就不复存在，生产力就会日趋下滑。

看看宝洁（Procter & Gamble）卫生纸厂的机器操作员的工作。这个工厂主要使用巨型机器，按照一系列步骤对原材料进行加工，最后生产出一卷卷卫生纸。一个环节出错，工厂在完成后三个环节后才能发现这个错误。此时，一整批产品都要报废：损失的是生产力。过去，班组长负责监督这些机器操作员，指挥他们工作和检查他们的绩效。现在在美国，几乎所有工业企业都是这样监督操作员的。即使班组长非常注意，机器操作员也愿意，但微妙的人际关系在这个体系里是根本不存在的。某个工人觉得在他的岗位上稍微调整一下操作方法，后面两道工序的操作流程就会得到改进，但若没有激励机制，他是不会走过去与有关的工人交谈的。机器操作员不同，衡量他的绩效的标准——离开工作岗位的时间、废品率等也不同。在他的工作报告上甚至会显示他离开工作岗位的时间，而为此他会受到处罚。要使得这个复杂的生产流程达到极佳的平衡状态，无论班组长有多么注意，他也不能同时考虑到所有复杂的问题。如果再增加一个班组长，随之而来的问题就是要协调他们（两个班组长）的工作。宝洁公司的情况正相反，该公司的许多工厂都设有半独立的工作组，而类似的工作组在日本的公司里也有。在工作组中，工人们自己控制自己的工作质量。干同样工作的人组成一组，他们要考虑大幅度提升生产力所需的所有可变因素。

生产力、信任和微妙性不是孤立的要素。通过更有效的协作，信任和微妙性不仅会提升生产力，而且它们彼此还会密不可分。虽然某个部门善于处理微妙的人际关系，在利用十分重要但模棱两可的信息上拥有得天独厚的优势，但他们也因此存在重大缺陷，即得不到外部的检查或审核。因微妙的人际关系而做出的决策，经不起毫不知情的局外人的苛刻审查。这个局外人可能是职位较高的管理者，他不信任监督员或他的工作组，或者可能是不信任公司的政府机构或工会。在上述任何一种情况中，由于双方缺乏信任，在需要选择显然合情合理的决策和举措时，放弃微妙的人际关系最终是迫不得已的。

人性的因素也是需要考虑的。在工作中得不到信任的人回到家里会怎么想？相反，日本不仅在经济上取得成功，而且它的酗酒、吸毒和自杀率在工业化国家中是最低的。这是巧合吗？午夜时分，独自行走在东京市区的妇女不担心身体受到伤害，这纯粹是偶然的事情吗？或者，这个社会是不是这样的社会，即人们通过各种黏合剂紧密地联结在一起，相互之间逐渐形成信任感，逐渐重视人与人之间的微妙关系，并因此能够享受富有价值且和谐的生活？

密切的关系像一根线一样普遍贯穿于日本人的生活中。没有关爱、支持和不轻易动摇的无私精神，人们也不可能有美好的生活，而这些都来源于密切的社会关系。在现在社会，人与人的疏远引起了许多社会观察家的关注。在美国人的生活中，密切的关系过去存在于家庭中、俱乐部里、邻里间、终身的朋友之间和教堂内。然而，所有这些密切的关系的发源地以及与其他人联络的最原始的方式，受到了我们现在的工业化生活方式的威胁。在 1900 年出生的美国人中，离婚的占 12%。相比而言，在 1940 ～ 1945 年出生的人中，最终离婚的人占 40%，这是最理想的估计值；而在再婚的人中，第二次离婚的人占 40%。对于美国的年轻人来说，离婚率似乎会有增无减。在邻居关系、俱乐部、教堂和友情方面，情况几乎是相同的，它们都是我们的生活方式的牺牲品。我最近调查了电子行业的高管。我问这些人他们是否有关系非常密切的朋友，一半的人说没有。在回答有的人中，几乎所有人都说他们只有一个这样的朋友。我问他们，在他们的邻居中是否有熟悉的人，再一次，一半的人说他们不熟悉邻居中的任何人。

社会学家长期以来一直认为，密切的关系是一个健全的社会必不可少的组成部分。一旦社会中的密切的关系开始消失，这个过程中它是不能自行提供生存所需的养分的，最终该关系会完全消失。在某个环境下不具备公共责任感的人，会丧失人们普遍具有的集体观。在一个社会中，如果某一代人丧失了培养密切的关系的能力，那么他们的下一代的集体观可能就会永久地被削弱。最终，正如社会学家乔治·霍曼斯（George Homans）指出的那样，[1] 我们会成为一堆垃圾般的个体，相互之间毫不相关。

当代美国人显然认为密切的关系只应源自某些地方。教堂、家庭和其他传统的公共机构，是密切的关系的唯一合理来源。工作场所的人们可以或应该保持密切关系的想法，是不为我们所接受的。“个人感情在工作时没有一席之地”，是人们普遍持有的观念。然而，我们周围

的人却不这么认为。在日本人的例子中，我们看到的是一个成功的工业化社会，其中不仅在其他环境中有密切的关系，而且工作场所也有密切的关系。日本人的例子迫使我们重新思考我们根深蒂固的观念，即在社会中什么是密切的关系的真正发源地。

在诠释美国人的经济和社会生活上，我们的视野可能有点儿太狭窄了。信任、微妙性和密切的关系对于大多数人来说，似乎是陌生的概念。通过考虑某种独特的组织模式，我们或许可以敞开胸怀，接受新的观点和新的方案。首先，了解日本模式。一旦我们了解了这种模式，我们就可以把我们自己的组织模式与他们的模式放在一起比较，并确定在我们自己的环境中我们需要什么样的模式。其次，考虑某些特立独行的美国公司，它们具有许多日本式的特征，这样我们可以找到有助于我们真正地向日本学习的方法。最后，认识到管理方式和组织形式无非是一个社会中的较大型组织的一个方面，掌握让社会的结构和组织的管理协调一致的有效方法，应该是我们的最终目标。

THEORY Z

How American Business Can Meet
the Japanese Challenge

第一篇

向日本学习

第1章

我们能学到什么

几年前我去日本考察，期间参观了一个由美国公司控股和经营的工厂。与其他设有工会的日本工厂不同的是，这个工厂最近爆发了一次罢工。厂长是个美国人，他向我描述了此次罢工："他们大约提前了 6 周通知我们他们要罢工。在罢工当天，他们设置了一条带有罢工标语的警戒线。我们在这一天被迫停工歇业。但当我下午 5 点向窗外张望时，不仅罢工标语和传单消失得无影无踪，而且工人们还把所有的咖啡杯和烟头收拾得一干二净，地上变得一尘不染！第二天，他们把前一天没有完成的任务都弥补回来了，而且没有加班加点！我不明白他们这样做有什么意义，因此我向我认识的一个工人寻求答案。"

这个工人回答说："我们对管理层有一些不满。罢工是让你们知道问题的严重性的唯一方式。但这也是我们的公司，而且我们不想给你们留下我们要背叛公司的印象。"

公司与其雇员的这种关系和现在的西方企业与雇员的关系在本质上是不同的，这让我们作何解释呢？这些公司在经济上取得的成功能买到雇员的忠心吗？我们是否能简单地归结为东方是东方，西方是西方，二者毫不相干？或者这个工厂是否是一个不能在其他地方复制的怪物？这些问题让我感到非常困惑，因此我非常想找到答案。

当我还是威廉斯学院（Williams College）经济学专业一年级新生时，我实际上就开始思考这些问题了，而我是差不多 13 年后才有了那次日本之旅的经历。老师当时说：日本生产力的增幅在第二次世界大战后是美国的两三倍。他们在战后创造的这个奇迹，离不开高效能的工厂和设备的兴建与使用，而陈旧和效率低下的存量资本给我们带来了沉重的负担。多年以来，人们甚至把这个说法归结为日本经济腾飞的主要原因。

此后，日本生产力的增幅一年高过一年，而美国的生产力现在几乎没有增长，甚至在某些财政季度出现下滑。近几年，美国生产力的增幅低于法国、英国或欧洲的任何其他主要国家。日本在经历了战后重建潮后，存量资本已经使用了很长时间，而我们在继续淘汰我们最陈旧的工厂，因此工厂和设备陈旧论有些站不住脚了。两个国家在工厂和设备的使用年限上的差距越来越小，而生产力上的差距却继续拉大。我们开始听到有关这种差距的截然不同的解释。日本仍旧对许多农民工有吸引力，他们把务农的价值观带到了工厂里。他们的工作时间很长，而工资很低。由于日本人可以引入我们的技术，而我们必须研发我们自己的技术，因此提升生产力对于他们来说更容易。日本由于某种原因想方设法保持住了热爱劳动的美德，而美国人已经变得松松垮垮、懒惰，并认为可以不劳而获地享受美好生活。

上述每一种解释在某些方面都是符合事实的，但完全令人信服的解释却没有。我们不能向工人灌输古老的劳动价值观，也不想在技术上居于次席，因此我们可以在需要时引入他人的长处。同时，我们无法显而易见地改变我们国家的价值观，即使我们的确需要纠正我们的价值观。这些解释也不是两个国家组织和管理公司的方式存在差异的理由。这种差异需要仔细分析。由于日本经济取得了巨大的成功，而且日美贸易的重要性越来越大，因此简单明了地描述日本的公司自然是令人感兴趣的。然而，更重要的是日式管理与我们自己的管理方式存在着显著差异。

波兰国家科学院的一位组织学专家在拜访我时请我描述一下美式管理的独特特点。这个问题颇令人为难。我意识到我的观点不是很有条理，我也不知道在我们国家，具有代表性的公司具有什么样的特点，更不用说成功的企业了。实际上，我当时以为任何地方的组织都遵循一般性准则。我们现在的社会学家有一个特点，即任何理论如果提出不同的文化有不同的现象，他们就不会表示怀疑。这是他们对早期思想的延续，那时有些学者简单地认为这些差异是文化上的差异，因此不受科学分析法的影响，就好像文化是特立独行的，以至于妨碍了科学分析法通过基因遗传的方式代代相传。这种回应不符合科学的思想观念，而身处其中的我们可能走入一个极端，即认为各个国家之间不存在重要的差异。

在相同的情况下，人们的反应可能相差无几，但文化不同，身处其中的人们所面临的情况也大相径庭。因此，虽然相同的行为准则可能放之四海而皆准，但因此而产生的社会结构和行为模式随当地条件的发展而发展，可能存在非常大的差异。我当时的目的是通过比较日本和美国的情况，发现这两种文化都具有的基本特征，并搞清楚在行为模式上为什么会出现这样的差异。我的最终目的，当然是搞清楚我们自己的组织和管理模式。日本人的模式起到参照物的作用，凸显出我们的组织的独特特征和在我们的社会中促使组织形成的力量。

我与我的同事理查德 · T. 帕斯卡尔提出了一个比较美日管理方式的研究方案，其中包含两个阶段。在第一阶段（1973 ～ 1974 年），我和帕斯卡尔拜访了 20 多个日本和美国的公司，其中每一个公司都在这两个国家设有工厂或职位。第二个阶段是收集更详细的数据，后来是由帕斯卡尔和其他同事实施的，在本书中就不予以介绍了。在第一个阶段后，我的注意力转移到符合 Z 理论的公司，其中仅以美国公司为主，而这些公司是本书的焦点。

通过第一个阶段的采访，我们逐渐清晰地认识到日本和美国公司的基本特征，但有一项不为人知的差异原来却是至关重要的。典型的日本公司在美国所采用的管理方式，明显不同于典型的美国公司的管理方式。这些公司没有照搬它们在日本本土形成的管理方式，而是根据美国的需要改变了它们的管理方式。尽管如此，它们还是保留了许多日式管理风格，而且不同于大多数美国公司。大多数日本公司在美国都做得非常成功。除了在财务和经营指标上取得成功外，在雇员方面，它们也是卓有成效的。从经理到工人和办事员的所有美国籍雇员都会说："在我工作过的企业中，这是最棒的。他们知道他们在这里要干什么，他们关心的是质量，而且让我感到我是一个大家庭中的一分子。"

另一方面，个别美国公司曾经试图把他们独有的美国管理方式带到并移植到日本。每一次这样的尝试无一例外地、完全和彻底地成为一场灾难。为什么会是这样呢？为什么美国公司不能成功地把它们的管理方式搬到日本去，而日本公司可以把它们的方式成功地带到美国来？尤其令人费解的是，美国是世界工业领袖、管理和管理教育的最大输出国。日本的管理方式在某些方面比美国的管理方式更具有普遍性吗？

这不是说美国公司在日本都铩羽而归。有些公司显然做得相当好。举两个例子。

麦当劳（McDonald）在日本的快餐连锁店得到了媒体的大量关注，它现在已经拥有100多家连锁店，包括麦当劳在世界上销量最大的连锁店（位于银座）。麦当劳日本公司是由日本企业家经营的，虽然它的连锁店符合麦当劳美国公司的食品与服务标准，但用的是清一色的日本雇员和管理风格。他们与麦当劳美国总部达成了这样的协议，即美国公司可以在任何时候派管理人员到日本公司视察，但这些人最长只能待两个星期。麦当劳日本公司取得了巨大成功，但它的经营风格完全是日本式的。

名气更大的可能是IBM在日本的公司。在日本以及在海外的其他地方，IBM 都设置了两套不同的班子。总公司是 IBM 日本公司，包含一个基本上完整的公司的所有职能部门，如制造、销售、服务和支持部门。管理 IBM 日本公司的完全是日本人，上至社长，下至看大门的，美国公司偶尔只派一个人到日本公司视察。在东京的另一个地方，另一个公司占据着一栋写字楼的一层，它就是 IBM 世界贸易公司日本分公司（IBM World Trade-Japan），这里是美国人的天下。当我到他们那里参观时，他们总共有 21 名雇员，包括秘书和办事员。显而易见的是，虽然这些美国人与 IBM 日本公司保持联络，但他们很少试图直接参与后者的管理。实际上，IBM 世界贸易公司的生产联络经理，是我在日本遇到的最快乐的美籍经理之一。他刚刚说服他在美国的上司撤销他的职位，他要回国了。他解释说："他们在生产上做得差不多和我们在美国一样好，在某些情况下甚至更好。但是，如果他们陷入大的麻烦，我也帮不了他们。我不了解他们的工作方式，他们也不了解我们的工作方式——这完全是不同的东西。"

IBM 和麦当劳在商业上取得了令人难以超越的成就。任何公司的管理手段可能都没有它们的高明。实际上，许多学者和管理人员借助非常成功的组织和管理公式仔细研究了这两个公司。它们都采用了独特的管理方式，但都没有试图在日本推行这些管理技巧。为什么？它们掌握了什么样的日本国情，并促使它们认识到要在日本取得成功，不是依靠向日本输出它们的管理体制，而是只有放弃向日本输出它们的管理体制，它们才能取得成功？

我们通常可以利用组织的具有一定形式的结构，来说明在输出管理风格或体制上出现的不对称性问题。但在这个案例中，这个方法没有发挥作用。在日本与美国，来自对方国家的公司都采取了相同的、具有某种形式的结构。在典型的到日本发展的美国公司中，只有个别

高层管理岗位由美国人把持，中层管理人员和工人都是当地的日本人。同样，在典型的到美国发展的日本公司中，最上层的管理团队中只有几个日本人，中层和低层雇员都是当地的美国人。因此，分析具有某种形式的结构的方法是派不上用场的。其他研究报告的结果与此不谋而合，从而说明美国和日本的公司在公司的规模与其集中度、部门数量和职员与作业人员的比例之间的关系是相同的。

显然，通过更仔细地考察日式管理的这些复杂和微妙的特征，我们才能发现日本的哪些东西值得我们学习，而这些特征总是被以前的分析人员所忽略。因此，下一项工作是研究日本组织的基本属性，并提出一个与美国公司比较的指导方案。

终身雇佣制

日式组织的最重要特点是终身雇佣制。终身雇佣制不只是一项政策，它是一种教义，浓缩了日本人生活与工作的方方面面。

虽然终身雇佣制符合劳动者的需要，是雇主的目标，但是现在这种制度在日本并不具有普遍性。在所有公司中，能提供稳定的终身就业机会的公司，只是其中的一部分。因此，在日本的劳动力大军中，享受终身雇佣制的是在大公司和政府部门工作的人，可能占 35%。这些大型组织是我们关注的重点。

终身雇佣制下，大公司或政府部门在春季向初中、高中和大学毕业生提供就业机会，一般每年一次。只招募“新人”的大公司同时雇用大量新员工，虽然它一般不会立即向所有人分派具体的工作，但这些人属于储备雇员。升职机会完全留给内部雇员，在某个公司待过 1 年、5 年或 20 年的人不会被另一个公司所雇用或考虑。一旦被雇用，新进雇员会一直工作到法定退休年龄，即 55 岁。除了严重触犯刑律外，雇员是不会被解雇的。而且解雇是一种严厉的惩罚，被解雇的人是没有希望在同等级别的公司找到工作的。他们要么到差一点的公司工作，这些公司支付的工资比较低，而且也没有什么保障，要么不得不回老家。

除了个别担任常务董事的高级雇员外，所有雇员一到 55 岁就必须退休。公司会向每一个退休人员一次性支付一笔一般相当于五六年工资的遣散费。然而，他们没有退休金或社会保险。日本与其他工业化国家一样，饮食结构、卫生状况和卫生保健条件在过去几十年得到了大幅改善，因而国民的平均寿命稳步上升。结果，人们在 55 岁就退休，手上握有 5 年的工资，但他们有望在通货膨胀高居不下的年代再活 15 ～ 20 年。个人在钱上显然存在缺口，而填补这个缺口是企业和社会组织要考虑的重要问题。

要全面地认识这个体制是如何发挥作用的，我们必须了解日本工业结构的一些情况。第二次世界大战之前，日本的大公司被归入几个集团，即财阀（Zaibatsu）。每个集团包括 20 ～ 30 个大公司，所有公司都以一个财力雄厚的银行为中心聚集在一起。这些大公司代表着经济生活中各个重要工业部门的利益，一般都是船运、钢铁、保险和贸易等行业的大公司。

同样地，每一个大公司也是由许多卫星公司组成的，在某些情况下可能多达 100 多个公司。这些卫星公司雇用一个家族的人，或可能雇用 100 个人，它们一般生产某个部件或只向它们的一个大客户提供服务。这些卫星公司不是集团的成员，享受不到大公司所享受到的财政保护或其他保护措施。

在日本，卫星公司与大公司之间的关系构成一种双边垄断，其中

卫星公司只有一个客户购买它的产品，而大公司所购入的物资只来源于一个供应商。这种关系会很容易发生变质，变为相互猜忌和争吵的关系，其中每一方都指责另一方欺骗了自己，并要求借助详尽和专门的合同保护自己，严格审查工作质量。美国公司很少充分信任对方，因此无法发展出这种关系。例如，在美国的半导体行业，购买某个新产品的大客户一般都要求有“第二家供应商”。

半导体元件（如随机存储器、可编程只读存储器和微处理器）是当今世界技术最先进的产品之一。制造这些元件的公司必须不断地发明新技术和开拓新的科技前沿。通常，如果某个公司发明了一种新型半导体元件，可能在两年之内无人能够推出相同的设计并生产这种产品。新型元件可能优于任何其他可用产品，因此计算机制造企业会立即希望在它们的产品中加入这种新型元件。在这种情况下，计算机公司会对半导体公司说：“我们想购买你们的新型元件，条件是你们把设计交给竞争对手，让后者成为我们的第二家供应商。”只有靠这种竞争性保护措施，买方才会打算使用这种元件。如果没有这种保护措施，买方担心唯一的供应商可能会不公平地利用这种垄断地位，以便提高价格、降低质量或无法按照许诺的交货日期交货。因此，这些公司会保持一种有安全距离的关系。

同样，在美国，大型汽车制造商会考虑几个备选供应商。几百个向美国的大型汽车制造商供货的公司同样也是如此，它们中的每一个都试图向几个买主销售它们的产品。供应方和采购方都互不信任，并故意不依赖于一个供应商或一个客户。然而，在日本，大型汽车制造企业与它的卫星供应商之间的关系，是一种完全合作的关系。它们的工作关系非常密切，以至于供应商直接把零部件送到装配线的工作区。此外，供应商会乐此不疲地只供应少量零部件，这些零部件可能只够生产 3 个小时的。这样，装配厂不需要储存大量零部件，从而节约宝贵的空间。

由于双边垄断的各方随着时间的推移学会了与另一方无障碍地配合，因此垄断的结果是生产力大增。虽然第二次世界大战后财阀在法律上已经解体，但这种关系依旧存在。这在很大程度上是因为所有公司都处于一个紧密结合的网络中，它们依靠加盟银行获得资金。银行认识到任何公司都欺骗不了商业伙伴，因此财阀的精神被保留了下来。

财阀与终身雇佣制之间的关系是一种密切的关系。以香川先生为例，他是日本的一个大型人寿保险公司的中层经理，并做出了一番成就。香川先生现年 55 岁，职务的级别不是总经理，因此必须退休。雇主一次性付给他 12 万美元的遣散费，是年薪（2 万美元）的 6 倍。但是，这还没有完——公司没有简单地说："谢谢，再见。"相反，他们把他派到给公司印刷表格的卫星公司工作，今后 10 年他以兼职的身份在卫星公司工作。虽然香川先生退居二线，给年轻人腾出位置，但依靠储蓄加兼职工作，他的生活过得非常轻松。然而，与上一个雇主相比，他对新工作没有足够的安全感，前者毕竟是一个大公司。日本的公司和雇员实际上不以课税的方式参加社会保险，而是建立自己的社会保障制度，政府是不直接介入这个制度的。

所有与供应商保持密切关系的大公司都采用这种模式，而且人员的流动有助于巩固公司之间的关系和增强卫星公司与各个大公司之间的工作关系。银行处于各个集团的中心，在向许多大公司或卫星公司派遣退休员工上，它们的权力更大。因此在日本，有机会在大银行工作是非常光彩的事。然而，人们的最大目标可能是在国际贸易与工业部（MITI）工作，它负责管理日本的所有企业。只有 MITI 有权往商业银行派遣退休人员。

在卫星公司起步步入职业生涯的人无法拥有非常光明的前途。在这种公司工作、拥有远大抱负的年轻经理会发现，较高层的职位连续不断地被来自大公司的退休人员所占据，而这些退休人员以前曾经“顺道”拜访过他的雇主。而且，更值得注意的是，卫星公司中的雇员在到了55岁时无处可去。他不得不领取一笔钱，要么开一家完全属于自己的面馆，要么搬到大儿子的家里住。

这种体制使得日本的公司阶层分明。大多数人都知道哪些集团和集团中的哪些公司是最理想的工作场所。相比而言，美国的工薪阶层没有就首选企业普遍达成共识。在日本，雇员只不过想去55岁时选择最多的地方工作。

在公司形成阶层的同时，教育机构也被划分为类似的阶层。某个银行作为最吃香的银行之一，直到最近还只从东京大学的毕业班中招募新人作为管理岗位的实习生，而后者是首屈一指的高等学府。当然，虽然现在东京大学仍旧是毕业生的主要来源，但银行的政策已经有所松动，可以从其他大学聘用数量有限的毕业生。这种体制使得学生为了进入东京大学等皇家大学[1]而被迫承受巨大的压力。由于皇家大学与大公司或政府机构的关系非常密切，仅仅被这些大学录取实际上就保证了年轻人能够进入大公司或政府机构。皇家大学的每个系都会向各个大公司和政府部门分配一定的毕业生指标，而学生在毕业时就被推荐给雇主。雇主和学生都要依赖大学负责派遣的官员，才能知道什么是最适合他们的选择。虽然这个体制的存在不利于自由选择是个缺陷，但它使得既了解学生又了解雇主的中间人能够帮助双方做出称心如意的选择。如果雇主未能兑现提供机会的诺言，将来他们就会遭

[1] 由于日本现在不是帝国，因此这些大学不再是正式的皇家大学，但人们一般都这么叫。——译者注

到惩罚。而学生也不可以向未来的、对他们深信不疑的雇主虚报他们的才能。另外，这个体制需要双方相信派遣制度及其代理人的动机和能力。

学生不仅很难被皇家大学和中流砥柱般的私立大学录取，而且能否录取通常还取决于他们参加各个大学单独管理的全国考试的成绩。由于高中生一般没有选修课，因此所有学生的档案里都记载了相同的课程，而且所有学生的课本都大同小异，都是由三大课本出版社之一出版的。因此，除了入学考试以外，各个大学在决定录取谁方面没有太多的依据。皇家大学完全由国家资助，是不收学费的，这样富人和穷人可以平等地参与竞争。因此，竞争的压力就从大学降到中学一级。由于重点中学可以向学生提供最严格的训练，帮助他们为参加大学入学考试做好准备，因此为进入这些学校，学生们之间的竞争空前激烈。这种压力演变为争夺重点小学入学资格的压力，而后者可以帮助学生增加进入重点中学的机会。

一天晚上，一位老朋友从日本来看我，他向我描述了最终的结果。那天晚上，他似乎有点闷闷不乐，我问他心里想什么。他说："唉，今天是我远在东京的儿子参加特级幼儿园入园考试的日子，他才 4 岁呀。我敢肯定他不会被录取。"我回答说："我见过你的孩子，他非常聪明，因此他肯定会被录取。"我的朋友回答说："不会的，你不了解我们。这个特级幼儿园只招收 30 名儿童，而申请的人数超过 500 人。在这 500 人中，一半以上的孩子在一个特殊的暑期学校学习过。这个学校不教别的，只教他们如何参加这种幼儿园的入园考试，一周 6 天，每天长达 8 个小时。我虽然挣的钱不少，但我还是付不起这个特殊学校的学费，它的学费是每周 1 000 美元。"当然，这种特殊的暑期和课后培训并不是到此为止，而是一直延续到小学、初中和高中，目的是最

大限度地提高在最后的大学入学考试中取得高分的可能性。

虽然这对我们来说有如天方夜谭，但我们可以推断，日本的工薪阶层除了在孩子的童年花钱买教育外，他们没有更好的方式投资于孩子的未来。虽然金钱不能保证孩子能进入公立大学，但是如果孩子有能力，那么金钱可以买来最充分的培养这种能力的机会。强化孩子的早期教育决定了他上大学的机会、工作的选择权和退休后的生活。一开始起步就不占优势的孩子，会提前知道他上的大学是二流大学、干的活儿是卫星公司里的工作，在55岁时不是选择开面馆，就是搬到孩子家里与他们一起住。

孩子们在幼年时期因此而承受的压力引起了政府的关注，在政府施压下，现在日本国立或公立大学改革了入学政策，但这种变革是一个缓慢的过程。虽然这个体制不是十分公平，但至少比大学采用非学术性的标准录取富裕家庭的学生的制度更具有平等的色彩。

终身雇佣制可能只是独特的社会和经济结构的产物，这种结构是不能照搬到美国的。看看三个主要因素。

首先，日本的每一个大公司一般每6个月以奖金的形式向所有雇员支付一大笔报酬。一个雇员每年的奖金相当于其五六个月的工资，而且由于所有人收到的奖金与工资的比例都是相同的，因此这笔钱的数额不取决于个人的绩效，而只取决于公司的业绩。这种奖励办法在某种程度上把企业经营的风险从股东身上转移到了雇员身上。在效益差的年份，雇员勒紧腰带过日子；在效益好的年份，雇员则收益颇丰。而美国的情况就不一样，即使公司的利润出现下滑，雇员也有可能加薪。奖金是对雇员的激励，使之感到自己是公司的一分子，并激发他们尽可能地发挥协作精神。终身雇佣制使得公司可以在经营得不好时减少奖金的支付额，甚至把全部奖金的支付向后推迟一年。这样，公司可以在不裁掉任何一个人的情况下把工资总额削减 30%。当效益好转时，一批经验丰富和忠心耿耿的雇员就准备大干一场。在效益好的年份，雇员会一次性地收到一笔多得超乎想象的奖金，他们往往把大部分钱转为储蓄。这样做的结果加上鼓励储蓄的税收政策，使得日本的储蓄率和资本形成率大约是美国的 4 倍。因此，日本的公司在经济繁荣时期可以迅速扩大经营规模。

其次，日本的每一个大公司都有一大批临时工，其中大部分是妇女。甚至在今天，在日本的大公司中负责专业或管理工作的妇女都是非常罕见的。工人阶级出身的妇女在走出中学后开始选择的职业一般包括生产工人和办事员。她们会工作五六年，然后结婚、放弃工作和照料家庭。当孩子全天上学时，妇女常常会回到最初雇用她们的公司工作。虽然她们可能再工作 20 年，但她们被视为临时工，而且在不忙的时候，会被立即裁掉。另一方面，日本公司会极其灵活地安排妇女的工作时间，使她们能够照料自己的孩子。例如在索尼公司，生产工人常常在上午 8 点开始换班，但为了照顾肩负其他责任的妇女，其他班次的工人是从上午 10 点工作到下午 6 点和从上午 10 点工作到下午 3 点。然而，妇女发挥的仍旧是“缓冲器”的作用，以便让男性拥有稳定的工作，这就是实际情况，是事情的本质。

最后，看一看卫星公司面临的问题。它们的存在很大程度上取决于大公司的意愿，而且任凭大公司摆布，它们发展成主要竞争对手的希望渺茫。由于少数公司控制了重要行业，而且由于日本政府鼓励组建大公司和紧密结合在一起的财阀，因此在过去几年，小公司只能在新兴市场发展，如消费电子产品市场。小公司无法取得进口许可证进口重要行业所需的原材料，而且它们是作为大公司的供应商而存在的，这种情况比较典型。大公司让它们承包最容易发生波动的服务，结果

在经济不景气时，这些小公司就会迅速收缩规模或遭遇破产。

奖金的支付、临时雇佣制和卫星公司的组合就像一个巨大的缓冲器，在变幻莫测的经济环境中起到保护作用。对于大公司的男性雇员来说，没有变幻莫测的经济，稳定的终身就业机会就不会成为现实。这种结构以一种完全不同于美国的方式分摊社会成本。在某种程度上，我们会觉得这是一种不可接受的方式。正是这个原因促使我们必须只改变日式管理方式中不符合我们需要的那些方面。然而，终身雇佣制的其他方面是Z理论的基础，其中包括信任、对公司忠心耿耿和在年富力强的时候将大部分时间全身心地投入到工作当中去。我们将在后面探讨这些问题。

评估与升职

日本的组织是一个由各种特点交织在一起的复合体，其中包括评估和升职的方法。设想一下，一个叫菅生（Sugao）的年轻人，是东京大学的毕业生，他接受了在大银行之一的三菱（Mitsubishi）银行工作的邀请。在今后10年中，菅生工资增长的幅度是完全一样的。而且在升职的幅度上，和他一起进入银行的其他15个年轻人与他是完全一样的。只有在10年后，人们才会正式对菅生和他的同伴们进行评估；在这之前，任何人的升职幅度都不会超过其他人。

这种评估方式是一个非常缓慢的过程，因而抑制了人们在公司内部展开某种短期竞争的积极性，然而它也不能完全让这种行为销声匿迹。菅生缺乏主动提出计划的动力，也不会迫切要求做出短期内看上去令人满意，但从长期看不受欢迎的决策。他也没有理由踩在别人的肩上往上爬：菅生知道短期内他是得不到评估的，而且他知道任何受到不公平待遇的人仍旧会待在银行里，原因就是终身雇佣制。虽然这个过程对于日本公司中拥有远大抱负的年轻经理们来说，有时似乎是非常痛苦和缓慢的，但由于在这种体制下，人们实际上非常有可能一清二楚地看到真实的绩效，因此它促使人们能以非常公开的态度对待合作、绩效和评估。

典型日式办公室的整体布局，助长了这种对待绩效评估的态度。看一看日本的某个大型汽车制造公司的市场营销部门的整体布局。工作区是一间非常大的屋子，内部没有任何形式的墙壁或隔段。一排排的长桌子占满了整个屋子，负责南美销售业务的雇员在一张桌子上办公，负责欧洲销售业务的雇员在另一张桌子上办公，依此类推，不一一列举。每张桌子的最上首坐的是组长，而在屋子最前端的桌子上办公的是部门经理，这一点很像学校的老师。雇员和他们的秘书围着每张桌子并排而坐，而每张桌子的中间摆放着电话和订货簿。雇员们不断交头接耳，既严肃又时不时开点玩笑，谁干什么都逃不过其他人的眼睛。

想象一下部门经理藤冈（Fujioka）先生的处境，他与他的全部职员几乎整天都待在这间屋子里。如果他的某个科员能编制出一份特别审查报告，内容涉及他的部门在本季度或本年度的绩效，那么这种情况是不可思议的。大家都知道科里是什么情况。每一个人都知道谁的建议是真正有价值的，谁的建议会不被采纳。

对于任何具有不同价值观和目标的人来说，这种公开化的生活方式是无法忍受的，而且甚至对于日本人来说也是非常压抑的。在日本的办公室中，一到每个工作日的下午 5 点，秘书和办事员立刻开始三三两两地走出办公室，动身回家。部门经理们通常是纹丝不动，或许摊开一本订货簿，里边夹着一本小说。但他们并不打算欺骗老板或同事。这种密切的关系简直是太亲密了，以至于任何这种欺骗的企图都是不能成功的，而且这种企图也是不常有的。大概在下午 6 点时，老板巡视来了，发出嘘声，示意大家走，告诉大家回家与家人团聚。然而在大多数晚上，男人们都会直奔书店或可能去提供赌博游戏的弹球游戏（pachinko）厅，他们会在那儿再待一个小时，翻翻书或听着钢球发出撞击声，而它的名字就源自这种类似“啪－啪－啪－罄－罄－叩”的声音。大约在晚上 7:30，他们奔向火车站。由于日本的地价非常昂贵，因此人们往往要坐很长时间的车。这样一来，许多人在晚上 9 点才迈着沉重的脚步走到家门口。邻居们会注意到有人这么晚回来，都认为他工作得这么晚，他在工作中必定发挥重要的作用，这样他的家庭必定受到邻居的尊重。

我有一个学生来自日本，他给我讲了他的好朋友的故事。他的这个朋友恰好就在这样的大银行工作，为了完成一个大项目，几个月以来工作格外忙，迟迟不能下班。当项目结束时，部门经理每天都让雇员早早地回家，这种情况维持了一个星期。有两天，这个年轻人是在下午回家的。后来，他遭到跟他一起住的母亲的反对。她要求他，“求你了，去酒吧吧，去玩弹球游戏吧，只要别这么早回家。邻居在人行道上拦住我，问我你是否在工作上遇到了麻烦，跟每一个人解释一番真是令人尴尬。”这种体制不是我们希望效仿的，但是我们希望了解的，是我们可以学习的榜样。

缓慢的正式评估和升职体制对于许多美国人来说似乎是完全不可接受的，不仅是由于美国人希望迅速得到反馈信息和升职机会，而且还因为这种体制似乎妨碍最有能力的人提前担任重要职务。然而，许多美国人曾经到日本参加过谈判，他们回来说在日本公司里，正式职务与实际责任似乎常常是不对等的。实际的情况常常是这样的，虽然某个高级雇员可能被冠以部门经理的头衔，但是在监督工作进展方面承担主要责任的却是一个许多年以来在级别上比他低，而且没有正式职务的人。由于正式职务与实际责任脱离，因此缓慢的评估和升职制度的一个潜在危害得到了遏制。最能干的人可以很容易和很快地承担责任，但升职的台阶是不可逆转的，只有在他们更全面地证明自己的能力后，他们才能拾级而上。另外，尽管受到年轻雇员的威胁，但是职位和加薪对于过去曾经帮助别人取得成功的雇员来说是板上钉钉的。这个事实使得雇员们更愿意等待，总有轮到他们的时候，这是人尽皆知的事情。

但是，在没有对等的奖励的情况下，一个年轻人怎么愿意承担更多的责任和更大的压力呢？答案与我们在工作集体中的归属关系有关。从上至下的每一名雇员都同时是 8 ～ 12 个工作集体的成员，每一个工作集体都有不同的任务。这些工作集体之间的配合非常密切，虽然他们的归属关系定期发生变化，但是所有人都知道在整个职业生涯中，每一个人都会不断地在许多这样的工作集体中发挥自己的作用。在美国，过去几十年的社会科学研究总结出非常有说服力的结果，即我们在集体中的归属关系对我们的态度、动机和行为的影响超过任何其他社会现象。我们更关心的是我们的同事怎样看我们。如果我们是某个集体的一分子，作为这个集体的成员感觉到相互之间的关系非常亲密，那么集体对我们的影响是非常巨大的；如果与集体的行为准则格格不入，那么我们就会失去集体的支持和认可，集体最终会把冒犯集体威严的人赶出去。对于认为自己与任何小集体都紧密地结合在一起的人来说，这样的后果不亚于严厉的惩罚。除了等级森严的控制、薪酬回报和升职手段，正是我们在集体中的归属关系影响了我们的行为。在集体中的归属关系会对人们产生巨大的影响，以至于改变他们的宗教

信仰、工作态度，甚至他们的自我形象。这样的例子每天层出不穷。在帮助酗酒者、瘾君子和严重超重的人康复方面，许多成功的方法离不开人们的集体观，即让独立的个人融入具有凝聚力的治疗小组，而后者会对个人产生巨大的影响。

日本的组织只吸收仍旧处于成长期的年轻人，把他们置于多个集体中，并向他们反复灌输忠于同事的奉献精神，而我们在美国海军中看到的就是这种精神。在这种环境中，外部的评估和奖励并不重要，最重要的是由具有同等级别的同事实施的、体现出密切关系的、具有微妙性和错综复杂的评估体制，而这些同事是欺骗不了的。这种决定性的事实是许多组织成功的基础，除了日本其他地方也有这样的组织。

非专门化的职业发展模式

个人事业的发展是日本组织的一个特点。虽然它常常被人忽视，但是它非常重要。回忆一下年轻的大学毕业生菅生，他刚刚进入三红银行，准备奉献自己的一生。菅生将成为管理培训生，可能在第一年里只是认识认识人，在旁边学习工作方法，同时他要接受不同的任务。然后，他会被派到支行去，学习银行的运作方式，包括与出纳员一起工作，管理信息、纸张和人员的流动。随后，他将回到总行学习商业银行业务、向与银行关系好的大公司提供大额贷款的程序。然后，他再次从总行出来，被派往另一家支行。在这里，他将在零售贷款部工作，学习提供汽车贷款和其他面向个人的小额消费贷款。接着，他可能再次回到总行，这一次是进入人事部工作，而他从事的是不可或缺的、非常重要的工作，因此他必须熟悉这方面的业务。这时大概已经过了 10 年，菅生将第一次晋升到重要岗位，可能是担任部门经理。他将以这样的身份再次被派到另一个支行工作，他可能负责新的业务，他的职责是积极地拜访潜在客户，并试图把业务拉过来。然后，他可能会回到总行，这次是进入国际部，他将负责协调在美国或法国经营的日本公司的银行业务的需要。

当他的事业达到了顶峰时，菅生将成为三红银行各个职能部门、各个专业和各个职位的专家，并擅长将这些职能部门、专业和职位紧密地结合成一个完整的整体。将这种情况与美国的一家大银行不久前做的广告进行一下比较，而这则广告实际上是美国银行的代表。在《华尔街日报》上，它用大字体占了满满的一版。广告说："银行与我们同在。为什么？我们专业。"大字下是银行的三名高级职员的照片。文字是："找弗雷德吧。30 年来，弗雷德一直负责面向太平洋西北部的森林产品公司提供商业贷款。他是专家。"

典型的日本银行没有像弗雷德一样详细了解某个行业的需要、人员和问题的专家。这是日本的终身工作轮换制的一个缺点。然而，如果需要让各个职能部门相互配合，以便弥合商业贷款业务与其他业务部门的差距，从而实现某些商业贷款信息的计算机化，那么这时，日本的模式就具有巨大的优势。另外，如果因某些原因，银行面向太平洋西北部地区的森林产品业的业务急剧下滑，那么由于弗雷德和他的雇员们几乎不能胜任银行的其他工作，因此他们就有可能失业。对这种情况一清二楚的弗雷德就会小心翼翼地与他在其他银行认识的熟人保持联络，以防范那一天的来临，因此他对现在的雇主的忠心就打了几分折扣。

在日本的银行中，每一个部门内部实际上都有人对组织的任何其他部门的人、存在的问题和程序一清二楚。当需要协调时，双方都能

够了解另一方，并与另一方合作。每一个雇员都知道在他的职业生涯中，他会不断地在不同职能部门、职位和各地之间调来调去，这个事实可能是更重要的。另一个部门的人今天可能需要协助，明天就可能成为同事甚至上级。因此，人们不仅需要具有全局观和组织整体观，以及和每一个人合作的能力，而且还需要动力。

日本的一家设在加利福尼亚的大银行提出了一个有趣的、与美国银行往来的程序。当他们与美国银行就某个项目展开合作，并向美国银行提出要求或问题时，他们按以下程序操作："我们给美国银行打电话。如果我们打了这个电话后没有得到答复，我们就给行长写信，说明我们的需要，并要求把我们的那封信交给适当的人员。美国银行是高度专门化的，因此如果你第一次打电话找错了人，那个人甚至不知道你应该给谁打电话。我们有时整天都打电话，却没有任何进展。"

比较一下日本和典型的西方公司的职业发展模式。这里的弗雷德在他的整个职业生涯中都面对制造业，玛丽只在销售部门发展，奥托始终做工程，鲍勃始终都是会计。让－路易·布歇（Jean-Louis Bouchet）是法国的一名学者，以前是我的学生，他用了30年的时间研究高管的职业发展模式，这些高管都来自美国50家规模最大的公司。在研究的过程中，布歇希望知道这些高管在他们的职业生涯中曾在多少个职能部门工作过。布歇记得这些人的事业如日中天，公司的业务也达到了巅峰，他们的经验也达到了人们可能达到的极限。布歇发现他们一般来说最多在两个不同的职能部门工作过。如果他们在公司中负责管理财务或人事部门，他们一般没有在任何其他专业领域工作过。如果他们在整个职业生涯中只涉足一个专业领域，他们的二级目标往往是把自己的全部精力奉献给该专业领域，而不是整个公司。他们对人员情况和公司的问题都不了解，因此他们也无法向组织内部的其他专家提供有效的帮助。

在日本的许多公司中，终身工作轮换制适用于所有雇员。电气工程师可能从电路设计岗位调到生产岗位，再调到装配岗位，技术员可能每隔几年就要换一台机器或调到不同的部门工作，所有管理人员都要在企业的所有部门之间换来换去。最近，麻省理工学院（MIT）、哥伦比亚大学以及其他大学的管理学学者通过调查发现，任何级别的劳动者如果不断更换岗位，即使岗位的变更不包含升职的因素，而完全是横向的调动，他们也比岗位固定不变的劳动者更具有活力，更富有成效，而且对本职工作感到更满意。在过去 30 年中，美国的经济飞速发展，许多公司觉得它们通过扩大经营规模创造出许多升职机会，因此没有考虑不具有升职意义的岗位变更机制的可能性。由于今后几十年，我们所面临的是一个增速相对放慢的经济环境，因此我们可能需要从日本人的身上找到有用的因素。

一个在日本的某个大型制造公司工作的年轻经理，给我讲述了一个具有启迪作用的故事。他说："我们公司与美国公司组建了一个合资企业，我被派到美国，负责联络，为期两年。我感到这段经历非常有价值。而且，美籍经理们在技术上非常娴熟。然而，美国人有一件事——鸡尾酒会让我苦思不得其解。几乎每一个美籍经理都说他们讨厌鸡尾酒会。他们说，你自始至终都是站着，一站就是几个小时，喝非常多的酒，与你不喜欢交谈的人说话。我只是不理解如果他们这么讨厌对方，那么他们为什么还要在这些鸡尾酒会上露面。"后来我明白了。美国人从不知道他们什么时候需要找新的工作。他们的公司对他们的专业的需要程度可能会减弱，到时候他们就不得不选择离开。因此，美国人必须与熟人保持联络。他们必须与在其他公司工作、也从

事相同专业的人保持接触，当他们需要找新的工作时，这些人就可以帮助他们。在日本，我们知道我们不必去找新的工作，因此也不需要鸡尾酒会！

在美国，我们在我们的职业生涯中要经历不同的组织，但不变更专业。在日本，人们在职业生涯中要经历不同的专业，但只在一个组织内变动。这是这两个国家处理工业化所带来的问题时在方式方法上存在的根本性差别。在美国，公司专注于自己的事务，个人专注于自己的事业。因此，半导体专家、证券投资经理或人事经理可以从 A 公司跳到 B 公司，而且在 5 天内就可以有效地发挥他们的作用。他们需要较长的时间才能发挥出全部的生产力，但可以立即做出贡献。在日本，把一个劳动者从一个公司调到另一个公司，并希望他在任何时候都发挥出全部的生产力是十分困难的。日本人的工作范围不是限定于某个技术领域，他们的工作范围是整个组织，他们要学习如何让一个特定的和独特的企业实现尽可能满意的经营成果。

终身工作轮换制的一个作用，是使雇主具有提高雇员的技能和忠诚程度的动力。在美国，雇主不愿意花钱让雇员学习新的技能，这是因为技术高超的雇员可以轻而易举地找到另一份工作，从而把投资带走。在半导体和航天工业，有些公司把它们的竞争对手拥有的技术最高超的雇员“掠夺”过来。虽然掠夺者必须支付较高的工资，以便吸引技术非常高超的人，但是由于在职培训既费时间又费钱，因此掠夺的成本要比内部培训的费用低。所以，在美国的公司本应提供的培训却被大幅压缩，这样美国的经济在整体上就处于不利的地位。

要在雇员的心中树立忠于公司的观念，坚定不移地实施终身雇佣制的日本公司需要下一番力气，它们要保证提供公平和人性化的待遇。比较而言，美国的情况就不是这样。在商业周期的下一波衰落潮流中，关系疏远、满腹牢骚的雇员会下岗。因此，对于雇主来说，它们承担的只是短期责任。美国的问题完全是激励机制的问题。着眼于维系双方长期关系的人们，在行为举止上会坚定不移地对另一方表现出责任心和公平性。

每拜访一个日本公司，我走的时候都要与一名或多名常务董事谈谈，他们都是公司的高管。我总是问他们："请告诉我，在常务董事中谁的影响力最大？"回答虽然千差万别，但主题只有一个："在管理上，我们是一个集体，我们是平等的。"我会追问："我知道，但是你们中的某个人是否比其他人在级别上更高一些、权力更大一些？"每次问这个问题，最终的回答总会让我感到意外："噢，一般来说，资历最老和最受尊敬的常务董事负责人事。"这种状况与美国的组织的情形大相径庭。在美国的组织中，人事部门很少是权力非常大的职能部门，而且常常是最弱的部门之一。这种差异不能简单地归结为日本人坚定不移地重视"对人的管理"，真正的原因令人费解。

日本人知道，好心的经理除了对在他看来似乎正确和合适的目标做出反应外，他什么也不能做。大型组织的管理者不可避免地会提出"局部目标"，这些目标可以提升局部经营活动的绩效，但也可能使他们沿着最不利于整个公司的方向走下去。在挑选工作调动和升职的人选时，局部目标的问题就会浮出水面。一般来说，在决定是否调动某个年轻的工程师或经理担任新的职务时，该候选人与直接管理他的上司协商的结果对这项决定的影响最大。通常，该候选人一直表现得非常好，现在上级正考虑让他迎接新的挑战。结果常常是该候选人还是在相同部门或分公司工作，还是干类似的工作。毕竟，部门需要依靠这个人的能力取得成功。加薪与升职是对绩效的认可和奖赏。这种不可避免的、具有"地方"意味的推理常常会造成人才在专业上的狭窄化。这种结果的起因是，通情达理和好心的人们做了看似正确的事情。在认识到局部目标的影响后，日本人取消了地方业务部门的经理在工作分配上的决策权，并将所有这种决策权置于人事部门的管辖范围内。为了更广泛地推行遭到地方业务部门反对的企业目标，人事部门成为组织内部权力最大的部门，甚至连希望把最好的人才完完全全地留在现在所在部门的部门经理也没有人事部门的权力大。在这种情况下，由于该候选人或他的老板都不能运用第一选择权，因此“自由选择权”似乎被剥夺了。然而，自由选择的倾向有时会左右做出选择的人，而他们不了解他们的选择会产生什么样的长期影响。一个层次分明的解决方案会涉及这些更普遍的问题。显然，这样的体制必须包含强大的防范机制，防止这种集权化的权力遭到滥用，否则组织最终会衰亡，雇员会遭到不公平的待遇。

日本和美国在处理职业发展问题上的方法都取得了成功。每一种方法都有自己的优缺点。美国人能够把专门化的劳动者组织成一支协调一致的集体，这是美式方法的巨大优势。每一名劳动者都可以在任何工作环境下发挥自己的专长，因此可以轻而易举地从一个城市搬到另一个城市，从一个雇主换到另一个雇主。这一创新是西方组织创造的伟大奇迹之一。没有这一创新，工业化的生产方式就不会得到普及。只有把技术专家组织在一起，让他们在工作上相互配合，工业化的生产方式才能取得成功。如今，在我们这个高度流动性的社会中，如果每一个公司都采用独一无二的技术，并雇用各不相同的劳动者，那么生产水平绝不会出现飞跃。如果每一个公司都花很多时间灌输自己的方法，那么生产力的前景是非常暗淡的。然而，假设劳动者具备了专门化和专业化的素质，他们就会成为游牧民族，他们的职业将伴随他们一生，但不效忠于任何雇主。长期而言，实践的结果可能证明这个体制比日本的体制拥有更强大的生命力，但至少有一个原因让我们对此疑惑不解。

美国模式的缺点是劳动者彼此之间没有密切的关系，无法彼此融合成一个整体。他们可以把自己的力量松散地联合起来；只要不要求他们了解本专业外的事情，他们就可以协调地工作。如果可以把适当的专业组合在一起，就像林肯木条（Lincoln Logs）或万能工匠（Tinkertoys）等组装式玩具一样，那么这种结构就会发挥出有效的作用。但是，如果生产流程要求每一名专家改变目标和能力，或具备独一无二的技能，那么我们预先制定的组织方法就不会取得成功。当基本的生产流程要求我们在密切的关系的基础上和通过量体裁衣的方式把各方面的力量结合成一个整体时，我们必须要求雇员放弃自己的局部目标，突破限制，从职业的角度看问题，以便学习新的技术，接受新的目标。这种组织已经发挥了几次作用，当时的人们因为任务的重要性而心甘情愿地把个人目标让位于更密切地融为一个整体的需要。将宇航员送上月球的阿波罗登月项目或许是杰出的代表，当然其他激动人心的计划也诞生了这样的组织，如造第一架飞机和第一台计算机。

人们常说美国国家航空航天局（NASA）、IBM 和波音（Boeing）公司有能力建立独特的组织。在这些组织中，人们为了满足公司的需要，主动做出贡献。这项任务的兴奋点和挑战，或许促使才华横溢的劳动者们把专门化和专业化所带来的保护伞抛在一边。重要的是，这样的组织形式在美国是可以取得成功的，而且非传统的组织形式对于特别复杂的任务来说可能是不可或缺的。工业化的生产方式在坚定不移地推进，在这个过程中，更紧密地融为整体的趋势、更艰巨和更不可捉摸的挑战在向我们走来。因此，我们就越需要 NASA 和 IBM 这样独特的组织作为放之四海而皆准的标准的典范。但是，每一个任务并不都像把宇航员送入太空那样激动人心或有价值，而且我们无法期望劳动者作为一个整体因为这样极其重要的任务而放弃可以高枕无忧地改变工作的机会，而有了专门化，人员的流动性就成为可能。相反，美国的各行各业必须知道如何在不遭到惩罚的情况下（如降低人员的流动性），向雇员提供适当的激励机制，帮助他们获得独一无二的技能。我们可能不想完全采用日本人的职业发展体制。然而，我们应采取某些重要的举措，在职业发展上应以公司为中心，而不应以技能为中心，这样才能在多方面有利于美国的雇员和雇主。

终身雇佣制、绩效评估和职业发展模式只触及了鼓励日本雇员创造巨大生产力的部分工作状态。每一个组织的管理职能（从决策到态度到价值观）的重要性不亚于上述几个因素，而这些管理职能是企业高效经营的基础。我们将在下一章研究日本公司的运作方式。

THEORY Z

How American Business Can Meet the Japanese Challenge

第2章

日本公司的运作方式

日本公司的基本管理控制机制是非常微妙、含蓄和深藏不露的，因此对于局外人来说，它们似乎不存在。这个结论是错误的。这种机制是全面的，纪律性非常强，要求苛刻，但也是非常灵活的。它们的本质应该与西方组织的管理控制方法没有太大的差别。

在参观日本的某大银行在美国的总部时，我看到一些非常有趣的事情。许多高管不出所料地是移居到美国的日本人，中层管理人员和其他雇员有许多是日裔美国人。然而在这种情况下，银行的两名副行长却是土生土长的美国人，他们是从其他银行机构挖来的。研究这种奇怪的现象，我认识到日本公司的管理控制系统所具有的重要一面。在这个混合型环境中，日式与美式管理方式所存在的根本性差异发生了碰撞，从而把那些更深层次的、在日本的日本公司没有显山露水地表现出来的特征呈现在了人们眼前。

在与美籍副行长谈话时，我问他们对在这家日本银行工作做何感想。“他们待我们非常好，让我们参与决策，给我们的待遇也很好。我们很满意。”我继续说：“你们非常幸运，但是请告诉我，关于这家日本银行，你们认为有没有应改变的东西？”他们回答得很快，而且显然已经在他们脑中酝酿了很久：“这些日本人完全不懂得目标，这让我们发疯。”

接着，我与银行行长见了面，他是一名移居美国的日本人，临时受东京总部的委派管理在美国的业务。我问了一下那两名美籍副行长的情况。他回答说：“他们工作很努力、忠于职守，而且很敬业。”当被问到是否想以某种方式改变他们时，行长答道：“这些美国人似乎完全不懂目标。”

由于双方都指责对方不懂目标，我显然需要进一步地采访和搞清楚问题。第二轮采访对这个问题做了进一步调查。首先是美籍副行长：

“我们一直不断地与行长较量。我们完全无法让他给我们规定一个绩效目标。我们提供了所有必要的报告和数字，但是就是不能从他那里得到具体的目标。他不会告诉我们他希望我们下个月、下个季度甚至明年多增加多少贷款或砍掉百分之多少的营业成本。如果没有规定要完成的具体目标，我们怎么能知道我们干得好不好？”这种观点很盛行，美国的所有大公司和政府机构把大部分时间都耗费在设定具体的、可测量的绩效指标上。美国的所有商学院都教导学生制定全球化的、模糊不清的企业目标，认为这些目标等同于可测量的绩效目标。目标管理（MBO）、项目规划和评估以及成本效益分析法是美国现代管理学的基本控制工具。

当我回去重新找日裔行长谈话时，他解释说：“要是我能让这些美国人理解我们银行的哲学观，那该有多好呀。要懂得生意对于我们来说意味着什么——我们认为应该如何对待客户和雇员，我们与我们在当地社会服务的社区应该有什么样的关系，我们应该如何处理与竞争对手的关系，以及我们在整个世界中应该扮演什么样的角色。如果他们能深刻地领悟这些，他们就能自行决定什么样的目标适合什么样的状况，无论是罕见的状况，还是新的情况，而且我没有必要告诉他们，也没有必要给他们下指标。”

这个例子说明日本公司的基本控制机制在管理哲学中得到了具体体现。这种哲学观是一种含蓄的企业经营理论，描述的是目标和实现目标的方法。这些目标代表着雇主、雇员、客户和政府管理机构的价值观。实现目标的活动是由一整套关于什么样的解决方案往往会在业内或在公司中发挥有效作用的观念决定的，而这种观念关心的是谁应该就公司是否要考虑某种新产品做出决策。

如果有人能够从本质上领悟上述价值观和观念（或目标和手段）

构成的这套哲学观，那么他就能从一般性的陈述中推断出几乎无限的具体标准或目标，以便根据条件的变化而变化。此外，人们需要统一对这些具体标准或目标的认识。这样，领会到基本理念的两个人在处理特定状况时会得出相同的具体标准。因此，这种理念既可控制人们处理问题的方式，又可使他们做到协调一致。因而，他们解决问题的办法是彼此调和的。这种理念是含蓄的，而不是看得见摸得着的，是不能完全用语言记录下来的。相反，传播这种理念的是一种主要管理人员都普遍具有的文化，在某种程度上，是所有雇员都一致认同的文化。

组织文化是由一系列标志、形式和传说构成的。这些标志、形式和传说把组织的基本价值观和观念灌输给雇员。这些形式使得本来空洞和抽象的思想变得有血有肉，以一种让新雇员感受到内涵和冲击的方式使它们焕发了生机。例如，告诉雇员公司追求的是和谐无私的合作，这样说听起来挺好，但会让人们对其他人的信条产生怀疑，并且恰恰在某一条原则如何适用于特定的情况上，使人们感到模棱两可。另一方面，当合作中体现出的价值观通过禀议（ringi，即一种集体决策机制，其中，文件在经理之间传阅，加盖他们的公章，以示批准）的形式表现出来时，新雇员就非常具体地体验到合作中蕴含的哲理。慢慢地，个人嗜好让位于集体意志。这个具体的例子说明企业真正追求的价值观本来是抽象的和被忽视的。

杨百翰大学（Brigham Young University）的艾伦·威尔金斯（Alan Wilkins）教授最近通过研究发现：美国的一些组织有许许多多的传奇故事（传说）。这些故事是讲了又讲，从上一代传到下一代。这项研究表明，在某个特定的故事中体现出来的价值观比抽象地宣讲的教条更真实可信，更容易被人们铭刻在心。这些故事构成了“集体的记忆”，可能取材于真实或部分真实的事件，它们成为组织文化的重要组成部分。

如果雇员拥有广泛的共同经历，通过这种试金石般的共同经历，他们在沟通的时候就会展现出许多微妙的私人关系。在这个时候，组织文化就形成了。在日本的公司中，由于经理换过许多职能部门，又在相同的职能部门工作过，因此他们可以说出大量共同经历、讲故事和回忆起标志性的事件，这些事件让他们每一个人都想起他们共同追求过的某些价值观和理念。此外，这种共性有助于他们简化沟通的程序。由于从一开始，每个人的基本条件或理论上的地位与其他人没有差别，因此某些反应或共识对于每一个人来说都是可以接受的，他们不需要花时间商量。因此，相同的文化构成了一种普遍的协作氛围，后者极大地推动了有关特定问题的决策和规划进程。

决策

日式组织的一个众所周知的特点，可能是在决策中体现出的重视参与的态度。在典型的美式组织中，分公司经理、部门负责人和董事长每个人都典型地认为“我说了算”，即他们应独自承担决策的责任。最近，有些组织已经采取了明明白白地邀请雇员参与的决策模式。比如，一个部门的所有成员要就做出的决策达成一致意见。过去20年里，靠集体意志决策的方式已经成为欧美的许多研究项目的研究课题，而且研究的结果有力地证明集体意志决策法比个人决策制更有创造力，执行的效果更显著。[1]

西方的参与式决策迄今为止已是一个相当标准化的程序。一般来说，8～10人组成一个小组，他们围坐在桌子旁，讨论问题并提出可

供选择的解决方案。在这个过程中，这批人应该有一名或多名负责人，他们善于处理人际关系，这样他们之间存在的根本性分歧就可以通过建设性的方式加以解决。如果他们最终就某一个选择达成一致意见，而且每个人都可以对小组内其他人坦率地说以下三句话，那么我们就可以说这个小组达成了共识。

- 我相信你了解我的观点。
- 我相信我了解你的观点。
- 无论我是否更喜欢这个决策，我都会表示支持，因为我们是以公开和公平的方式做出这个决策的。

在每一个公司、政府部门和教会会议中，本能地按这个方法操作的至多有几名管理人员，大多数人都做不到。由于集体意志决策法在许多情况下优于个人决策制，因此有些公司已经在整个公司中正式采用了这种方法。然而，在日本的组织中所发生的一切，远比这种重视参与的方式更深远和更微妙。

当日本的组织需要做出重要决策时，每一个受到影响的人都会参与决策。若需要决定在哪里建新工厂、是否改变生产方法或决定某些其他重大事件，这常常意味着 60 ～ 80 人直接参与决策。一个三人小组负责与所有人谈话，每谈一次就大改一次，然后再联系所有参与决策的人。这个小组反复重复这个过程，直至真正达成一致意见。按这种方式决策需要很长的时间，但一旦做出决策，每一个受到影响的人几乎都会支持。由于有五六个可选方案参与竞争，而且可能同样好或同样差，因此对决策的理解与支持可能超过决策本身。“最好的”决策可能会被搞砸，“最差的”决策也可能会发挥很好的作用，关键是人们投入了多少精力、掌握了多少情况。

一位在日本的一家大银行工作的朋友这样描述他们的决策程序。

“当需要做出重大决策时，会有一份书面建议书列出一个‘最优’选择，供大家考虑。写建议书的任务落在有关部门最年轻和资历最浅的雇员身上。行长或副行长当然知道什么方案是可接受的，而这个年轻人仍需拼命地寻找答案。他找每个人谈，征求他们的意见，特别注意最了解上层人物的人。他这样做是为了寻找有共同立场的人。幸运的是，这个年轻人不能完全靠别人找到老板所要的东西，他必须加入自己的想法。日本公司的决策流程就是这样发生变化的。公司极其依赖于一套具有普遍性的价值观和理念促使雇员们融入公司，因而所有经验丰富的雇员都可能会提出类似的观点。同质化程度太高会导致公司缺乏活力和变化，因此公司把任务交给了最年轻的人。”

据告诉我这件事的人说，这个年轻人在完成任务的过程中经常出错。他会提出在技术上不可能做到的事或在政策上无法接受的事，而且还会丢三落四。有经验的经理们从不过多地指挥这个年轻人，从不让他坐下来，告诉他建议书应该写什么。尽管错误浪费了时间、精力和金钱，但是许多错误最后都变成了好主意。人们认为，让一个年轻人自己犯一个错，比他作为经理和工人参加 100 次讲座更值。

最终，正式的建议书写出来了，并从下至上地在组织内部传阅。在每一个阶段，涉及的经理都在文件上盖上自己的图章，以示赞同。在这个禀议程序的最后，建议书差不多得到了 60 ～ 80 人的批准，并加盖了他们的图章。

美国的管理人员喜欢指责日本人，他们说：“如果去日本卖东西或做一项交易，你认为需要两天，那么你就得留出两个星期，如果你够幸运的话，会得到两个字‘可能’。日本人永远也做不了决定。”十分真实，但是对在美国做生意十分有经验的日本商人经常说：“美国人很快就能签合同或做出决策。但让他们执行——他们永远也执行不了！”

记住，这种看上去非常烦琐的决策程序是在对哲学观、价值观和理念基本上没有异议的框架内发生的。这些哲学观、价值观和理念成为大家都普遍具有的决策条件的基础，而这些决策条件使得许多人参与每一项决策成为可能。如果在这60个人中，就像在西方组织中一样，每一个人都有根本不同的目标和方法，那么这种重视参与的程序就会以失败而告终。由于日本人只讨论特定方案是否适合实现一致认同的价值观，因此这个程序广泛地邀请雇员参与决策活动。即使如此，它的效率也非常高。比较而言，在西方的集体意志决策程序中，人们经常需要找到基本的价值观和理念，因此，决策集体有意地保持小规模化。

日式决策方法的另一个关键特点是在谁负责做什么决策上，他们有意弄得模棱两可。在美国，我们要就两个雇员的工作做出说明和安排，为的是规定完全透明的范围，即我在哪里就无权做决策了，你在哪里就开始有权做决策了。美国人希望，我们做什么，别人也做什么。许多时候美国商人或律师闷闷不乐和垂头丧气，他们从日本带回了满腹牢骚："只要他们告诉我谁是真正的负责人，我们就可以取得一些进展。"这种抱怨说明我们缺乏了解，不知道在日本没有一个人负责特定的范围。相反，一批或一组雇员共同负责一系列工作。他们不知道谁负责什么工作，还感到悠然自得，但他们十分清楚地认识到他们中的每一个人都全面地负责所有工作，而且他们共同分担这种责任。这让我们感到惊奇。由于大家都可能认为其他人已经处理好某项工作，因此这种方法显然有时也会出现"纰漏"。然而，如果发挥出很好的作用，这种方法会催生出一个自然重视雇员参与的决策程序和解决问题的程序。决策责任的集体负责制的存在还有另一个重要原因。

许多美国人反对终身雇佣制的概念，因为他们担心继续使用工作效率低下的工人所产生的后果。这样做不会造成瓶颈效应和低效率吧？显然，日本人不知道采用何种方法已经解决了这个问题，否则他们是不会创造出巨大的经济成就的。决策责任的集体负责制部分地回答了我们的问题。在典型的美国公司中，吉姆独自负责办公用品的采购决策，玛丽独自负责维护服务的采购，弗雷德独自负责办公设备的采购。如果弗雷德的个人性格出现了严重问题，或他生病了，或存在其他严重妨碍他的工作能力的问题，瓶颈现象就产生了：办公设备订单就不会得到适当的处理，或可能根本得不到处理。整个公司就会遭受损失，弗雷德就不得不被公司辞退。

比较而言，在日本公司中，光男、庆人和野里组成一个小组，共同负责办公用品、维护服务和办公设备的采购。在这些商品或服务中，无论采购什么，他们中的每一个人都参与所有重大决策。如果野里不能上班，光男和庆人承担他的那一份工作是非常自然的事，而且他们也有能力做他的工作。当野里再次回到工作岗位时，他可以直接回来，干他自己的那一份工作。这的确意味着光男和庆人或许不得不比平常工作更辛苦，时间可能长达六个月或一年，而且他们可能还需要借用正夫，而后者曾经在采购部工作过，现在已经被调到计算机部。如果光男和庆人相信组织不会忘记他们，并且知道他们现在多付出一些，今后会得到补偿，那么这种人员的流动带来的问题就能圆满解决。公平和公正的实现是一个长期的过程。这种人员的流动还取决于工作轮换制，因此短期的劳动力需求可以在内部得到满足，不需要随着这种需求的变化而雇用和解雇雇员。决策与日本管理体制的所有其他特点一样，都牢牢地扎根于一个复杂的系统中，这个系统的各个组成部分紧密地结合在一起，并依赖于通过密切的关系形成的信任和微妙性。

集体价值观

在日本社会中，最令西方人难以理解的可能是强烈的集体价值观倾向，尤其是集体责任感。让我用一件奇闻轶事举例说明。当时我去美国的一家电子公司在日本设立和经营的新工厂参观。这家美国公司是一家特别具有创造力的公司，由于该公司在计划、组织设计和管理体制上喜欢采用新奇的方法，因此经常受到企业界的关注。在这种企业风格的影响下，总公司决定全面地研究日本籍工人，并设计一个能融合东西方精华的工厂。在研究的过程中，他们发现日本的公司几乎从不利用鼓励个人工作的激励手段，如计件工作制，甚至与加薪挂钩的个人绩效评估。他们断定根据个人成就和个人能力提供报酬始终都是正确的。

在新工厂的总装车间，许多日本籍青年妇女排成长长的一列又一列，在计件工资系统上用金属线把电子产品捆在一起：你捆的越多，挣的钱就越多。开工后大约过了两个月，女班组长们就向工厂厂长提出了建议。她们一边鞠躬，一边毕恭毕敬地说："尊敬的厂长，我们的鲁莽行为让我们感到很尴尬，但是由于所有的女工扬言在这个星期五辞职（这种事情如果发生了，当然对所有相关人员都是巨大的灾难），所以我们必须对你说。"她们想知道："为什么我们的工厂不能实行其他日本公司实行的薪酬制度？当你雇用一名新女工时，她的起始工资应该是由她的年龄决定的。18 岁的工人应该比 16 岁的工人挣得多。每年一到她的生日，她应该自动享受加薪。如果工厂中的所有其他人不首先完成她们的工作，总装车间中的任何人什么也造不出来，所以我们中的任何人可能比其他人效率更高的想法是错误的。挑选出一个效率更高的人的做法是错误的，而且对我们个人来说也是侮辱。"自此，公司把薪酬系统改为日本模式。

另一个在日本的美国公司就像我们在美国一样建立了一个建议系统。公司鼓励工人把提高生产力的建议放进特殊的箱子中。如果意见被采纳，个人就会收到一笔奖金，金额相当于公司因他的建议而节省下的生产力的几分之一。六个星期过去了，人们没有提一条建议。美国籍的经理感到迷惑不解。他们过去听说过日本工人的许多故事，即日本工人善于发明创造、具有奉献精神和忠于职守，但是他们没有看到一条提高生产力的建议。

经理们找到一些工人，询问建议系统为什么没有发挥作用。回答是："任何人都无法单独地提出一条改进工作的意见。我们在一起工作，我们中的任何一个人提出的任何意见，实际上可能是在观察其他人或与其他人交谈的过程中形成的。如果我们中的一个人被挑选出对这样的意见负责，这让我们所有人都感到非常尴尬。"公司改为分组建议制，工人们共同提交建议。奖金由各小组领取和保存，在年底时用于在饭馆聚餐，或者如果奖金足够多，工人们可以带上家属一起去度假。这样，在建议和生产力的提升上，公司迎来了双丰收。

这些例子可以有两种截然不同的解释。

日本人追求集体价值观的精神是不符合时宜的，与现代工业制度格格不入。尽管带有集体主义色彩，却带来了经济的成功。集体主义似乎与本杰明·富兰克林（Benjamin Franklin）、托马斯·爱迪生（Thomas Edison）和约翰·D. 洛克菲勒（John D. Rockefeller）表现出来的独立的创造力相抵触。集体主义似乎不激励个人做到出类拔萃，而美国所经营的事业的巨大成功却离不开对个人的激励。在完全不考虑经济影响的情况下，集体主义意味着丧失个性、丧失变得与众不同的自由、丧失持有在根本上不同于其他人的价值观的自由。

这些例子的第二种解释是日本人的集体主义是节约和高效率的集体主义。它促使人们在一起有效地配合，彼此鼓励在工作上更上一层楼。工业化生活要求人们相互依赖。但是，日本人的集体主义在经济绩效上存在另一层含义，它涉及责任，虽然不是显而易见的，但影响深远。

在日本人的心中，集体主义既不是要力争实现的企业目标或个人目标，也不是他们追求的口号。相反，它是理所当然的，因而个人的行为不具有任何重要性。在生活中，每一件重要的事都是团队协作或集体行为的结果。因此，将个人荣誉或过失与结果联系在一起的企图是无处可寻的。一位曾经在卡内基梅隆大学（Carnegie Mellon University）学习过的日籍会计学教授在学术上非常有造诣，他现在在东京教书。他评论说："与美国相比，日本企业使用的会计系统是比较原始的。利润中心、内部调拨价格和计算机化信息系统甚至在日本最大的公司中也几乎是闻所未闻的，然而，即使在美国的小型组织中，它们也是家常便饭。"虽然我对会计系统上的差异根本没感到惊奇，但我完全不相信日本人很原始。事实上，我认为他们的系统在效率上比我们的系统高效得多。

美国的大多数公司一般都有两套会计系统。一套系统概括地描述公司的总体财务状况，向股东、银行和其他局外人传达信息。在这里我们对这套系统不进行分析。另一套系统被称作管理或成本会计系统，有着完全不同的存在原因。它详细地计算组织内部不同部门、不同分公司和重要人物之间发生的交易的所有细节，以便理清人们之间的相互依赖关系。例如，当两个部门共用一辆卡车送货时，成本会计系统根据各个部门消耗的卡车维护和司机成本向它们收取费用。这样在年底时，公司可以单独评估每一个部门的绩效，绩效比较好的部门经理在薪水上就可以得到较大的提升。所有这种信息处理的程序当然都要花钱。此外，这种程序可能导致各个部门在收费的公平性上存在分歧。

在日本的公司中，人们不需要评估个人的短期绩效，因此在收集和处理所有这种信息上，公司可以节省一笔可观的费用。公司仍旧对哪个部门使用了多少次卡车和用做什么用途了如指掌，但是与公司有同样想法的人可以独立地解读一些简单的数字，并相应地调整他们的行为。有些人主张利用明明白白和准确的计算标准评估个人绩效，以便提升个人利益，因此他们必须采用精心设计的信息系统。然而，工业化社会在本质上是整体化和相互依赖的。任何人都不能独自造出一辆汽车，任何人也不能独自完成一笔银行交易。在某种意义上，日本人的集体主义价值观自然而然地与工业化环境相适应，而西方的个人主义带来的是无休无止的冲突。这让我们想到了卓别林在无声电影《摩登时代》中的画面，其中卓别林扮演的、表面上无足轻重的男主角成功地战胜了冷酷无情的工业机器。现代工业化社会可能会病入膏肓，甚至可能充满敌意，或者可能变得自然纯朴：完全取决于我们的文化与我们的技术的融合程度。

强调在整体上关注人

人类学家托马斯·罗琳（Thomas Rohlen）详细地描述了日本银行招收年轻实习生的过程。[2] 公司在礼堂里举办一个正式的仪式，宣告培训的结束。银行行长站在讲台上，培训主管站在他的旁边。年轻的实习生们坐在前面几排，后面是他们的父母和兄弟姐妹。行长欢迎新成员进入银行大家庭，要求他们不要辜负培训他们的老师和领导的期望。他还向家长们致辞，说银行从他们手中接过了挑战，不仅要向他们的

孩子提供体面的工作，而且还要肩负起关心这些孩子的责任，让他们在德智体等方面全面发展。接着，家长代表走上讲台，感谢银行向他们的子女提供这个机会，并向实习生们重申他们有责任对这个新家保持忠诚，就像忠于他们的家族一样。最后，实习生代表站起来发言，感谢父母和银行对他们的支持，并保证努力工作，不辜负他们的期望。

西方的大多数组织采取的是一种“部分包含”的态度，即雇员和雇主认识到他们之间的关系只涉及与完成某项具体工作有直接联系的活动。西方的许多社会学家指出部分包含的态度有助于个人保持健康的情绪。由于人们在许多组织中都是部分地参与它们的活动，因此他们可以轻而易举地从一个社会活动圈转移到另一个社会活动圈，而且在一个环境中形成的紧张关系可以在另一个环境中得到释放。相比之下，日本的组织形成了“包含一切”的关系。一系列机制有助于人们得到社会的支持和释放情绪，从而在情绪上达到平衡。这种机制之一是集体成员能够在短期内“换帽子”，在本质上改变彼此之间的关系，从而提供社会释放和平衡能力。举一个例子，一个由美国人在日本开办的工厂形成了一个传统，即与厂长一起打一天的高尔夫球，而且是每年两次。这项重要活动需要整整一天，包括来回乘火车各四个小时。为了准备这次出游，美籍厂长列出了一张单子，上面是他认为他的下属应该考虑的关键性的战略和管理问题。当这群人走到第一个球座时，他拿出了他的单子，并规定了打完后面 18 个洞要解决的问题。他的下属因此感到很沮丧和失望，这一天就在打打停停中结束了。

一位日籍的经理向我解释了这个故事的来龙去脉。他指出，日本的公司是非常看重形式的，而且有时是非常专制的。雇员很少公开地反对上级或表达抱怨的情绪。如果人们希望终身在一起工作，那么让深深的裂痕发展下去是他们不能容忍的。因此，具有某种风格的交互作用就形成了。冲突和拒绝会破坏和谐的状态，而人们之间的工作关系必须建立在和谐的基础上。另一方面，如果分歧、冲突和抱怨受到了压制，任何公司都不会保持健康状态。要发泄这些分歧、冲突和抱怨，我们可以象征性地改变角色。在这个过程中，改变行为方式是可以接受的。例如，外出打高尔夫球的故事暗示着老板和下属是平等竞争的关系。随着物质环境远离工作场所，可以接受的行为方式也注定要远离日常的规范。在这些时候，下属可以随心所欲地提问和表达在办公室被压抑的反对意见，并期望老板产生共鸣。按照类似的方式，在办公室举办晚会，提供饮料和晚餐，下属就可以以适度醉酒为幌子埋怨老板，提出在正常条件下不能说的意见。因此，组织向这些人提供改变地点的机会，从而有利于社会关系的健康发展。

历史事件和基础性的社会和文化力量造就了日本组织的整体化倾向。人们普遍认为这个历史事件就是工业制度在仓促之间涌入日本，而此前，它曾被封建政治制度拒之门外长达几十年。由于在村里可以招到工人，因此许多公司被迫在村庄附近盖工厂。日本的城市化进程不像欧洲那样漫长和缓慢，他们发现一方面是农村人口分布得非常稀疏，另一方面是工业化潮流来势汹涌。每一个工厂都派招工人员到村里去，请求家长把他们的孩子送到 20 ～ 30 英里[㊀]外的工厂工作。心疼孩子的家长不会简单地放他们的孩子到陌生的地方生活和工作。公司不得不盖宿舍，提供健康的饮食，并向家长保证他们的孩子会在德智体和家务上受到锻炼，并帮助孩子们做好一生的准备。如果是年轻妇女，公司会安排她们学习年轻主妇需要掌握的家务技能。在这个背景下，公司与雇员之间不可能存在部分包含的、临时性的或薄弱的关

㊀　1 英里≈ 1.61 千米。

系。相反，雇员和雇主之间形成的是一种彻底的和完整的关系。[3]

日本的一些专家指出，在封建制度下形成的基本社会模式促使日本人做好各种准备，从而形成了依靠家长式的力量来满足他们需要的和以忠诚作为报答的工作关系。如果这样一种态度当时就存在，那么它必定支撑着整体化的工作关系。

当经济和社会生活融为一个整体时，个人之间的关系就变得亲密起来。人与人之间的联系不是通过单一的工作关系实现的，而是通过多种黏合剂实现的。在这样一种紧密结合的关系下，如果人们要花时间与另外一个完全不相关的集体接触，不产生挫折感和紧张情绪是不可能的。由于人们不会对遭到滥用的关系置之不理，因此这种密切的关系打击了集体内的自私或欺骗行为。住在公司宿舍里、在公司棒球队里一起打球、在五个不同的委员会中一起工作，知道这种情况在他们的后半生都不会改变的人们会形成一种独特的关系。在处理各种与工作有关和无关的问题的过程中，工作和价值观及理念变得彼此相容。每个人真正付出的努力和创造的绩效变得一目了然。这种密切的关系带来极其微妙的人际关系，使得人们能够了解彼此的需要和打算。由于相容的目标和完全的公开化打消了人们对欺骗行为的担心或实施欺骗行为的愿望，因此这种由支持和制约构成的混合体促进了相互信任。于是，哪里的人们是通过某种整体化关系中的多种黏合剂彼此联系在一起的，那么哪里就有密切的关系、信任和理解。

社会学家早就注意到整体化关系是在“完全组织”(total institution)中形成的，但他们把这些组织看作局限于监狱、精神病院、宗教教会和部队的畸形。哥伦比亚大学的艾米泰·埃茨奥尼（Amitai Etzioni）认为，整体化网络包含一个有效的社会控制手段，其中个人是自由的，但能够和平共处。[4] 但是，埃茨奥尼与其他人一样，也认为这种形式的社会控制手段与现代工业化社会根本就是水火不相容，这是因为工业制度不可避免地带来高度专门化的劳动力，他们频繁地游走于不同雇主之间，因此只是部分地被包含在集体中。日本人明明白白地向我们证明，整体化在工业化生活中是可以实现的。最后一个问题必须讨论整体化和密切的关系，工业化生活是不是我们想要的。要知道我们能从日本人身上学到什么，关键在于我们要知道我们美国人怎样真正地有别于他们。

THEORY Z

How American Business Can Meet the Japanese Challenge

第3章

美日公司比较

模型是对现实的提取。它试图以去粗取精的方式把某个事物重要的和与众不同的特点展现出来，这样我们就可以很方便地领会它的独特性。前几章我们看到的是一些日本组织的模型的例子，描述了这种组织的与众不同之处和独到之处。虽然这种方法使我们能够描述一个复杂的现象，但是它的缺点是过于简单化。在日本，实际生活中的组织在不同程度上表现出这些特点。任何一个组织都不具有在纯粹的组织形式中提到的所有特点。另一方面，在日本的大企业中，几乎所有管理人员实际上都在竭尽所能地努力实现这些基本特点。

在描述日本组织模型的过程中，我的目的是以这种模型为参照物，对比和更好地了解美国的组织模型。这样，我们最后从现实中提取出两套模型，它们分别描述的是某些基本倾向，这样就抓住了某种组织形式所具有的、常常被人们所忽视的本质。当我们这么做时，我们发现在所有重要方面，美国模式与日本模式都是截然相反的。

比较一

日式组织	美式组织
终身雇佣制	短期雇佣制
缓慢的评估和升职过程	快速的评估和升职过程
非专门化的职业发展模式	专门化的职业发展模式
含蓄的控制机制	明明白白的控制机制
集体决策	个人决策
集体负责制	个人负责制
关注整体	关注局部

我们不仅需要考虑美国模式的各个组成部分，而且还要考虑各个组成部分是如何组合在一起，构成一个有效的系统的。典型的美国公司实行的是短期雇佣制。在制造岗位和办事员岗位上，美国公司每年

的人员流动率常常达到50%，有些年份甚至达到90%。公司可能用15天的时间培训新雇员，然后这些新雇员在工作了2～6个月后就辞职了。甚至在高管这个级别上，每年25%的流动率也不是什么新鲜事。因此，一些负责保证公司整体业务协调运转的副总裁们经常是变来变去，换来换去。密歇根大学的罗伯特·科尔教授的研究表明：美国公司的人员流动率是所有日本公司的4～8倍，而在日本的大公司中，辞职和下岗实际上是闻所未闻的。

快速的人员流动使得快速的评估和升职过程成为必然。经常更换管理人员的需要，将还没有适应组织内部微妙的人际关系的新雇员推上了重要岗位。这种快速评估和升职的过程使得管理人员产生了一种歇斯底里般的恐慌态度，他们认为三年没有晋升到重要岗位就意味着失败。最近几年，持有MBA（工商管理硕士）学位的人的大量涌入更是加重了这种歇斯底里般的恐慌情绪。1980年，大约有45 000名新出炉的MBA毕业生进入美国企业界，而20年前是4 000人。商学院倾向于培养这样一种态度，即到他们学校上课的每一个人借助他们高人一筹的能力和培训课程会迅速地跻身美国企业的最高层。毕业生们往往是非常没有耐心的，如果他们不能迅速升职，他们就会把雇主炒掉。实际上，一些主流商学院通过研究发现，他们的MBA毕业生在毕业后的头10年里平均有3个雇主。

这种快速的人员流动产生了非常有趣的怪事。年轻和有远大抱负的管理人员希望快点升到有影响力的位置，去影响企业的决策和活动。在一个公司中，在完全掌握雇员的技能和能力前，评估和升职的过程是非常缓慢的，这些人就会失去耐心。他们常常会找到真正快节奏的公司，这些公司以迅速发现人才而著称，无论什么样的年龄或资历，公司都可以提供升职机会。他们很快发现爱因斯坦很久以前就知道的事——运动是相对的。虽然这些年轻人现在每年都得到一次升职的机会，但是所有其他人也是如此，原地踏步的感觉又回来了，他们没有向前走的感觉，即比其他人走得快。在这种情况下，他们变得更失望了。一个管理人员在组织中的级别越来越高，他现在希望影响公司的决策和活动，但发现这是不可能的。在一个升职和流动速度都很快的公司中，人们学会了在不依靠其他人或与其他人协商的情况下工作。其他人不可能知道或关心他们所面临的问题，或承担起协作的义务，长时间地陪着他们共渡难关。人与人之间、部门与部门之间存在隔阂。为了完成工作，每一个人和每一个部门都必须把持着他们可以独自完成的工作不放。在这种情况下，在决策和活动上施加广泛的影响是不可能的。这使得管理人员产生了挫折感，一些人又跳到另一个充满希望的环境。这样的故事当然不会有圆满的结局。

在处理这个问题上，一家美国公司提出了一个独特的方法，而且取得了成功。芝加哥的宝石茶公司（Jewel Tea Company）经营着大批食品杂货店、药店和其他零售商店。我的一位学生是一个非常年轻的女性，在获得 MBA 学位后就到这家公司工作。六个月后，她回到学校看我，并讲述了下面的故事。

“在圣诞节休假期间，待在芝加哥地区的所有同学举行了一个小规模的聚会，交流第一个工作的经验。每一个人都吹牛说他们的工作有多么重要和复杂。一个人说他正在为一个几十亿美元级的公司设计覆盖全世界的计算机网络，另一个人说他每天如何买卖几千万美元的债券。当轮到我时，我有点尴尬地说我刚刚被提升为助理，负责管理毛茸茸的动物。我管理的是一堆五英尺[1]长、五英尺高的玩具。在此之

[1] 1 英尺 = 0.3048 米。

前，我在芝加哥的一个叫奥斯科的药店工作了四个月。”然而同时，这个年轻女性被指派了一个“负责人”。后者是公司的一名高级别的高管，定期与她一起吃午饭，询问她的健康状况，并让她知道，虽然她是从基层开始做起的，但她得到了公司高层的重视。

然而，更典型的情况是，美国公司是用快速评估和升职的方法来应对人员流动的。此外，高度专门化是典型的职业发展模式。

在操作员岗位上，人员流动率高达 50% 的公司每年必须重新培训一半的雇员。为了完成这个壮举，工作被分成一块又一块，每一块都非常简单，几天之内就可以学会。当然，这些简单的工作是非常枯燥乏味的，令人难以忍受，因此有任何选择余地的工人就会在第一时间辞职。这样的循环自行从头再来。

在专业和管理岗位上，专门化的程度更高。彼此之间不认识的管理人员依赖于对方才能“具有专门化水平”，即运用标准的方法应对问题。大学毕业的电气工程师处理问题的方式与前任工程师几乎一模一样。在了解这个情况后，管理人员可以制订计划，要求电气工程师提供一些资料，这样在处理问题时就不用担心不符合标准和自相矛盾了。这样，标准化取代密切的关系，成为协调机制。在电气工程师看来，他的目标是成为高度专门化的人才，并在全国和本专业内成为名人。把为当前的雇主服务当作奋斗终生的事业是没有指望的。要让其他公司看上自己，他必须具有适合任何公司的高度专门化的技能。只能满足一个组织需要的人，就要面临最终失业的危险。通过各专业的有效配合，美国的组织在整体上协调高度专门化的个人的行为。因此，能够或努力融入一个组织和做到协调一致的雇员几乎是不存在的。

我们因此拥有的是一批在天资、技能和目标上差别很大的个人。这样的人相互之间在特殊意义上形同陌路。从制造部门提拔上来的部门经理不了解人事工作或会计工作的微妙关系，因此除了做外行，他既不能指挥这些职能部门的人，也不能对他们进行评价。仓储经理不了解计算机程序员所做的工作的性质，因此只能远距离地、在形式上配合他们的工作。由于双方可能存在差异，因此除了不言而喻地理解对方或发挥想象力外，他们什么也做不了。这样，控制机制就成了看得见和正规化的东西，丢掉了在合作过程中可能存在的微妙性和复杂性。

我曾经有机会与美国的一家生产和销售电子产品的大公司合作。这些产品都是“独立的”，这是因为每一种产品都是被装在一个盒子里，不要求其他附加装置，而且一般是由一名独立工作的销售人员销售。该公司多年以来一直做得非常成功，让他们引以为豪的是他们的销售人员作为个体都非常有进取心和企业家精神。随着时间的推移，业务的性质发生了改变。现在，顾客一般不购买“独立”的产品，而是购买产品系统，即产品组合在一起，成为一个有效的整体。在技术上，各个部分与其他部分有很大的差别，因此任何一个人都无法掌握系统的所有部分；所以，要做成一笔生意，所有产品部门的销售人员必须共同配合。这样，在向客户提供一个完整系统的过程中，销售人员把他们的力量整合在一起就变得非常关键。不幸的是，控制机制仍旧鼓励销售人员独立工作。由于销售人员和管理人员的流动率非常高，因此管理人员无法借助微妙的人际关系评估销售人员的长期绩效，相反，要依靠看得见的销售量指标决定加薪和奖金。管理人员本身既不了解系统的所有方面，也不熟悉其他销售人员，因此不愿意依赖于主观化的贡献指标，而是过多地依靠个人销售量指标。销售人员认识到评估他们的标准实际上只是卖出的产品的数量，因此很少注意指导其他人或与其他人配合。他们完全清楚地认为这种行为最终无异于自杀，

但是步履维艰的控制机制不允许他们表现出合作的精神。公司陷入一团糟，这项新的业务面临亏损。

同样，美国的组织形式的所有特点交织在一起，彼此支持。各个组成部分构成一个体系，而这个体系接近于被社会学家马克斯·韦伯（Max Weber）首先称为官僚组织的组织体系。[1]官僚机构一词逐渐具有了贬义，但是它最初是被用来描述创造惊人效率的组织体系的。为什么当代的学者几乎普遍地认为官僚机构的形式是效率低下的，而且我们所有研究官僚机构的人都把它视为僵化、麻木和效率低下的东西呢？

对这个问题的回答可能与组织所处的社会背景有关。韦伯生活和工作在75年前的中欧，即当时的普鲁士。在当时的环境下，公司和政府机构雇用的人员很少有几百人。居住在城市里的人一般只有几千人。同一个家庭的许多成员在一个企业或政府机构中一起工作。血缘关系、朋友关系、宗教信仰和雇佣关系等形成的黏合剂将他们团结在一起。韦伯实际上注意到裙带关系和徇私舞弊是行政管理部门效率不高的主要源泉：社会关系多如牛毛，而且有着千丝万缕的联系，因此“理性”或客观的决策实属罕见。在这种背景下，韦伯提出：理想的组织形式应该把人们彼此分开，迫使他们在技术上实现专门化，并受到正规的指导和评估，从而在处理相互之间的关系时保持客观的态度。对于韦伯来说，组织需要压制千丝万缕的社会关系所具有的非理性的力量，并在重视技能和效率而非政治立场或朋友关系的基础上，通过提供公平的待遇，使有效的工作得到均衡的分配。

自韦伯那个时代起，官僚机构的形式一直是西方特别是美国的组织的独特特点。但是，社会环境已经发生了变化。现在，与其说我们的社会是一个被紧密地结合在一起的社会，其中的人们彼此非常了解，因此很少能客观地评价对方，倒不如说我们的官僚组织处在一个人们很少彼此了解或互相关心的环境中。现在，与其说我们让亲密的社会关系与客观性在势力上处于均衡的状态，倒不如说我们的社会和工作组织是没有感情色彩的、自动化的。处于均衡态势的各种力量已经被一股失去平衡的推力所取代，推着我们奔向正规化、自动化和个体化。组织一方面面临的是微妙的人际关系，另一方面又要具有客观性和透明度。只有谨慎地让这两个方面处于均衡状态，组织才既可以在经济上发挥出有效作用，又可以满足人们情感上的需要。

组织的发展所依赖的社会和历史环境，不可避免地成为决定组织如何形成的主要因素。这些环境是造成日美组织之间的另一个重要差异的原因，这个重要差异就是它们有完全不同的起源。

不同的传统

新干线或“子弹头火车”穿梭于日本的乡间，匆匆掠过一群又一群镶嵌在稻田中央的农舍。这种特殊格局的形成不是完全出于偶然，而是在水稻（日本人的主食）种植上采用特殊技术的结果。水稻的种植要求修建和维护灌溉系统，而修建灌溉系统需要很多人手。更重要的是，在水稻的种植与收获上，20 多个人通过合作才能完成这些工作。关键是一个独自劳作的家庭无法收获生存所需的足够稻米，但是许多在一起劳作的家庭却可以拥有余粮。因此，为了生存，无论存在什么样的不调和的势力，日本人都必须逐步具有在一起融洽工作的能力。

日本是一个完全依靠巨人的恩惠建立起来的国家，这个巨人就是海底火山。日本几乎没有平坦和适宜发展农业的土地。他们在山坡上开垦出梯田，利用每一寸适于耕种的土地。日本还饱受地震和飓风等自然灾害之苦。传统的房屋都是用轻质建筑材料建成的，因此在遭灾时倒塌的房屋不会把居住在里面的人压在下面，而且在重建时，速度快，成本也低。在1868年明治维新前的封建统治时期，每一个封建地主都试图阻止自己的佃户从一个村庄搬到另一个村庄，因为他们担心临近的地主会聚集大量农民，并靠这些农民生产出大批剩余农产品，雇用军队，造成威胁。由于桥梁可以提高农民在村庄之间的流动能力，因此在河流上架桥显然是非常罕见的，而这种情况在19世纪末才有所改观。

同时考虑所有这些因素，这种特有的生活方式描绘了一幅国家山水画，他们的人民在种族、历史、语言、宗教信仰和文化上是同质化的。几个世纪以来，这些人世世代代都居住在同一个村庄里，隔壁的邻居也没有发生变化。在日常生活中，日本人的邻里关系非常密切，他们的屋子如透风的墙，几乎什么也隐瞒不了，他们能够在工作中配合得非常默契，因此得以世代繁衍。在这种情况下，逐渐形成的个人无关紧要论不可避免地成为最重要的社会价值观，没有这样的价值观，社会就不会得以延续。

在西方人看来，这是一幅令人恐惧的社会风景画。如果让西方人把个人的喜好置于集体的和谐之下，并让他们认识到个人的需要决不能凌驾于所有人的利益之上，他们会非常反感。但是，西方的哲学家和社会学家经常说：只有当人们愿意让他们的个人利益服从于社会利益时，个人才有自由。一个完全由自私自利的人组成的社会，是一个人与人之间充满敌意的社会，是一个没有自由的社会。这个问题常常是认识社会的中心问题，无论著书者是柏拉图（Plato）、霍布斯（Hobbes），还是斯金纳（B. F. Skinner），它在每一个世纪和每一个社会都会被提出来。在当代，人们仍旧在争论什么样的组织处于自动主义论与极权主义论冲突的中心。在某些时期，靠血缘关系维系在一起的集团作为主要的社会组织斡旋于这些对立的力量之间，发挥调解的作用，从而让这些力量保持均衡的态势，而自由在这种平衡中得以实现；在其他一些时期，教会或政府成为最重要的组织。我们目前所处的时代或许把工作组织当作决定性的组织。

要完成美日生活状态的对比工作，我们需要乘飞机到美国上空转一转。在堪萨斯州上空，如果透过窗户向外看，我们看到的景象是一幢农舍矗立在大片土地中间，与这些土地接壤的是另一幢被大片土地包围的房屋。在 19 世纪初，堪萨斯州还没有汽车。最近的邻居可能离你有两英里远；冬天非常漫长，到处都是厚厚的积雪。主要社会价值观不可避免地是自力更生和独立。这些就是那个地方和那个时代的现实，是孩子们必须学会重视的现实。

随着以人力为表现形式的能量被非人力形式的能量所取代，人们发现无论想象力有多么不着边际，任何人都想象不到这种能量能给一个国家带来那么多的财富，而这一发现正是工业革命的关键。但是，这也有难以解决的问题。要让这种巨大的财富变为现实，非人力形式的能量需要被称作工厂的大型建筑物，成百上千名工人，甚至成千上万名工人被集中到一个工厂里。此外，许多工厂集中在一个地方，便于高效地制造能量。西方世界几乎在一夜之间从乡村式和农业化的国家转变为城市化和工业化的国家。我们的技术进步似乎再也不能与我们的社会结构融洽相处；在某种意义上，日本人能够更好地应对工业制度的挑战。虽然美国人仍旧忙忙碌碌地保护我们在形式上有点极端的工业制度，但是日本人遏制住了个人主义的泛滥，他们强调的是合作。

事实上，在我们推行个人主义时，相对于个人主义来说，集体主义与现代工业生产和工业生活更合得来。放弃我们的个人主义不能解决问题。相反，要解决问题，我们必须更全面地了解工作组织与社会之间的密切关系。最新的组织设计体现了这种观点。研究组织的社会科学家们目前非常认同这种从社会生态学上认识组织的观点。这种社会生态学的观点源自生物学模型，反映的是组织的内部形式，就像玫瑰或大象的内部器官的活动只不过是对特定生态环境的适应性反应一样。[2]这种观点表明日本的组织形式（J型）是根据同质化的人群、稳定的社会关系和集体主义等条件进行适当调整的结果——在这样的组织中，个人的行为紧密地啮合在一起；相比较而言，美国的组织形式（A型）是根据异质化的人群、流动的社会关系和个人主义等条件自然调整的结果——在这样的组织中，人们相互之间的关系是非常脆弱的，而且很少发展出密切的关系。

如果在实际应用上，这种生态学模型得到严格的遵守，那么发生缓慢变化的是在物种内部，而不是在某个生物体内。例如，如果需要五条腿，一头已经出生的大象是无法长出第五条腿的。这个物种要么适者生存，要么因适应不了而消亡。这种适应的过程有利于那些可以根据环境条件而发生变化的生物体。幸存下来的生物体所具有的新特征，就成为标准特征。如果西方社会像韦伯认为的那样一直在系统化地做有利于A型组织的选择，那么对于日本人在美国设立和经营的企业所取得的成功，我们作何解释呢？虽然这些J型组织是在纯日本模式的基础上加以改造的结果，但是它们仍旧保留了许多日本特色，同时在促使A型组织成为主流组织形式的环境中保持着旺盛的生命力。为什么呢？

这个问题最后甚至比上一个问题更难以解释。在比较美日公司的研究项目进行到一半时，我向 IBM 公司的一些高管描述了我初步取得的研究成果。IBM 的一个副总裁大声地说："你知道你一直在描述的日本人的组织形式恰恰是 IBM 所拥有的东西吗？让我告诉你，IBM 按照自己的方式发展，已经逐步采用了这种组织形式——我们没有抄袭日本人的东西！"虽然这个人的反应仅代表着一种看法，而且 IBM 的其他雇员可能对此表示强烈的反对，但令人大吃一惊的是，有人觉得我曾经以为由文化决定的组织形式，即 J 型组织形式，可能事实上根本不是特定文化下所特有的。A 型和 J 型组织形式可能属于一般性的组织形式，能够在不同的环境中生存，其中更适合 A 型的环境一般在美国和西欧最常见，而比较适合 J 型的环境一般盛行于日本。西方的社会环境可能发生了某些变化，或者西方的社会环境可能处于过渡期。在特殊的条件下，某种 J 型组织的组织形式虽然不同于纯日本式的组织形式，但与后者类似，它的某些属性可能使之非常适合于西方的状况。

比较二

为了证实这种可能性，我准备采访在各行各业工作的经理。每一名经理都会看到一张表，上面列着日本组织的七个特征，但没人告诉他们这些特征与日本人的任何东西有关系。所有经理被要求列出任何具备这些特征的美国公司的名字。最初，我想找出一两个在有些人看来符合这种组织形式的公司，以便更深入地进行研究。令人惊讶的是，这些人反复地提到相同的组织：IBM、宝洁、惠普、伊斯曼柯达（Eastman Kodak）和美国军队。这些组织都被公认为世界上管理最好的组织，在我们的被采访者看来，它们具备与日本公司相同的特征。

在这期间，我邀请某个致力于高管研究的管理咨询公司的合伙人到我的课上作为嘉宾发表演讲，而通过对高管的研究，他作为某个大公司的代表试图发现和聘用符合高管职位需要的人才。在我的课上，他介绍了在发现符合要求的高管的过程中采用的流程，而这些高管常常来自少数“饲养员”公司。这些“饲养员”公司善于从年轻人中挑选出难得一见的人才，把他们培养成富有经验和大有作为的总经理。在这方面，这些公司在业界可谓大名鼎鼎。换句话说，一个开始步入职业生涯的年轻人在到这些公司中的某一个公司工作时会表现得非常好，而这些公司出于某种原因努力培养人才，而且它们在这方面是出了名的。在一般情况下，如果猎头公司能够劝某个“饲养员”公司的经理离职，他很快就会在寻找符合要求的高管的公司找到合适的工作。我的学生们迫不及待地要进入问答阶段，而且第一个问题是：“请告诉我们这些‘饲养员’公司的名字。”这位嘉宾列出：IBM、惠普、柯达、宝洁以及其他三四个公司。

我决不会忘记这一刻。所谓的日本式组织形式显然是一种具有普遍性的组织形式，不只日本有。各种类型之间的差别不只是表面现象，在微妙管理技巧的培养上体现出实质性的差别。我们面临的难题是了解这样的公司如何完成这种任务，掌握它们在美国取得成功的原因和知道与日本模式异同的方面。

虽然这些组织在美国的发展是符合自然规律的，但它们所具有的许多特征与日本的公司非常相似，我称之为 Z 型组织。之所以选择这个符号，是因为我有意地参考了早先区别道格拉斯·麦格雷戈的“X 理论”和“Y 理论”管理学说的方法，但我的论点又与他有关。[3]

道格拉斯·麦格雷戈作为一位德高望重的教授在麻省理工学院（MIT）阿尔弗雷德·P. 斯隆（Alfred P. Sloan）工业管理学院工作了许

多年。他认为在了解了某位经理对人性的基本假设后，我们就可以掌握他的许多重要方面。麦格雷戈认为这些假设主要分两种：他把它们称作“X 理论”和“Y 理论”假设。X 理论型经理假设人们基本上是懒惰的、不负责任的，并且经常需要受到监督；Y 理论型经理假设人们基本上是努力工作的、负责任的，并且只需要支持和鼓励。

在我的框架中，西方的组织主要被视为 A 型和 Z 型（J 型是专供在日本见到的组织形式使用的术语）。就像大多数经理不完全符合“X 理论”和“Y 理论”假设的描述一样，组织很少是纯粹的 A 型或 Z 型。然而，对 A 型和 Z 型的理解可能有助于理解组织的基本形态。在我领悟到各种类型之间的这种差别后，我就要弄明白是什么因素导致现在的 Z 型组织在成功的过程中表现出独一无二的特征。

THEORY Z

How American Business Can Meet
the Japanese Challenge

第 4 章

Z 型组织

每一个 Z 型组织都有自己的独特之处——美国军队具备不同于 IBM 或柯达的特色。然而，所有 Z 型公司都表现出非常类似于日本公司的特征。Z 型公司与日本的同类型公司一样往往都实行长期雇佣制，常常是终身的，尽管这种终身的关系没有被正式地提出来。这种长期的关系通常根植于企业的复杂性质。通常，它要求大量的在职培训。因此，这些公司希望留住雇员，花钱让他们参加培训，以便在这样一个独特的环境中创造出优异的成绩。由于雇员的许多技能只能在这样一个公司中发挥作用，他们不能轻而易举地在其他地方找到报酬相同或带来相同挑战的工作，因此他们往往与公司共进退。这些工作上的特点带来了长期雇佣关系，同时也使得评估与升职成为一个相对缓慢的过程。在这里，我们注意到一个不同于日式组织形式的重要变化。Z 型公司不会等 10 年才启动评估与升职程序：任何这样做的西方公司都不能留住精明强干的雇员。因此，这样的公司经常提供各种各样的、透明的考察绩效的机会，这样的事情已经司空见惯了。然而，升职的机会来得比 A 型公司慢。

在 Z 型公司中，职业发展模式更多地表现出在不同职能部门和不同职位之间“徘徊”的特点，而这个特点正是日本公司的典型特征。这种模式有效地培育出更适合于特定公司的特殊技能，从而有助于人们在设计、制造和销售阶段展开密切的协作。经历这种“非专业化”发展的雇员是要承担风险的，即最后形成的技能可能在很大程度上对其他公司没有吸引力。因此，长期雇佣制冒着风险与事业的发展结合成一个整体。

各种装备在典型的 Z 型公司随处可见，这些装备包括现代信息和会计系统、正式计划、目标管理，以及 A 型组织形式特有的所有其他正式的、透明的控制机制。然而，这些机制受到 Z 型公司的看管，小心翼翼地供它们参考，并且这些机制在重大决策上很少发挥支配作用。与之形成鲜明对照的是，大公司、医院和政府机构的管理者们常常抱怨说，在量化分析、计算机模拟和一大堆数字面前，他们感到自己的看法无用武之地。西方的管理方式几乎完全被一种思潮所笼罩，这种思潮大致有以下逻辑：理性强于非理性，客观比主观更接近理性，量化比非量化更客观，因此量化分析结果优于根据常识、经验和微妙的关系得出的看法。包括斯坦福大学的哈罗德·莱维特（Harold Leavitt）教授在内的一些观察家撰文指出，追求透明化和可测量化的倾向已经远远超出了合理的范围，回归微妙关系化和主观化是正确的选择。[1]

在 Z 型公司中，透明化和含蓄化似乎保持均势。虽然在决策的过程中人们非常重视对事实的全面分析，但也会审慎地对某些问题予以认真关注，如这项决策是否“合适”，是否“适合”公司，而这种态度也会对决策的形成产生影响。让不重要的部门处于与世隔绝状态的公司几乎无法从细微之处认识问题，其根本性的原因可能是组织中的各个部门彼此缺乏联系，它们丧失了有效的沟通能力。由于数字是人们都能明白的唯一语言，具有一定的对等性，因此人们在沟通的过程中靠的是匮乏的表达能力和缺乏交流的数字语言。让我们举例说明。

企业风格的问题

在 20 世纪 70 年代发展得最引人注目的新兴行业是电子表行业。起初，数字或电子表对于业界的每一个人来说都充满了神秘感。天美时（Timex）和宝路华（Bulova）等老牌一线品牌手表制造企业，对取代发条和音叉的新型半导体技术表示怀疑。掌握这种技术的半导体企业向其他公司供应元器件，它们不了解面向个人消费者销售产品的业务。我观察了其中的两个半导体企业对新的商业机会的反应：其中一个企业以前被认为完全纯粹地代表着 A 型组织，而另一个企业相对纯粹地代表着 Z 型组织。随着有关这两个企业的故事展现在我的面前，我忙着研究它们，而其中的原因却并非它们属于手表行业。

电子表行业似乎从一开始就有希望成为一个庞大的新兴行业。这种新型手表比传统的计时器更精确、更可靠和更便宜，有希望淘汰西方世界的几乎所有计时器。A 型公司仔细地分析了潜在市场，估算了不同价格的电子表的销量、生产成本和面向零售网点供应手表的成本，从而计算出公司可获得的利润。A 型公司本来就是主要电子元器件的供应商，掌握着必要的技术。公司的高管们知道自己在消费产品的销售上没有经验，但他们认为可以获得必要的知识。在分析了形势后，他们开始出击，收购生产表壳的公司和生产表带的公司。在决定向前迈进后，他们只用了几个星期就进入了手表业。从零开始的 A 型公司迅速在手表行业获得了较大的份额，并且在做出这项决策后，仅用 18 个月就在新兴行业中发挥出了举足轻重的作用，在数字手表上赚取了巨额利润。

Z 型公司的高管们也认识到了数字手表蕴含的商机；他们也生产关键的电子元器件，而且它们是数字手表的核心。在分析了市场后，他们发现如果进入这个行业，他们就有希望获得非常大的回报。但是在 Z 型公司，数字从来就不能决定一切。公司的高管们想知道这个行业是否真正符合他们的“风格”。他们看到了潜在的利润，但他们想知道这是不是昙花一现，或者公司在将来能否继续在手表行业推陈出新和保持领先地位。更重要的是，进入手表行业似乎与公司的哲学观格格不入。在 Z 型公司，谈论公司的哲学观不被视为没有主见、痴心妄想或脱离实际。相反，公司拥有一批管理人员，他们清楚地认识到

实现密切合作的能力，在某种程度上取决于他们能否在一套有关企业经营的主要目标和方法上达成一致。这些一致的意见构成了公司的哲学观，即一种思考企业与雇员、股东、客户和全体大众之间的恰当关系的企业宗旨。这种一般性的宗旨必须包含这样的意思，即企业宗旨在任何特定情况下都是有效的。因此，重要的是，经理们需要充分地熟悉公司的基本文化，这样他们可以以有利于合作、避免冲突的方式诠释公司的哲学观。哲学观的其中一个因素关注的是公司应该生产什么样的产品，而且该公司的企业宗旨似乎明确地把电子表这样的产品排除在外。在这个基础上，哲学观似乎比财务分析更重要，手表项目应到此告一段落。

但是，这个项目并没有终止。这个公司的哲学观的第二个主要因素是，让雇员能够自由地选择他们认为能取得成功的项目。公司尤其尊重部门经理设定和完成目标的自由。在这种情况下，取得了有目共睹的成就的年轻总经理希望带领公司进入手表行业。公司的高管们不同意他的观点，但又不想让他丧失自由。两种非常重要的价值观在他们关于行动的建议中发生冲突。这个案例吸引人的地方就是，在 Z 型公司的冲突中，处于中心位置的不是市场份额或盈利能力，而是价值观。

不要以为我在暗示 Z 型公司不关注盈利能力。它的成绩是显而易见的。在美国的大公司中，Z 型公司是发展最快、最赚钱的公司。每一名经理都知道，只要项目创造的利润超过其他公司的水平，项目就有了生存的空间。但在 Z 型公司，利润本身并不是项目的终点，也不是在竞争过程中“记分”的方法。相反，如果公司能继续给客户带来真正的价值、帮助雇员成长和帮助他们作为企业的公民表现出责任心，那么利润就是对企业的奖励。我们中的许多人可能听说过这些话，而且现在对这种公开的面孔冷嘲热讽，而这种面孔常常会把内部存在的、远没有那么吸引人的实际情况隐藏起来。Z 型公司的一个突出特点是这些价值观不是虚伪的东西，不是装饰品，而是被奉为决策时参考的标准。此外，这个过程不是一帆风顺的。企业的某些经理对这些价值观所体现出的智慧将信将疑，对企业是否真正坚持这些价值观表示怀疑，但总的来说，企业的文化是完整的，能发挥出有效的作用。

如果企业应该只以利润为追求的目标，那么为什么还需要管理哲学呢？在大型组织中，几个月或一年内是不可能确定某个业务部门是否能盈利的。假设你是一个为进入数字手表市场而新成立的部门的经理，你从另一个部门购进电子元器件，与其他部门共用同一批销售人员，靠中心工程部的雇员设计和维护你的产品及制造工艺，仰仗公司的好名声推销你的产品，给你的新部门配备经验丰富的经理和技术人员，而这些经理和技术人员是公司培训的结果。对于在你的业务中注入的每一项内容，你应该支付多少钱呢？没有人能够知道。有些人不可避免地提出一些数字，这些数字有时被称作“内部调拨价格”，有时被称作“神奇数字”，它们被用来计算你的成本，以便用你的销售收入减去这些成本，从而计算出利润。然而，每一个人都知道所谓的利润是对你的真实利润的粗略估算，你的真实利润是无法知道的。

假设你的公司事实上是严格按照盈利能力标准开展经营活动的。如果中心工程部以较低的价格向你提供服务，那么你会尽可能多地利用工程服务，从而从公司其他利用这种服务的部门抢走服务。如果另一个部门的经理要求向你借三名经验丰富的雇员，由于另一个部门的成功在你的利润中得不到体现，因此你可能拒绝这个要求或改派三名经验不是很丰富的人。在许多方面，无论大小，如果我们不能准确地计算出价值，我们就会实行透明化的和正式的控制机制，而实行这种

机制的后果是协作水平低、生产力低和让人四处碰壁。

组织生活是相互依赖的生活，是依靠其他人的生活。它还是模棱两可的生活。阿尔曼·阿尔钦（Armen Alchian）和哈罗德·德姆塞茨（Harold Demsetz）是加利福尼亚大学洛杉矶分校的两位著名教授，他们认为哪里需要团队协作，哪里的个人绩效测算就不可避免地存在模棱两可的标准。Z型公司的高管们认识到了这一点，而且知道企业中的相互依赖关系是极其复杂的，因此他们认为透明化的指标不是决策的最终仲裁员。他们认为如果大多数总经理就公司应当努力做什么和公司大体上应该如何着手做这些工作达成一致意见，他们就能依靠相互信任和信誉做出明智的决策，而正规化的控制体系是远远做不到的。

此外，他们认识到非正规化的、透明化的控制机制靠自己是无法取得成功的。只有在稳定的雇佣制、缓慢的评估与升职过程和较低的专门化程度等条件下，这种控制机制才能有发展的空间。然而，即使在这种机制的帮助下，生产多种产品、拥有多种技术的大型跨国组织也必须在正规化的控制和分析制度的支持下，拥有微妙的人际关系和含蓄的控制手段。

最后，Z型公司授权总经理涉足数字手表市场，在一个规模相对较小且专门化的领域发展。如果他的新项目取得成功，他就有机会让它"发展壮大"，但是在一开始，这个项目的规模非常小，这样即使失败也不会影响整个公司的健康发展。在这两个公司最初做出决策后，三年过去了，它们的情况完全不同。在经历了销售额和利润大幅攀升后，A型公司遭遇了来自其他公司的激烈竞争，而这些公司在这个行业比A型公司更有经验。从一开始的成功到巨额亏损，A型公司只用了18个月，而且把手表业务部门卖给了竞争对手。在手表行业，A型公司再一次回到起点。Z型公司一开始也取得了成功。其电子手表项目涉足的范围比较有限，在经历了最初的成功后，Z 型公司也遇到了有力竞争，而且利润出现下滑。然而，Z 型公司没有廉价卖掉这个业务部门，而是慢慢地降低对它的重视程度，继续为已经卖出的手表提供售后服务，并可能保留这个仅剩骨架的业务部门，作为一个宝贵的教训供今后的管理者引以为戒。

企业实质的问题

正如我们所看到的那样，在 Z 型组织中，典型的决策过程是一个体现出集体意志和重视雇员参与的过程。社会学家称之为民主的（相对于独裁的或缺乏感情的）过程，其中，组织选择许多人参与重大决策的策划。这种参与式的决策过程是组织的机制之一，它有助于在组织内部广泛地传播信息和价值观，而且它还象征性地、明明白白地传达出企业的合作精神。许多居于企业文化核心地位的价值观是很难验证或表现出来的，在危机出现时才能得以验证（例如，实行长期雇佣制的承诺只有在经济衰退期才能得到检验）。有些价值观隔几年才能开始发挥作用，还有一些价值观是很难遵守的，如在行动上不自私自利的承诺。如果要让新入职的雇员了解和信奉价值观和理念，尤其是新入职的雇员在进入组织时都认为所有公司基本上都是一样的，即他们不能信赖、信任这些公司，那么组织必须清清楚楚地表达自己的价值观和理念。体现出集体意志的决策，既直接地表达出分享信息和价值的价值观，同时又公开地传达出组织奉行这些价值观的信号。人们聚集在一间屋子里举行会议讨论问题或决策，这样的会议常常会被人们注意到，甚至提及。这种形式体现出人们致力于合作的意愿，是看得见、摸得着的。一般来说，Z 型组织可能在某种程度上考虑到这种形

式所具有的象征性，从而把大量的精力放在人际交往技能的培养上，而这种技能是做出有效决策所必需的。

在 Z 型组织中，决策可能是集体行为，但最终负责决策的仍旧是一个人。西方人竟能忍受具有日本组织特色的集体负责制是令人怀疑的。这种对个人责任感的维护对于西方社会来说仍旧是必不可少的，但它也让 Z 型组织的内部关系趋于紧张。当一个集体实行集体意志决策制时，集体实际上就要求其成员在某种程度上让其他人决定他们的命运。这涉及的不是共同的命运，而是一个又一个人的命运。在会议结束后，每一个人都要负责完成集体共同规定的某些个别目标。按照麻省理工学院埃德加·沙因（Edgar Schein）教授的定义，这个靠集体意志决策的过程是集体的成员可能在集体的要求下，对他们不喜欢的但集体在公开和全面的讨论后决定实施的决策负起责任的过程。[2] 集体决策制与个人负责制的结合需要一种信任的氛围。只有人们坚定地认为所有人都具有基本相容的目标，而且任何人都不参与自私自利的活动，个人才会承担起实施集体决策的个人责任，并满腔热情地完成本职工作。

除了某些重大差异外，Z 型公司的整体化倾向在许多方面类似于日本组织的整体化特性。这种相似性表现在上级对下级和各级雇员对同事的倾向上。Z 型公司一般对下级和同事的福利表现出广泛的关注，认为这种关注在工作关系中是很自然的事情。人们之间的关系往往是无拘无束的，而且这种关系强调的是，所有人都要在工作中与其他人处理彼此之间的关系，而不只是经理与工人处理彼此之间的关系，办事员与机械工处理彼此之间的关系。作为组织的一个主要特点，这种整体化的倾向不可避免地维系着一个具有强烈平等主义色彩的氛围，而这种氛围正是所有 Z 型组织的一个特色。

如果人们在处理彼此之间的关系的过程中被分割成一块又一块，就像一种角色对另一种角色，而不是一个人对另一个人，那么这种失去个性的关系就会很容易地发展成独裁关系。如果人们之间的关系被狭隘地定义为“我”履行部门主管的职责与“你”履行工人的义务，并被限制在这样的范围内，那么人们就会普遍存在高低贵贱的感觉。这种态度与民主社会格格不入，它暗示着社会存在阶级差别。下级不可避免地与抱有这种态度的上级和以上级作为代表人的公司在关系上越来越疏远。在不得不应付其他人的要求的过程中，上级常常会让自己摆脱随之而来的一些烦恼和压力，无论这些人是他的上级、下级，还是同级别的同事。我们中的大多数人无法拒绝上级和同级别的同事的要求或抱怨，但如果我们变得冷若冰霜和不苟言笑，从而拒下级的要求于千里之外，那么我们烦恼的事情就少了一件。我们当然认识到这种想法是不合适、不公平和徒劳无益的，但是短期的压力常常来自这个方面。

如果组织具有整体化倾向，要求各级雇员作为完整的人处理彼此之间的关系，那么在这样的组织中，人们是不可能失去个性的，独裁是不太可能的，开诚布公地沟通、信任和责任心是屡见不鲜的。在我熟悉的一个 Z 型公司中，公司的每一个工厂都会在每个月的最后一个工作日举办“啤酒酒会”。酒会上提供少量的啤酒和小吃，雇员们常常可以无拘无束地玩游戏和讲笑话。任何不能定期参加啤酒酒会的经理，都不会取得成功和继续升职。这是“职场政治学”的一个佐证吗？这是“你认识谁重要，你掌握什么样的知识不重要”的一个例证吗？或者，这仅仅是往日的延续吗？

按照我的解释，这种啤酒酒会类似于日本的老板和下属在下班后享用鸡尾酒。在这两种情况下，每天都在一起工作的同一批人现在有了不同的角色。工作中的等级关系在这种环境下稍微松弛下来，使人们有机会作为地位平等的人形成更多的互动，或至少丢掉人们熟悉的、按等级分配的角色。技术员可以把班组长视为普通人，而不是把他们视为受怀疑的上级。经理让下级认识到他们把下级视为平等的人，视为完整的人。在这个与众不同的、举办啤酒酒会的公司里，经理们必须心甘情愿地融入到轻松的游戏和笑话中。其中，他们因明显缺乏技巧和显露出尴尬的表情，而在自己和下级看来有如从天上回到了人间。

在我们当中，在各个方面都比同事优越的人几乎没有。只要我们不放弃我们在组织中的角色，我们就可以维持这样一个虚构的事实，即我们在各个方面确实具有优越感。但是，如果我们让这些人参与社会交流，这个虚构的事实就会不攻自破。组织的等级制度所具有的自然力量促使人们在关系上四分五裂，在态度上趋于等级化。整体化的关系具有势均力敌的力量，鼓励人们在态度上具有更多的平等主义色彩。

平等主义是 Z 型组织的一个主要特点。平等主义间接地表示，由于每一个人都是可以信任的，因此他们可以运用自己的判断力，并可以在没有严格监督的情况下独立自主地工作。此外，信任强调的是一种理念，即大家都具有一致的目标，任何人都不以伤害其他人为目标。这个特点可能比任何其他特点更能说明日本企业和 Z 型组织为什么具有那么强烈的责任心和忠于职守的精神，以及那么高的生产力。

让我们暂时回到道格拉斯·麦格雷戈关于人性的“X 理论”和“Y 理论”假设上。麦格雷戈的成果大量地借鉴了曾在哈佛大学就读过的克里斯·阿吉里斯（Chris Argyris）的研究成果。[3] 阿吉里斯认为，如果劳动者可以通过不断的努力实现个人目标和具备成熟、独立的心理素质，他们工作的动力就会达到最大化。严格的监督会减弱工作的动力，延缓心理的成熟，妨碍个人的独立和自由。然而在“Y 理论”中，只有监督者信任劳动者，使他们可以按照符合组织目标的方式运用自己的判断力，监督才会起到支持作用。因此，体现平等主义的管理风格与相互信任密不可分。

通过研究乌托邦式的社会，罗莎贝斯·莫斯·坎特（Rosabeth Moss Kanter）认为信任是极其重要的。[4] 坎特介绍了阿玛纳（Amana，生产冰箱）、欧内达（Oneida，生产餐具）和其他以营利为目的的企业取得成功的乌托邦式的社会群体。平等主义，即权利与权力的平等，是这些社会群体的主要价值观之一。为了与这种价值观保持一致，所有透明化的监督和管理形式都成为过去。现在的问题是，在没有等级化的生产监督和监控手段的情况下，如何保证人们具有较高的纪律性和吃苦耐劳的精神。主要的危险是利己主义，表现为在工作中懒懒散散、推卸责任和自私自利。如果不实行等级制度，这种行为是不会被轻易纠正的，而且人们必须寻找其他手段遏制这种倾向。要解决这个问题，个人与社会群体需要共同拥有一套完全统一的目标，这样拥有自主权的个人就会自然而然地努力工作、发挥合作精神和为社会群体创造利益。为了全面实现公有化，乌托邦式的社会群体的许多行为都以让人们拥有共同的目标为目的。性开放或完全禁欲是其中最引人注目的行为，是所有在美国取得成功的乌托邦公社的显著特征。在坎特看来，性开放和完全禁欲在作用上是相同的：任何一种行为都要防止个人对另一个人产生依恋，从而让所有人都忠于社会群体。性开放让人们不能自由地选择伴侣，而是采取了严格的分配制度，即把年纪稍大的男子分配给年纪较小的妇女，把年纪稍大的妇女分配给年纪较小的男子。一旦这个系统中的男女双方彼此开始流露出好感，他们就要接受再分配。这个例子说明了两个问题，即在西方社会内，在目标上

完全实现统一是非常困难的，而无私的目标在不存在等级差别的组织中在根本上是非常重要的。

Z 型组织不同于乌托邦式的社会群体，它们实行的的确是等级化的控制模式，因此其秩序不完全取决于雇员是否具有一致的目标。然而，它们需要大量地依靠象征性的手段，鼓励人们形成平等主义和互信的态度，而且为了达到这个目标，它们在某种程度上鼓励雇员相互之间发展整体化的关系。它们自己指挥自己取代了等级化的指挥制度，从而在一定程度上增强了人们的责任心、忠诚程度和动力。

阿吉里斯要求经理们帮助个人融入组织，而不是让工作的场所变成让人们相互疏远、充满敌意、丧失人格的官僚机构。实际上，Z 型组织差不多实现了这个理想。它是一种集体意志的文化，是一个由平等的人组成的社会群体，这些人为了达到共同的目标而相互合作。它不仅仅依靠等级制度和监督手段指导人们的行为，也依赖于责任心和信任。

支撑 Z 型组织的理论

Z 型组织在内部文化上具有高度的一致性，这是等级森严的组织或官僚机构与 Z 型组织之间的差别。由于 Z 型组织是一个私人关系紧密的社会群体，其中的人们参与经济活动，但把他们联系在一起的是各种各样的黏合剂，因此称之为氏族是最恰如其分的。[5] 氏族与等级森严的组织、市场是截然不同的，后两者是另外两种基本的社会结构，它们负责管理个人之间的交易行为。在市场中，人们会通过竞标的方式购买商品，如工程师的服务和编织工编的篮子。按照市场规定的条件，每一个人都知道他们的产品的价值。然而，在等级森严的组织中，劳动者无法清楚地了解他们提供的服务的价值。负责工程的副总裁的年薪不能通过竞标的方式来确定。由于每一种工作都是独特的，因此公司反而依靠等级制度来评估劳动者的绩效和估计雇员的价值。只有我们信任等级制度能够产生公平的结果，它才能发挥有效的作用，就像市场一样，只有我们赋予市场合法性，它才能发挥有效的作用。只要副总裁认为总裁是一个公平和消息灵通的人，能够公正地评价他的绩效，这位心满意足的雇员就不会给等级制度制造麻烦。然而，如果双方互不信任，他们就需要预先规定合同条款保护自己的利益，如在向外部的企业销售服务时签订书面合同。合同的签订和执行极大地增加了管理副总裁的成本。

举一个更普遍的例子。按小时计酬的雇员随着时间的推移，认识到公司的等级制度是无法信任的，不能提供公平的待遇，他坚持由工会出面交涉，并以合同的方式规定他享有的权利。这样雇员要多花点钱，即向工会支付会费；公司的成本也增加了，即多增加几名处理劳资关系的雇员。每一方要支付的费用增加了，具体表现为合作的力度减弱了、生产力降低了、分享的财富减少了。因此，等级森严的组织或官僚机构要取得成功，它们的代价是很高的。但是，无论财务成本有多高，这些保护性机制要起到控制作用，组织只有采用更微妙一些的、官僚式的监督手段公平地评估个人的贡献。

比较而言，当团队协作和变革使得人们几乎完全分不清谁做出了什么样的成绩时，氏族才能取得成功。在这些时候，要做到公平和平衡，长期不变的责任心是必不可少的，并辅以统一的目标和操作方法。只有经过几年的时间，个人的绩效和奖励才能得到公平的评判，因此个人与组织必须建立长期的关系，双方必须极其信任对方。

人们认为市场中的每一个人实际上都在追求自己的利益。由于市

场机制会准确地衡量每一个人为共同的利益所做的贡献，因此个人的贡献有多大，他都会完完全全地得到补偿。如果有人选择什么也不做，那么他就得不到补偿，公平也就实现了。

在氏族中，每一个人实际上也知道他们想做什么就可以做什么。然而在这种情况下，为实现某个共同目标，所有一切都完全被公有化，而且这个体制能够根据人们在较长的时间里所做的贡献完完全全地考虑到其中存在的微妙因素，这样人们就会自然而然地努力做符合共同利益的事情。因此，看似达到无私境界的僧侣、水兵或日本汽车工人事实上是完全出于自私的目的。由于这些管理机制不约束人们的行为，因此它们把人的潜能挖掘了出来，并最大限度地让人们拥有自由。

只有官僚机制明明白白地对个人说："不要做你想做的事情，做我们让你做的事情，因为我们付你钱。"唯有官僚机制让人们关系疏远、丧失社会道德，并使得人们的独立性降低。这就是 Z 型公司的雇员比 A 型公司的雇员拥有较高的个人独立性和自由的原因。日本企业里的雇员与许多西方企业中的雇员相比，独立和自由的感觉让前者在工作中发挥出较高的积极性。

Z 型组织更像氏族，而不太像市场化的组织或官僚机构。在这方面，Z 型组织使得工作与社会生活紧密地交织在一起。看看这个例子，虽然美籍华人在总的人口上只占一小部分，但华人企业家却出乎意料地大幅增加。社会学家许多年以来是这样解释的：美籍非洲人要创办小企业，他们会被银行和其他提供资本的机构有组织地拒之门外；相反，美籍亚洲人拥有更好地进入这些资本市场的通道。然而，大量研究表明非洲人和亚洲人在企业融资方面都面临相同的困难。[6] 美籍亚洲人从他们的祖国带来了循环信用合作社（revolving credit society）的传统，美籍日本人称之为 Tanomoshi，即美籍华人所谓的"会"(Hui)。

典型的会由 12 个人组成，每一个人都想拥有自己的加油站、只有一辆卡车的拖车服务公司或其他这样的小企业。这些人每个月有一天会到其中一个成员的家里吃晚饭，每一个人都按照预先的规定带来一笔钱，或许是 1 000 美元。提供晚餐的主人会把所有的钱都保管起来，比方说是 12 000 美元，然后他会用这笔钱购买第二辆卡车或开他的加油站。这些人连续 12 个月以这种方式聚在一起，直至每一个人都投入 12 000 美元，并拿走 12 000 美元。很难积攒出全部 12 000 美元的人以这种方式就能筹措到资金。

通过更仔细的研究，这种方式具有某些与众不同的特点。首先，先得到共同基金的人付出的利息实际上比后得到的人少。第一家的主人可以无息地使用其他人的资金（11 000 美元）一个月，然后是 10 000 美元（因为他到第二家吃晚饭时拿出了自己的 1 000 美元），以此类推。比较而言，最后一家的主人必须在共同基金里放入 11 000 美元，而在得到他的共同基金前，他本可以把这笔钱放在银行里吃利息。这当然是一个不公平的做法，但他们还是坚持这么做。第二个有趣的特点是，即使后借到资金的人心甘情愿地把大笔的钱交给其他人，这些人也没有保证偿还这些钱，他们之间也没有签订任何合同，没有提供任何抵押品。如果有人不还钱，借出资金的人甚至没有在法庭上站得住脚的、证明他们把钱借给别人的证据。

美籍日本人的入“会”资格受到地域的严格限制，即出生地是日本和祖先来自日本的人才有资格加入。在美籍华人中，入“会”的资格只限于有亲属关系的人，而这些人构成了一个家族式的网络。因此，他们只能生来就是“会”的一分子，而且他们根本就回避不了这种由各种关系组成的网络，而这些关系包括熟人关系、社会群体关系、社会关系、宗教关系和经济关系，并把这些人捆绑在一起。如果某个成员未能有效地履行他的义务，那么家族的成员当然会承担起他的义务，否则就会付出巨大的代价，即家族的所有分支都会在社会群体内部受到经济和社会关系网的排斥。这种靠种族关系连接在一起的社会群体，因此不需要借助合同或抵押品来保护借出的钱。但是，先借到钱的人与后借到钱的人都没有明确他们会损失多少利息，而且他们付出的利息各不相同，这种不公平性又作何解释呢？

我们可以从两个方面认识这种现象。首先，我们注意到这些短期的不公平会随着时间的推移而得到弥补。这是因为在这些种族化的社会群体里，每一个成年人在一生中一般都会成为许多“会”的成员，有时同时是两个或多个这样的组织的成员。要偿还以前的债务，他们可以在后来再加入这样的链条，许多机会就会接踵而来。另外，一个人承担的债务可能被转让给他的儿子或兄弟，他们反过来有能力在千种利益中选择一种，使最初提供借款的债主得到补偿。社会群体需要有记忆力——这一点与Z理论中的企业记忆力非常相似，而且社会群体需要有数量稳定的成员，这两个方面是非常关键的。这种记忆机制的影响是非常深远的。个人在借贷上的表现决定了他是否会被邀请加入其他不同的团体，而且在举办宗教和社会活动时，他可能会被考虑在内或被排斥在外，而这些活动能影响他的孩子的婚姻状况、他的企业的经济前景等。事实上，他在“会”里的资历越老，他能控制的筹码就越多，而这种筹码的表现形式就是人们竞相追逐的关系。虽然“会”里的个人不具有完全一致的目标，但是他们在很大程度上会同时为实现一系列彼此一致的、与维护社会群体的社会结构有关的目标而奋斗，而且他们还要受到靠种族关系连接在一起的市场的长期评估。

这些氏族在很大程度上也是在信任的基础上运转的。法国人类学家马歇尔·莫斯（Marcel Mauss）发现，心甘情愿地欠别人的债是信任的重要信号。[7] 例如，如果在刚刚得到邻居的恩惠后就急匆匆地跑过去还债，这在大多数社会都被视为没有礼貌的行为。这种行为间接地表示你缺乏对邻居的信任，并担心邻居会不正当地利用你欠的债务，要求你用你觉得特别难做到的事情或你感到非常讨厌的事情报答他。因此，人们之间互相欠很多债就相当于证明他们互相信任，而且信任的证据反过来变成了有助于将来顺利完成社会交易的润滑剂。

组织是社会有机体，而且与任何其他社会生命一样，它的形成完全受到它所在的社会环境的影响。这一点非常重要。正如我们将看到的那样，Z 型组织只有在支持终身雇佣制的社会条件下才能取得成功。“会”能够在美国取得成功，只是因为华裔和日裔移民发现自己集中居住在少数民族聚居区。

难以改变

尽管氏族具有显著的特点，但它在企业里却存在着几个有可能让它丧失能力的缺陷。氏族往往患有生人恐惧症，即惧怕外来者。用某个 Z 型大公司总裁的话说：“我们实在不能让外人担任高级管理职务。我们试过，但其他人不会接受他。我想这是我们最大的问题之一。”在其他方面也是这样，Z 型组织反对任何形式的离经叛道。由于把氏族结合在一起的力量是一致的理念，而不是靠等级制度的实行，因此它倾向于不分青红皂白地拒绝一切不符合其要求的东西。这样，问题就随之而来，要预先辨别出哪些不符合常规的想法是有用和适应组织需要的想法，哪些简直就是愚蠢和不道德的念头是非常困难的，而且可能是不可能的。IBM、通用汽车和施乐等重视创新的公司常常让研发人员和善于在产品上提出新概念的人远离总部，有时把他们放在大陆

的另一端，从而不让他们受到有时带来压抑感的企业文化的影响。这样做的结果当然是这些科学家肯定会与主流文化背道而驰、提出大量不同的想法，然后发现总部的决策者们认为他们的想法太离谱了，以至于不接受他们的想法。

在Z型组织中，靠改变衡量绩效的标准或改变计算利润的方法来改变人们的行为是不可能的。影响行为的唯一方式是改变组织文化。由于反映文化的价值观是根深蒂固的，并与各种理念构成的相容性网络融为一体，这样的网络又具有保持现状的倾向，所以文化的改变是一个缓慢的过程。因此，Z型组织有可能变成工业化的恐龙，无法迅速地对环境发生的重大变化做出反应。在需要改变操作方法的方面，Z型组织往往具有异乎寻常的适应能力。为了完成某种任务，它们可以改进方法，而不需要重新编写规定工作内容的规程手册，也不用担心这种变化是否会对目前衡量绩效的方法产生负面影响。这是日本企业的最大优势之一。在美国的日本公司能够迅速地改变方法，不会受到各种官僚工具的限制，因此能够很快地被人们奉为传奇。然而，只有人们对一系列基本的价值观坚信不疑，使这些价值观深深地扎根于心里，并严格地遵守，他们才能在这个体制内实现协作。如果在适应的过程中需要改变这些价值观，那么Z型组织就会陷于十分不利的劣势。

举一个例子，我曾经有机会与某个大型零售公司合作，后者多年以来一直成功地在小城镇经营许多中等规模、利润可观的商店。该公司完完全全地形成了一套基本的价值观，即每一名店长都是一个独立的企业家，不听任何人的命令，包括公司的总裁。公司鼓励他们在经营各自的企业上采取积极的、“我能”的态度，而且他们的报酬完全取决于他们管理的那一个零售店的效益。每一名店长都向本地批发商订货，并把自己的企业经营得非常成功。后来有一天，公司决定，未来发展的目标不是小城镇，而是主要的大城市。他们认为他们的经营方法和创业态度不会改变，在明尼苏达州的伊利市能取得成功，在波士顿也能成功。不同的是，为了在竞争白热化的大城市市场取得成功，公司不得不建立自己的销售网络，其中包括仓库和运货的卡车。在某些情况下，为了降低可能转嫁给潜在客户的成本，公司还需要自己的生产厂房。现在，每一名店长不得不把合作的态度看得最重，以便与决定个人成功的其他店长一起同心同德地调整这个错综复杂的系统。每一个人都清楚地认识到他们需要这样的变革，但没有人能够做到。传统的独立态度是非常根深蒂固的，并得到薪酬制度、培训方法、企业结构和其他价值观的广泛支持，以至于独立态度被带进了焕然一新的、整体化的企业中。虽然公司继续在小城镇里取得成功，但由于传统的企业文化依然存在，它在大城市市场中始终是赔钱的。

我知道的每一个 Z 型组织都丢掉了一些专业化特色。[8] 无论是财务分析家、销售人员、人事专家，还是工程师，他们在 Z 型公司的专业化程度都很低。我有计划地采访了两个高科技公司内职位为副总裁和副总裁以上的每一个人，其中一个公司是纯粹的 A 型公司，另一个是纯粹（或尽可能接近纯粹）的 Z 型公司。我还在每个公司随机选择了一些雇员接受我的采访。在 A 型公司，他们在向我介绍每一个人时都很骄傲地说他是“业界最杰出的公关人”“最具有创新精神的电气工程师，拥有 20 项电路设计专利”或“打造业界绩效评估典范的人事经理”；相比较而言，在 Z 型公司，虽然公司历来只雇用技术最好和能干的年轻人，然后培养他们，而且他们对这种做法非常重视，但是他们强调的是如何把许多个人组成一个工作团队，他们很少提到专门化的技能。在 A 型公司的经理的办公室里，摆放着书籍和杂志的书架常常把屋子占得满满的，而且人们经常把他们曾经写的专业文章递给我；在Z型公司，人们很少看杂志、写文章，很少参加专业会议。如果走入极端，Z型公司会表达出“非我发明”的心态：“这个领域的大多数杰出人才都在我们这里，因此我为什么要去找别人谈？”如果公司的经营开始下滑，问题就出现了。由于他们没有可供比较的外部参照点，因此他们是不会察觉的。

在性别和种族上，Z型公司往往存在性别歧视和种族歧视的现象。虽然Z型公司常常在工作上更努力，更关心少数民族，为他们提供平等的机会，但是在某些方面，他们要克服的障碍比A型公司大得多。因此，这是另一件自相矛盾的事情。在我拜访A型高科技公司的经理时，最上层的管理集团在种族上的多样性令我深有感触：有美籍西班牙人、美籍亚洲人、美籍匈牙利人和美籍英国人。在A型公司，只有在过去几年拿出最佳“盈亏报告”的人才有机会晋升到新的岗位。无论这位经理是令人反感，还是行为古怪，他的成功是靠辱骂雇员，还是靠鼓励雇员都无关紧要。唯一重要的是最后的结果，因此各种各样的人进入高管的行列。一旦在职位上高高在上，他们相互之间配合得如何就是另外一个问题。

在Z型公司，总经理们都是一个模子刻出来的，以至于我的研究小组的一个成员形容他们的主流文化是“童子军般的男子汉”（Boy Scout Macho），即最上层的管理集团个个精神饱满、遵守纪律、努力工作和诚实，而且他们是坚持不懈的白种人、男性和中产阶级。Z型公司拥有积极的行动目标，并将其列为头等大事，他们在招聘、培训和培养女性和少数民族人士上投入了大量时间和费用。但是，“童子军般的男子汉”为什么是Z型公司的典型特征呢？假设你是Z型公司的总经理，你的部门需要新招聘一名负责市场营销的经理。一名白人男性工程师和一名美籍墨西哥裔女性雇员都完全具备升职的资格。他们之间的区别你过去已了解。你过去对 40 ～ 50 名白人男性工程师进行过评估，20 年以来你天天与他们在一起工作，你知道如何考核他们，如何了解他们拥有的天赋、价值观和理念。你感到非常有把握的是你已经准确无误地对这名白人男性工程师进行了评估，认为他完全有资格胜任市场营销经理的工作。但是，你觉得那名美籍墨西哥裔女性雇员怎么样呢？在他们当中，你评估过多少这个级别的人或与多少人合作过？她可能是第一个人。你不能保证你认为具有主动精神的是否真正具有这样的精神，你不能保证你看到的代表着野心、成熟和正直的信号是否就是这样。要学会读懂不同文化的人的微妙特征，你需要时间和经验。而且由于 Z 型组织中的一切都是微妙的，因此你无法确定你是否已经准确无误地对这个候选人进行了评估，同时由于任何头脑清醒的人都不会为半信半疑的事情而放弃确凿无疑的事情：因此她处于极其不利的条件下。

在种族歧视或性别歧视上，任何形式的组织都比不上日本的公司。他们不会故意地排斥与他们不同的人，也不会认为日本男人高人一等。他们的组织只是在文化上具有同质化特征的社会系统，这种系统拥有非常脆弱、透明或等级化的监督机制，因此不能忍受内部存在多样性的文化。如果妇女或少数民族拥有不同的文化，他们是不会在日本取得成功的。在美国经营的日本公司对不同的文化表现出相当大的宽容，因此尽管有白人和妇女担任高级职务，它们也可以经营得非常成功，但是这些公司仍旧存在同质化的倾向。Z 型组织依旧对异质化采取更开放的态度，但它同时也对同质化的程度提出了很高的要求。美国的联邦政府机构和在日本的日本企业可能是两个极端，它们在文化上是对立的。

在某种意义上，联邦政府机构是我们这个社会的缩影。在这一点上，我们的价值观，即所有人在机会上都是平等的，尽管不是在任何时候都能在现实中体现出来，但它却是具体的。州政府和地方政府管辖的各个机构差不多也是这样的情况。我们先说一下联邦政府机构。在提供平等的机会和待遇上，联邦政府机构比几乎所有私营组织要重视得多。这意味着政府必须颁布一系列带有官僚作风的规章制度，这些规章制度一般会在人力所能及的范围内防止人们利用反复无常或不公平的标准损害妇女和少数民族的利益。不幸的是，这一套带有官僚作风的规章制度必须经过适当的调整，以便达到最低的共同点。也就是说，他们不能让任何规章制度出现模棱两可的意思，使得个别经理想怎么决定就怎么决定，这是因为这种听之任之的行为使其有可能得出区别对待的解释。因此，带有官僚作风的规章制度不仅是透明的和僵化的，而且还使人感到束手束脚和冷漠无情。这种彻底的官僚化是建立在这样一个假设的基础上，即我们不能指望官僚们认同社会的平等主义目标，或以法律的形式规定一种体现平等主义的组织形式。因此，他们被迫不利用他们的辨别力和判断力。如果我们像珍惜无价之宝一样重视在我们的公共机构中实现平等，我们无论付出多大的代价也要让它们成为民主的公共机构。

我们付出的代价当然是效率低下、顽固不化、好逸恶劳和冷漠无情。由于常理与规章制度不符，因此联邦政府机构再三地无法让有意义的事情成为现实。由于官僚们受到的教育是不让个人的价值观影响决策，因此他们再三地、冷酷无情地对待我们，即他们的客户。由于政府机器学会了不彼此信任，不依靠微妙的人际关系，不发展密切的关系，因此它们在反应的过程中再三地表现出迟缓和效率低下的特点，而且各部门之间的协调能力非常差。

社会组织不能容忍形式主义、距离感和合同化。它们的平稳发展只有靠密切的关系、微妙性和信任。但是，这些条件只有在长期的文化同质化过程中才能逐渐形成。在这期间，一个国家的人民逐渐彼此适应，最终认同某个体现出价值观和理念的公共载体。在我们这样年轻化和异质化的国家里，这样的一致性文化离我们还有些距离。美国不是日本，我们的人民不是同质化的，我们的公共机构无法完全步调一致地运转。另外，我们不能让我们的公共机构变得完全冷漠无情和没有思想，以至于它们把工作和社会交往变成我们所有人在大多数时候都无法忍受的事情。我们必须寻找组织创新的方法，从而让自由和整体化保持均衡的状态，而这个问题不在我们目前讨论的个人主义的范围内。

THEORY Z

How American Business Can Meet
the Japanese Challenge

第二篇

让 Z 理论发挥有效的作用

THEORY Z

How American Business Can Meet
the Japanese Challenge

第5章

从A到Z：步骤

大公司和街角处的药店都发现，组织的建设与盖房子不是一回事，它更像经营一场婚姻。处于不断发展过程中的组织在不经意间就由盛而衰。但是，如果组织经常保持一种高度兴奋的状态，而且这种状态是唯一能让组织成为一个整体的黏合剂的因素，那么这股热情在经历短暂的亢奋后肯定会慢慢消退，组织就会变成一盘散沙。发展的过程是非常缓慢的——我们通常在许多年以后才能看到变化。然而，人们的工作态度和对工作的投入程度，很快就能明显地反映出向前迈出的、意义重大的一小步。这里介绍的步骤将指引每个人发起迈向Z理论的变革，其中包括雇主、雇员、CEO（首席执行官）和主要高级职员。这些步骤浓缩了我在一些世界500强公司实施Z理论的实际经验。这里介绍的方法在所有这些公司中都有相同的目的，即培养组织的协调能力，但协调的不是技术，而是人员，从而形成有效的生产力。这涉及个人技能的培养，但在某种程度上，它还涉及新结构、激励机制和新的管理哲学的建立。

到目前为止，我还没有就变革的过程总结出一套完整的理论。我不能向读者保证按本书中提到的顺序实施步骤可以成功地帮助他们建设一个有效的组织。管理更多的是一门艺术，科学的成分少得多，因此不会像描述的那样具有规律性。然而，我是在某种逻辑的指导下排列这些步骤的。这种逻辑基本上是非常简单的：目标是促使雇员坚持不懈地逐步形成少一点私心和多一点合作精神的工作态度。然而，在做到坚持不懈之前，他们必须先认识到这一点。要获得这样的认识，他们需要在讨论和分析的过程中公开地提出问题，他们必须有对传统假设刨根问底和提出苛刻问题的动力，他们还必须得到足够的信任，这样他们才可以对同级别的同事、下级和上级畅所欲言。最重要的是，合作是任何其他工作的前提。

请记住在整个变革的过程中，这些步骤不是严格地按照 1、2、3 的顺序实施的。由于迈向 Z 理论的变革就像 Z 理论本身一样是一个整体，因此许多步骤彼此交织在一起。我的想法是列出变革的各个要素和提供一些指导意见，帮助人们预测未来。你还要认识到变革不是针对个人的，而是针对整个组织的。

注意是整个组织。没有人会一开始就让整个组织突然间改头换面，尤其是在这种情况下，即 Z 理论所说的“整个组织”不仅包括公司本身，而且还包含它的供应商、客户和社区。即使首席执行官力主变革，先发生变化的必然只能是整个组织的一部分。在其他情况下，负责管理一个分公司或部门的经理能够发动变革。例如，如果某个部门经理所管理的部门想取得成功，而且他也认识到公司的其他部门迫切需要变革，那么他就是从 A 飞跃到 Z 的主导者。他坚持不懈地向更多的听众，即向其他同一级别的经理传达这些想法和紧迫感。最终，他们共同提出的意见引起了公司总裁的重视，后者明确地支持在全公司实施变革。再例如，某个非常成功的电子公司的经理发现未来五年计划实现的利润正在被慢慢地吞噬掉，他称之为“隐隐约约的警告信号”。他现在有十二分的动力寻找变革的机会。

这代表着变革要求的第一颗火种常常源自某个关键人物，他对组织表现出充分的关心，投入时间和精力，并冒着风险带头实施变革。决定指引自己的分公司、部门或公司向新的方向发展的经理，会对变革表现出充分的信任和提供足够的动力，从而让变革持续一段时间，可能是一年。在这期间，如果他的追随者们能够看到某些进步的迹象，变革几乎靠自己的力量就能维持下去。而这恰恰是变革拉开序幕的标准方式。

第一步：了解Z型组织和你扮演的角色

首先，要求所有参与变革的经理读一读本书，这样他们都能熟悉这里所介绍的Z理论的基本观点。本书最后列出的参考书目是额外的阅读资料。在你的要求下加入阅读行列的人可能会对这些观点提出质疑，而其他人会表示接受。在推荐本书和有关观点时要让各种疑惑公开地呈现在人们的眼前，这是这个阶段和以后各个阶段的关键。欢迎就这些观点进行讨论。反对把疑惑解释为拖后腿、缺乏合作精神等；如果你这么做了，持怀疑态度的人就会把他们的疑惑埋藏在心里，那么他们的疑惑永远也解不开。由于在大多数公司里，持怀疑态度的人在数量上超过真正的追随者，因此要让变革发生，人们必须公开地讨论他们的疑惑。

欢迎人们提出质疑的第二个原因在本质上更重要，它涉及信任的形成。信任包含一种默契，即彼此的长期目标基本上是相容的，因此有理由相互信任。在组织变革的过程中，这些目标的性质会变得模棱两可。持怀疑态度并被要求放弃原有管理目标的人，不知道他的目标事实上是否与新的观点相容。在这样一种情况下，信任是没有具体形式的，而且会愈发变得没有显著特点。这种信任来源于双方的理解，即双方基本上认识到彼此都希望共同维持一种更加有效的工作关系，任何人都不希望伤害对方。但是，如何令人信服地奠定这种信任的基础呢？根据我的经验，最显而易见的是保持这种关系的双方完全表现出开诚布公的态度。如果一个人不打算向对方隐瞒什么，那么他十有八九没有伤害对方的企图。如何做得最好呢？

在许多提倡开诚布公的方法中，唯一真正重要的方法是树立榜样。如果领导变革的人能够坦率地反对别人的观点，并脱离常规，营造一

种欢迎人们提出不同意见的气氛，那么他就能促成变革。当然，这个方法会自然而然地产生一个在所有这种追求发展的努力中都会出现的关键性问题——绩效评估。开诚布公不意味着充满敌意，也不意味着甜言蜜语和细声细语。开诚布公看重的是实事求是地评估问题和成绩。最终，在下级心甘情愿地加大合作的力度和减轻自我保护的意识前，他们会提出绩效评估的要求。当老板要求真诚、坦率时，下级最在意的开诚布公的方式是坦率地讨论他们的绩效、待遇和未来的前景。这是开诚布公的最基本的形式，它比所有其他形式都重要。

在最初的阅读和讨论阶段，Z 型组织的概念在实质上是非常重要的，但引起讨论的方法也是同样重要的。这个方法必须体现出平等、开诚布公和雇员的参与，这三项是变革的终极目标。如果公司在很大程度上属于 A 型，领导变革的人已经对独断专行的关系习以为常，那么他很可能没有完全意识到这种情况。虽然领导可能觉得他自己的行为相当开诚布公和平等待人，但我们通过研究发现下级总是会觉得他做得远远不够。如果你担起领导的责任，别人会对你不重视参与的错误态度提出坦率的批评，你要做好准备。比批评更重要的是你对批评的反应。始终开诚布公和平等待人的反应，是发展基础性和普遍性信任关系的开始。

我最后给打算引领组织变革的人一个忠告。成功地完成从 A 到 Z 转型的人具有几乎非常明显的整体化特点，这是他们最显著的一个特征。我说的整体性不是指向其他人宣扬道德规范，而是指从整体的角度处理问题，从整体的角度始终如一地处理客户和雇员的需要、满足上级和下级的要求、解决财务和生产环节的问题。具有整体化倾向的人对待秘书和高管一视同仁，对待下级就像对待家庭成员那样通情达理和采用相同的价值观。具有整体化倾向的人是可以依赖的，即使在组织的状况发生变化时，他们的行为也始终如一。这样的人是可以信赖的，并能够提供其他人在变革的过程中可以利用的关键性人力资本。

第二步：审查公司的哲学观

哲学观让人们认识到工作和生活的价值观。它提出了人们在组织中的行为方式和组织的行为方式，以便满足组织的雇员、客户以及组织服务的社区的需要。哲学观是对以下问题的回答："这是达成交易的正确方式吗？""利润对于公司来说是最重要的事情，那么我做错了吗？"或者"公司的理想形象更重要吗？"如果有人认为企业应依赖于一套包罗万象的哲学观，而且这种观点让人感到似乎不同寻常，那么我们就要重新考虑：哲学观是否明确地提出了需要所有人了解的、具有激励性质的企业精神。这种哲学观直接或间接地决定了内外部人员评价、信任和关注公司及其产品的方式。

虽然我将在第 6 章详细地介绍公司如何构建这种哲学观，但是我想在这里介绍某些观点，即在从 A 飞跃到 Z 的过程中，这一步应在什么时候实施。虽然它是最重要的一步，但它通常排在第二位。你的经理们必须审查一下公司目前实际运用的哲学观。自己问自己：我们的企业战略、我们在市场上的目标是什么？我们给人们输入什么样的价值观？这样做的目的不是定义你的组织应变成什么样，而是定义组织现在是什么样。这样的"审查"有许多原因。

首先，我们不可能凭空提出一套哲学观。我们需要了解公司的文化，即分析公司过去做出的四五项关键决策，哪些发挥了良好的作用，哪些是失败的决策，哪里是自相矛盾的，哪些地方被忽略了。召开一系列会议找出这些决策，并搞清楚在做出其中的许多决策时公司始终需要奉行哪些原则。从这时起，我们想要的哲学观的基础就开始浮现出来了。

其次，随着时间的推移，总经理们正式宣称希望得到的东西会与他们实际做的事情前后矛盾，而且每一个组织都遇到过这样的情况。这是哲学观之所以重要的第二个原因。通过审查，言行不一的问题就会被暴露出来。开诚布公地处理过去的前后矛盾的问题，是普遍提倡开诚布公的一个重要信号。我敢说许多最重要的、前后矛盾的现象，都与升职和雇用的决策有关。有关升职的决策常常是非常复杂的，因此不了解情况的人拿出任何一条理由都能解释得通。如果能够开诚布公地讨论组织过去以什么为依据做出特定的、有关升职的关键决策，我们就能清楚地认识到评价个人绩效的基本标准是什么，以及是什么使开诚布公环境的形成和促进信任关系的发展得以实现。

最后，这种审查的方法会揭示出企业战略和管理哲学之间的关系。每一个公司都有某种企业战略手册。这种文件通常涉及的完全是财务目标，如市场份额、销售额的增长率和测算成本或盈利能力的标准。这种战略有时涉及的是技术的开发、管理能力的提高和其他像这样的更广泛的目标。这类手册很少与有关组织的认识有明确的关系。然而，这种关系既重要，又非常密切。

不过在某种情况下，这两方面的分歧非常大。回忆一下前面提到的朝气蓬勃的年轻经理，他想进入数字手表行业。让公司引以为荣的、体现主动精神的哲学观与企业战略手册发生了冲突，前者表达了“走出去，做你想做的事情”的态度，而后者实际上在说“我们不会进入我们以前不擅长的领域”。这个例子说明一个公司无法预见到每一件事情。这两个问题显然相互冲突。因此，总经理们坐下来认真地自我反省，最后决定让这位经理做他想做的事情。

我们可以采用许多不同的方法完成这个审查工作。有的公司可能选择聘用外部顾问，而有的公司可能在内部挑选一组人员进行一系列的讨论。有的公司可能向经理们散发简单的调查表，要求他们以书面的形式回答上述问题，而有的公司可能更喜欢采用个人面谈的方式。上述每一种方法的可行性因情况的不同而不同。

此外，我将在第6章更加详细地讨论这种认识当前的和未来的哲学观的方法。这一步通常应该发生在变革之前，可能是在第一个月，但我们应该在试探性地决定对组织进行一般性的分析后立即进入这一步。

第三步：确定适当的管理哲学并让公司的领导参与

一旦我们对现行的惯例有了清楚的认识，我们就能明显地发现，在我们目前持有的观念中，哪些是不相称的，哪些与其他惯例冲突，在哪些方面有所疏忽。在这个阶段，正式的领导或首席执行官可能要肩负起更重要的责任。

最终，组织变革的成功离不开在等级森严的组织中高高在上的人的直接和亲自支持。[1]我们不能期望这个人支持不符合他的要求的管理哲学。在某个公司，通过讨论Z理论，人们感觉到平等参与的重要性是不可抗拒的。因此，如果担任高级职务的人对管理哲学中的某些关键要素提出反对意见，他就会感到非常尴尬，这是因为其他人已经就这些要素达成了共识。有时，当许多经理公开地与高管争执时，这种尴尬的局面就会出现。如果这些人在他们的上级领导的鼓励下，在审查公司的哲学观的过程中重视雇员的参与，那么他们恰恰是在实践中发展他们没有经历过的平等关系。如果意见不合，领导可能担心他们的试探性行为受到打击，因此可能在关键问题上保留个人意见。结果，

这些讨论问题的人通常会达成共识，他们想当然地认为得到了领导的默许。不幸的是，大家认可的观点没有得到领导的支持，这使得致力于变革的各种措施呈现出三心二意的特点，而且最终也没有取得成功，这就是最后的结果。

另一方面，假设负责人不想让下级参与所有决策，领导可能会担心，如果让下级参与部分决策，组织的行为就会前后不一致，而这样的行为会被解释为在实行平等主义上表现得反复无常，导致全部的努力付诸东流。少数专家认为由于参与某些决策的决定，几乎经常意味着组织在现状的基础上向前迈进了一步，因此即使下级只参与某些决策，而不是参与全部决策，他们也不会有挫折感。如果参与决策的、地位最高的人事先开诚布公地说他们的目的只是做到这一步，那么他们就可以避免给人留下前后矛盾的印象。有些决策完全由集体意志决定；有些决策是搜寻信息或征求建议，部分地由集体意志决定，而把最终决策权留给管理层；其他一些决策是秘密地决定，其他人只是在事后才知道。

当然，上级越充分相信其他人，让他们认同某个观点，而且这个观点越符合所有人的利益，那么在所有决策中，上级与其他人共同参与的决策就越多。共同参与的决策越多，通过管理团队的合作而带来的利益就越大。因此，随着时间的推移，总经理就有发展信任关系的动力，而这种信任关系允许他与下级分享决策权。然而在早期，任何人都不希望出现这种情况，如果开诚布公地认识到这个事实，总经理就可以介入到构建组织将来想要的哲学观的过程中，而且不会产生破坏作用。

第四步：哲学观的实现靠的是搭建结构和提供动力

在某种意义上，即使人们在信息和合作上偶尔犯错，公司实行的正式的报告关系，即谁向谁报告的体制也会起到支柱作用。完全有效和完美地实现整体化的组织是我理想中的组织，是根本没有组织结构图、没有部门界限和没有明显结构的组织。在某种意义上，配合默契的篮球队虽然规模非常小，但符合这样的描述。篮球队面临的问题是极其复杂的，而且问题出现的频率是非常高的。然而，一个有战斗力的篮球队能够解决这些问题。它不存在正式的报告关系，位置和任务的专门化程度也是最低的。每一个人都非常清楚地知道自己的任务是什么，以及这个任务与其他任务的关系，因此彼此的协作是心照不宣的。然而在一个缺乏合作的篮球队里，球员们试图抱着球不放，尽可能地自己多投篮，而且在这些活动中，他们经常脱离他们的防守位置。为了纠正这种人为的错误，教练坚决地行使等级化的权力，密切监督每一个球员，迫使他们遵守自己的岗位职责，并按照官僚机构的规定打球和移动。在风度、满足感和生产力上，这样的球队绝不能与像氏族那样运转的球队同日而语。

然而，大多数组织需要组织结构引导它们实现合作和发展微妙的人际关系，并在其他条件提出截然相反的要求时把眼光放远点。对于一个由 12 名经理组成的集体来说，其中每一个人的年薪都超过 70 000 美元，承认他们犯的错误、组建正式的委员会、确立报告关系、分配人员和任务不是什么丢脸的事，而这些措施可以满足他们的长期愿望，即学会如何在一起工作。

第五步：培养人际交往的能力

涉及与客户、顾客甚至与家庭打交道的技能，是人们为了与同事和合作者融洽共处而必须学会的技能。由于在工作中发挥合作精神和做到深思熟虑不只是减少私心或消除阻力的手段，因此人际交往技能是 Z 型企业经营法的核心。同时，付出的代价也大得多。我的意思是什么呢？

在某种意义上，Z 型组织之所以成功，靠的是灵活地随着需要的变化而改变组织的形式。Z 型组织与可以迅速从一种队形变成另一种队形的篮球队非常像，可以迅速地满足经常变化的客户和技术的需要。在 Z 型组织中，正式的报告关系是含糊不清的，组织因此能得到各种各样的反馈；工作职责常常没有明确的规定，对人或物的管理权不清不楚，一个部门与另一个部门之间的界限模糊不清。但由于这种管理哲学是非常容易理解的，因此 Z 型组织有能力处理微妙和复杂的问题。在这种环境中，经理穿上表明等级身份的职业装，我们也不一定知道他就是负责人。当某个特别委员会按照 Z 型管理方式解决问题时，这个委员会可能包括四名职务级别相同的人，三名级别比他们低但更了解问题的人，以及三名不知道是什么级别和有什么权力的人。第三种人可能是上级、同级别的同事或下级，但没有人能准确地说出来。在大多数情况下，如果组织对等级有明确的规定，那么在相互影响时，每一个人的方式都是模式化的，每一个人都知道什么时候听从指挥，什么时候坚持己见以及如何处理分歧。当然在这种情况下，出于级别的原因，尽管知道最多的人可能被忽视，但是矛盾可以被掩盖起来，社会交流看起来似乎非常和谐。在 Z 型公司里，情况截然相反。

有经验的领导常常听的比说的多。观察人们在集体内部相互影响的方式和知道什么时候介入是最重要的。我记得的一个例子与经理巧妙地利用沉默有关。我们可以不时地在一段时间内保持沉默，不要在这段时间里说个不停，这样真正的、完全被掩盖起来的问题才能浮出水面。经理们常常过于频繁地、拐弯抹角地谈论某个问题，特别是在刚刚起步的公司里，他们的目的只是打破那种令人局促不安的安静场面。但正如某位经理所说的，“让沉默坐在那里，直到它让人感到窒息，从而把真正的问题或矛盾暴露出来”是关键所在。

直接试探性地询问同事的做法不是人际交往中提倡的。如果最要紧的问题无法解决，那么在松散的、不分等级的集体中要求雇员学会做出决策和处理矛盾是徒劳无益的。然而，一旦实施了这些解决上述问题的主要措施，我们就应该开始正式地训练雇员参与决策。许多资深咨询师、教授和顾问在培养相关能力方面经验丰富。这些能力基本上分为两种。

第一种需要具备的能力是能够辨别出人们在决策和解决问题的集体内部相互影响的方式。就像人们可以在医学院里学会如何说明 X 光对于没有经过训练的人来说是没有意义的一样，人们同样可以学会从不同于外行人的角度“看”人们集体内部相互影响的方式。学会发现集体在什么时候为了避免讨论真正的问题而过于仓促地提出解决问题的办法，学会观察某些成员如何以微妙的方式介入公开的讨论，学会注意到集体在什么时候偏离航向——所有这些都是后天可以掌握的能力。角色扮演是培养这些能力的一个方法，而且不要以正式的会议作为角色扮演的环境。参与角色扮演的人需要调换角色：下级“扮演”上级，上级“扮演”下级，从而对其他人在不同角色中的体会做出正确的评价。另一种可能的办法是玻璃鱼缸（fish bowl）练习。一组人负责观察行为、做记录，然后把他们的观察结果，即谁发挥领导作用、以什么方式、谁起到干扰作用、谁的贡献少等，反馈给参与讨论的人。这使得每一个人都能清楚地认识到谁需要做出更大的贡献，或在某些情况下谁可以少做些贡献，从而在集体内部达到一种人人平等的平衡

状态。在开会的过程中，我们也可以取得同样的效果，即要求每一个人每 45 分钟或每一小时停一下，然后用 5 分钟讨论会议的“过程”，而不是讨论会议的实质内容。

在学会辨别人们在集体内部相互影响的方式后，第二种能力当然是学会如何在这样的集体中发挥领导力，这样集体就可以迅速地发现重大问题、找到问题的源头并制订出高质量的、创造性的、得到大家支持的解决方案。我们也可以在实践中掌握这种能力。

如果这些在结构上的变革以创造合作的环境为目的，那么它们在形式上必须迫使个人相互配合，从而共享信息、资源和计划。由七八个人组成的委员会是这种结构的典型代表，这些人代表着参与组织活动（如新产品规划）的各个部门。如果其中的每一个人在他自己的部门中都是一个受人尊敬和有影响力的成员，而且可以同时持续地兼顾本部门和委员会的工作，那么这个委员会就拥有了支持一个合作项目所需的信息、影响力和能量。当然，这个委员会也可能退化为一个矛盾的焦点、争论的中心。发生什么样的结果取决于企业的大环境。如果合作氛围的创造是一种更普遍的行为，而这些委员会是其中的一个组成部分，如果同时改革激励机制、职业发展模式和评估方法，那么这些结构性支柱会有很大的帮助。如果委员会或质量控制小组闭门造车般地推进合作，那么它们只不过是人们为争夺展开多场竞争，最后一无所获的舞台。

起结构性支柱作用的还有组织的矩阵形式，它是最近才出现的，而且越来越普遍。当两个同等重要但在局部发生冲突的部门必须通过合作完成某项工作时，人们通常采用这种形式。组织不会任命一个委员会，而主管关键任务的经理被要求同时向两个有冲突的部门的领导汇报。这样的矩阵形式，需要工厂的厂长和总公司的工程部经理通过合作把属于各个工厂的工程师分配到其他项目组去。在需要时，这些项目组会位于不同的地点。工厂的厂长和总公司的工程部经理都想独自管理这些工程师。矩阵式的解决方案使得各个工厂的工程师需要同时向工厂的厂长和总公司的工程部经理汇报。这两个人必须就每一个工程师的工作分配、年度绩效评估的方法和任何升职建议达成一致意见。每一个主管都处于由各种汇报关系组成的矩阵中。当然，矩阵既可能很容易地成为精心织出来的布料，也可能会轻易地变成杂乱无章的丛林，最后的结果取决于周围的组织环境。在工程师的例子中，随着公司在组织形式上越来越接近完美的 Z 型，这种结构性的支柱最终发展成为合作。这种矩阵式的组织形式一直被业界的许多企业所仿效。

除了微妙的文化影响外，组织必须为每一个人设计透明的激励措施。对于组织中的每一名经理和各类雇员来说，激励措施是非常重要的。按照目前的哲学观，你本人需要做什么才能取得成功？制造经理需要做什么呢？销售经理呢？如果短期的激励措施鼓舞你和你的同事开足马力，那么销售经理要取得成功只有靠最大限度地提高销售额。这可能意味着组织为了应付新客户突然提交的订单而需要频繁地改变生产计划，而且常常导致工厂的成本上升，生产力下滑。相反，制造经理要取得成功只能靠最大限度地降低单位成本，从而与所有变更生产计划的要求发生冲突，即使这种要求可能争取到一个重要的新客户。研究主任、班组长、秘书和办事员怎么样呢？在每一个阶段，组织必须系统化地评估目前真正能激励雇员的措施。

组织只有在这个阶段才能提前纠正这些缺陷中最严重的问题。要让这种变革进入后面几个阶段，在高管们能够相互合作前，组织必须富有成效地解决不恰当地激励高管的问题。此外，对于低级别的雇员，除非其他方面的因素各就各位，否则组织无法把短期激励变为长期激

励，把个人激励变为集体激励。斯坎伦（Scanlon）计划就是一种普遍采用的激励措施。

在斯坎伦计划中，公司会在任何变革前提出一个公式，即如果利润超过了预先规定的某个数额，按照规定，这些利润中的一小部分将付给雇员，其余的归股东所有。付给雇员的那一小部分可能占多出来的利润的 20%、50% 或 70%。我们当然无法采用任何客观的方法，解决什么样的分配是“公平”的分配等问题。最终，我们面临的问题是，公司必须付出多少钱，以便聘用和留住公司想要的雇员，而这些人会积极地付出高质量的努力，确保公司取得成功。但是，付给雇员的工资不应太多，否则股东就会有受欺骗感，并会把他们持有的股票卖掉，其他人不愿意按原来的价格购买公司的股票，这样公司发现自己无法筹措到建新厂房所需的资金。在整合这些满足雇员和雇主需要的激励措施时，组织必须考虑所有这些问题。

激励措施不一定要靠钱解决问题。工作、任务和雇员归属的工作组的性质、最上层的管理集团在雇员身上投入的时间，比提供加薪机会更有价值（如果 Z 型公司提供的工资体现出公平性，那么加薪的幅度可能不会比人们现在挣的多很多）。Z 型公司具备独一无二的能力，能够采用非货币式的激励措施。

第六步：自我检验和系统检验

我总是发现让经理们相信科学方法的有效性是非常困难的。在实施组织创新时，我们必须做些实验，看看它是否显现出预期的效果。这种实验没有必要非常复杂，也不需要花很多钱，但必须能有助于让怀疑创新的人相信他所担心的是无凭无据的。另外，这种实验可以帮助真正对创新坚信不疑的人把他们的那份狂热情绪冷却下来，其中有些人对人为实施的变革的缺陷一无所知。在最上层的管理集团向他们的下级推行符合 Z 理论的管理方式前，他们必须首先进行自我检验，确定这种哲学观有多少是站得住脚的。

检验这种管理方式在刚开始时是否合时宜的唯一方式是自我检验。努力提高合作和参与的力度、理性地接受新方法的经理，几乎无法就自己取得的进步首先做出可靠的判断。相反，在检验的初始阶段中，每一名经理可能需要向其直接管理的下级提供一份简短的调查表，要求他们从参与的力度、平等性以及其他与个人管理技能有关的变化或政策和结构上的变化等方面对经理进行评估。当然，只有得到坦率的反馈，这种评估的方式才会有帮助。通过聘用外部顾问或采用显然安全的分发和收集调查表的内部流程，我们可以防止回答问题的人的姓名公开化，确保他们坦率地回答问题。

另一种检验的方法是邀请不参与组织试图实现的变革的人到组织参观，对某些经理及其下级进行采访，并写下对组织的印象。在写完参观报告前，如果不让这个“审计员”知道变革的范围或性质，那就更好了。如果他知道了组织试图做什么，他形成的印象必然会受到影响。

然后，除了这些相对正式的检验方法外，每一名经理可以采用我觉得非常可靠的个人检验法。当转变为 Z 型组织的需要深入人心时，每一名经理应开始感到烦恼少了一些、快乐少了一些。

之所以烦恼少了一些，是因为下级需要他帮助解决的问题少了一些，因信息匮乏而陷入困境的新项目少了一些，为了解决某个问题而制定特殊的政策或做出特殊的规定的需要少了一些。简而言之，经理们最后有更多的时间制订计划、漫无目的地走来走去和反省。他们没有完全地把工作交给比他们更忙碌的下级；相反，他们以前把时间用在解决协作精神的欠缺问题和处理争议上，而现在委员会的工作和各种会议只占用了部分时间，他们可以利用其余的时间，从补救式的管理中走出来，去建设一个更有效的组织。

经理的工作没有变得更加轻松。随着成功地迈向 Z 型组织，经理们不仅会感到烦恼少了一些，而且快乐也少了一些。他们会怀疑他们的个人管理能力，不相信下级的协作能力，并且对是否胜任经理这个职位缺乏信心。在短期内，在实行专制管理的公司工作的经理会多一些快乐。比你级别低的人不会对你说的话表示怀疑，大家对你言听计从，而且你感到大权在握，可以为所欲为。当然从长远的观点看，每一个人必然要服从于老板，每一个人都感到软弱无力。在这方面，每一个人都是平等的，而且让公司形成协调一致的能力都是很弱的。然而在 Z 型组织中，下级经常挑战上级的权威，偶尔甚至会嘲笑上级。任何把这种行为当作玩笑的人都不会有这样的尝试，至少在经理看来他不会这么做。如果你经常遭遇这种情况，你要充满自信地继续走自己的路。假如你的下级最近觉醒了，如果他们的下级也采用同样的方式对待他们，想象一下他们有什么样的反应。最终，Z 型组织取得了成功，以至于生产工人可以获得客户提供的反馈信息，组织中的每一个人在一个平等与和谐的环境中真正地重视雇员的参与。这种周围环境要求经理们奉献出更多的东西，这可能就是日本的经理们不苟言笑的原因。

第七步：让工会参与

在某个阶段，新的 Z 型公司必须邀请工会参与公司的计划，如果恰好在讨论工作条件上发生的任何实质性变化如第八步或第九步之前进入这个阶段，就会取得更好的效果。在任何公司中，如果由一个集体负责交涉的单位，即工会，代表某些或所有雇员的利益，那么这样的公司在与工会打交道时就会非常谨慎。在组织发展的过程中，与工会打交道是最富感情色彩的因素之一。在经理们看来，“工会”已经成为质量低劣、生产力低下、不热爱工作、旷工、停工和雇员监守自盗的代名词。有时似乎是工会发明的这些问题，目的是要听经理讨论这些问题。每一次发牢骚时，经理们常常发泄出多种失望情绪，涉及糟糕的劳资关系和工会的存在。只有管理层清晰地认识到这两种现实和就劳资关系设计出一种系统化的哲学观，他们才能解决与工会配合的问题。

哈佛大学的理查德·沃尔顿（Richard Walton）教授明确地阐述了这个重要问题：工会不一定是破坏组织与雇员关系的罪魁祸首。美国的许多工会是为了保护遭受资方系统化虐待的雇员的利益而发展起来的，因此与资方的关系变成斗争的关系。但是，日本公司的工会不存在明显的副作用。哈佛大学的詹姆斯·梅多夫（James Medoff）和麻省理工学院的凯瑟琳·亚伯拉罕（Kathryn Abraham）教授等人最近通过调查发现，在大多数情况下，成立工会的美国公司的生产力比没有成立工会的美国公司高。[1] 每一个人都在与较低的生产力和糟糕的劳资关系做斗争，但大家不需要与工会为敌。

记住，Z型组织的成功在很大程度上依靠权力的平等分配。成立工人委员会是做到平等分配的一种方法，西德、法国和瑞典就采取的是这种办法。第二种方法是借助以下最后一个阶段（第十三步）介绍的斯坎伦计划或Z型组织建立影响雇员的制度。当然，第三种方法是通过成立工会建立权力分配中心。如果人们可以接受平等和公平的原则，那么他们也必须接受工会化的原则。

然而在许多公司中，在提供不公平待遇和缺乏责任感的资方的逼迫下，工会成了资方的敌人。对公司没有信任感的工会采取了极端的官僚政治手段。工会坚持制定详细的工作规程，规定什么工种的工人操作机器、哪些工人修理机器等。通过制定这种详尽的规程，使得经理们不向雇员提出不公平的要求。这种做法无意间造成的后果是没有了灵活性。这就像篮球队的队员被告知，某个队员只能原地投篮，另一个队员始终必须运球到后场，另外两个队员只能抢篮板球。虽然这种实际分配任务的方式大致与篮球队的这种专业分工相对应，但即使球落到投篮队员的手上，如果他不能抢篮板球，也会对生产力产生灾难性的影响。我们的工会的组成形式消耗了大量的生产力。为了抵消这种影响，许多在美国建厂的日本公司总是首先寻找最好的、处理劳资纠纷的律师事务所。已经在这里安家落户的日本公司系统化地告诫其他公司，即在美国有一件事可以彻底破坏公司的生产力，这就是僵化的工会合同。如果真是这样的话，那么我们可以很容易地认识到我们的企业为什么很难与日本人竞争，而其中的大多数企业必须应付这些让人感到束手束脚的工会合同。

当管理层的动机与敌对的工会发生冲突时，公司可以采取抵制措施，从而削弱工会的权力。给雇员增发补贴也可能管用。管理层甚至可以试着关闭成立工会的工厂，从而把工会甩出去。但是，从长远的观点看，这些办法肯定会失效。

从专制化管理转为民主管理的公司将会，而且应该会赢得雇员的信任，而这些雇员需要工会保护的程度也将会降低。有耐心的管理层不会破坏工会，他们反而会发现，工会最终可以认识到他们需要提高工作规程的灵活性，从而提高生产力和工作的安全感。在一个健全的环境中，工会实际上向公司提供一个现成的管道。通过这个管道，公司可以与雇员沟通，把他们组织起来，向他们解释福利计划，并把教育、社交和娱乐活动结合在一起。由于在A型公司中，按小时计酬的雇员不信任管理层，而且把工会赶走的企图会被视为不守信用的标志，因此把雇员和工会争取过来是必然的。如果公司赞成工人更多地参与管理，那么雇员就会问：为什么不通过工会参与管理呢？或者，他们是不是想摆脱工会，以便将来剥削我们？另一方面，公司会回忆起过去的不适当行为，记住每个工厂选出的地方工会的负责人，这些人专门负责指责资方、与资方斗争和在可能的地方羞辱资方。在某种意义上，这些具备专门技能和不需要太多鼓励的工会负责人，集所有对A型公司不利的因素于一身。公司认为，即使这些身经百战的老兵已经成为历史，发展新型的劳资关系的希望也是十分渺茫的。尽管如此，任何把工会赶出去的企图都会让雇员进一步认清管理层的狡诈本质。

如果要与工会或任何劳资关系专家融洽共处，管理层和雇员必须认识到，与只是相互防范和相互斗争的做法相比，不同的激励措施具有更广泛的作用——这些激励措施的目的是维持一种建设性的工作关系。毕竟，无法通过努力让这些变革成为现实的工会和公司会破坏生产力，并使它们在其他方面遭受挫折。这些官僚化的工会和公司最终会走向衰亡。

这些具有煽动性的观点可能会引发争议。无论读者有什么样的主张，我不期望所有人都完全赞同我的观点。由于在工会与资方的关系中汇集了各种各样的情绪，因此这个问题复杂到让人不知所措的地步，要解决它是非常困难的。公司与工会之间将需要进行无数次讨论。

打通沟通渠道的一个方法是，公司的各级经理与工会的主要负责人组织联合讨论会。第一次会议为期半天，规定今后讨论的议程。然

后在中立地点召开一次为期三四天的会议，人们以一种更强调整体的方式彼此面对面坐下，于是旧框框开始被打破，取而代之的是更准确的、实实在在的人的形象。公司需要认识到工会会员也是他们的雇员，工会组织可能会为公司的成功贡献出自己的力量。如果从这个角度看，管理层可能能够认识到向工会提供资金支持是正确的选择，而工会会员可以利用这笔资金组织自己的讨论会和研讨会。除非工会会员在内部深入地讨论这些问题、阐明他们的怀疑态度和掌握一些人际交往能力，否则管理层无论怎么改也不能填补其中的鸿沟。在双方准备采取以下介绍的、最后一个阶段的各项措施前，双方至少要提前两三年讨论这些问题。因此，组织必须尽可能早地开始进入讨论的阶段，但在管理层完成他们的任务前，即制定和完善基本的原则和战略前，组织是不能进入这个阶段的。

第八步：稳定雇佣关系

稳定的雇佣关系在某种程度上是政策的直接产物：为了避免许多有更好的工作选择的雇员主动终止雇佣关系，他们的工作环境需要体现出公平性和挑战性，而且他们需要在这样的工作环境里参与与本职工作有关的决策。在日本，由于失业率低，企业很难招到工人，因此许多企业采取了兼职雇佣制的做法，这种做法是非常普遍的。例如，索尼公司在一宫市（Ichinomiya，位于东京外围）的工厂采用轮班制，分别按 4、6 和 8 个小时换一次班，各个班次有不同的上班时间，以便在时间安排上照顾抚养年幼子女的妇女，她们想在孩子上学的时候工作。这些可随意调节的轮班制度在时间安排上是有一定成本的，但是这种成本靠一批经验丰富和具有奉献精神的雇员足以弥补回来，而这些雇员在长达 30 ～ 40 年的时间里与公司同甘共苦。

强制终止雇佣关系或解雇大批雇员和有针对性地解雇某些雇员，在很大程度上与公司的政策有关。有些公司认为，在经济疲软和销售额下滑时，它们被迫采取解雇雇员的做法。对于一个基本上没有竞争力、即将破产的公司来说，在经济衰退时，解雇雇员是常规的措施。然而，如果能有难同当，遭遇短期衰退的公司或经济体就可以避免解雇雇员。股东可以接受一年内利润下滑或适度亏损的事实，从而与公司共同承担损失。作为交换，一批具有强烈的责任心和经验丰富的雇员会在将来的岁月里用高额的利润回报他们。同样，各级雇员可以共同挑起重担，如同意缩短每周的工作时间、降低工资、放弃津贴和临时做让他们反感的工作。惠普公司最近两次实施了两周工作 9 天的制度，同时停止招人、禁止商务旅行和取消津贴。这些措施每次都把雇员留了下来。而业内的其他公司采取了解雇雇员的做法。结果，惠普公司的主动流动率是最低的，它的雇员在业内是经验最丰富的，而且该公司是增长率和利润率最高的公司之一。

大多数公司的命运与稳定的工作息息相关。经常涉足陌生技术的公司有意识地把资本押在研究、工厂和设备上。然而，它几乎从来没有意识到它还冒着另一个更大的、有可能导致失败的风险。在进入这样的新行业时，公司一般让一些资历较深的雇员参与新的项目，还会从外部雇人，以便掌握这个领域的专业知识。但如果这个项目失败了，那么除了几个幸运儿外，与这项冒险上马的项目有关的雇员通常会被赶到大街上。这种解雇雇员的方式会让企业付出沉重的代价，即将来在雇用很有才干的雇员时会非常困难，因雇员主动离职而付出的成本更大，留在企业的雇员责任心减弱。如果加上这些冒险上马的项目的实际成本，能够承受这些损失的企业屈指可数。当然，即使这样的情

况成为现实，创新的速度也不会慢下来，但只有对目标领域已经有了一定认识的公司才可以冒险上马新项目。[2]

缓慢的评估和升职制度是稳定雇佣关系的关键因素。

第九步：确定缓慢的评估和升职制度

运动是相对的。年轻人没有耐心。尽管这是生活中恒久不变的严酷事实，但是让雇员认识到长期绩效的重要性，放缓评估和升职的过程仍是至关重要的。那么，他们就会忘记短期利益，反而去做在长期内更有意义的事情——是这样的吗？

这种方法没有认识到最优秀的人才可以选择的外部机会总是最多的，而且没有耐心的年轻人可能会非理性地放弃 Z 型公司提供的更有前途的工作，而加入 A 型公司。解决这个问题的办法非常简单：迅速让他们升职，相对于竞争对手，他们升得快，这样他们就不会离职；但是相对于同级别的人，他们升得慢，这样他们就可以从长远的角度看问题。当然，这个办法也有难以解决的问题。这个办法要求组织迅速提拔一大批银行职员和经理等新入职的雇员，这些人是一起（大致同在六个月内，通常是在春季）进入组织的。由于所有人都是在内部以相同的速度得到提拔的，因此他们中的最优秀的人没有离职的动力。如果组织打算提拔所有人，那么就没有必要评估他们中的任何人，除非是为了消遣。从长远的观点看，表现优异的人会脱颖而出，并且负起更大的责任，同时逐步形成长期的价值观和合作态度。这相当于一个重大收获，尽管组织在这些人刚进入组织的最初几年里不得不向其中表现较差的人支付相对较高的工资，但组织付出这样的代价可能是值得的。组织可以对这个方法加以修改，修改后的方法可能是一个比较好的、从总体上考虑的方法，即让所有这些人升得比业绩平平的人快，但达不到最有才干的人期望的标准。在这种情况下，享受到高工资的人在最初几年里是几乎没有的，但少数人可能因为没有享受到应得的工资而选择离开，寻求更好的发展。总体的结果可能是比较满意的。

某些表现优异但没有得到认可的人无疑有理由感到灰心丧气，并选择离开。但是，在职业生涯的最初几年里，优异的表现是不需要通过较高的工资体现出来的。如果21岁的人知道他们具有非同一般的能力，那么要成为医生，他们的收入在较长的一段时间里常常低于平均水平。啊哈，你说对了，他们把最初的几年看作将来赚钱的投资，将来赚的钱将足以弥补他们之前的损失。实际上，这种情况在日本的年轻律师、会计师和经理中间非常普遍。这些年轻人认识到他们的优异表现会得到认可，并且最后完全会得到补偿，这一点是非常重要的。为了让年轻人接受比较缓慢的、正式的评估和升职过程，组织必须提供一种非货币化的评估制度，如经常让上级参与项目，包括严格的教诲和指导。在没有采取短期激励措施的情况下，他们传达出将来会增加收入的前景。在组织广泛地和全面地审查绩效的过程中，雇员可以收到多个上级领导就他们在过去六个月或一年中的表现提供的反馈意见。

此外，在其他已经实施的Z型创新方法中，有些方法也会有助于让升职的过程放缓。首先，随着雇员流动率的下降，年轻和年长的经理从一个岗位调到另一个岗位，每一个年轻人会迅速地结识更有经验的人，从而形成一个广泛的圈子。有些人自然会与这个年轻人形成师徒关系，并提供这个年轻人所需的、明确和可信的反馈信息。这种合作氛围给新雇员带来许多机会，使他们能够参与具有挑战性和重要的任务，而且他们可以在工作的过程中观察资深经理是如何工作的。而在 A 型公司中只有获得升职的机会，雇员才会有这种挑战。几年以后，资格更老的经理会明确地要求这个年轻人帮助他完成一个又一个超越部门界限的项目，而这些要求将有助于他进一步增强将来获得奖励的信心。实际上在 Z 型组织中，雇员获得的有关绩效和前途的信息一点也不少，他们得到的更多。而且，他们同时还知道组织是否有必要提供存在等级差别的职位和将来大幅增加工资，这取决于雇员长期的绩效。

第十步：拓宽职业发展模式的发展方向

最近，随着人们越来越清晰地认识到美国经济进入了一个持续不变的、缓慢增长的阶段，他们越来越集中研究步入中年、中等收入水平的专业人士或经理，这些人得到进一步提拔的机会是非常有限的。最新的研究结果表明，在公司内部不断调换工作，但级别没有提升的经理几乎与不断更换工作并步步高升的“优秀”雇员一样具有较高的积极性、效率和满足感。相比之下，那些仍旧担任同样的职务、没有横向或竖向移动的人很快就丧失了兴趣、积极性和责任心。因此，这项大部分在哥伦比亚大学、麻省理工学院和南加利福尼亚大学的商学院完成的研究课题，促使美国的许多大企业开始面向所有管理人员、专业人员和白领雇员设计出系统化的工作调动方案。

发展非专门化的职业发展模式的做法，在不同行业之间存在巨大的差别，而且在某种程度上，企业不同，做法也不同。在保险或零售行业，工作的性质不会因岁月的更迭而发生根本性的变化。这样的行业可以设计出一套系统化的制度，以便广泛地发布新的工作岗位，并鼓励雇员调动工作，以便从事能让他们学到新东西的相关工作。在发展迅速的公司中，这个过程的发生是自然而然的结果：随着公司设立新的分店、办事处或工厂，必须雇用对公司非常了解的人，让他们负责相关的工作，而最合适的候选人是做相关的但不完全相同的工作的人。

要让这种职业流动取得成功，最上层的管理集团需要以身作则。如果最上层的管理集团每隔 3 ～ 5 年更换一次工作岗位，这样负责人事的副总裁负责管理国际销售业务，负责国际销售业务的副总裁负责管理国内制造业务，那么随着时间的推移，他们中的每一个人都会带过来许多级别低一级的经理，他们需要利用这些经理的能力。反过来，这些低一级的经理希望把他们认识的一些人带过来，这个过程就这样自然而然地、一点一滴地渗透到整个组织当中了。

在沿着这个方向发展的过程中，第一步是最困难的一步，在历来都以专门化的工作经历为传统的公司中尤其如此。计算机部门的人一般会争辩说："如果你让工厂调度员到我们这里工作，那么有一天，我们的系统会完全停止工作。他们几乎不能起到添砖加瓦的作用，更不用说了解我们的计算机系统了。"反过来，市场营销人员会说："如果你让一个搞电脑的家伙与我们的任何客户接触，我们在一年内就会破产。"我只能说，根据我的经验，企业在许多情况下往往过高地估计了专门化的价值，并且低估了在每一个部门配备了解其他部门的雇员的重要性。如果在合作的条件达到某种程度后实施这种变革，优异的表现就水到渠成了。由于设计、制造和市场营销等部门的协调能力得到了提升，因此企业能够按时和顺利地发布新产品。当系统对各个工厂有所了解，各个工厂对系统也有所了解时，企业能够更快和更有效地引入新型信息系统。毕竟，实际情况不是工厂调度员好像从没有见过计算机输出的数据。他不仅不需要重新参加计算机的培训，多年以来，他还对技术动态了如指掌——而且他对技术上的缺陷一直不满意。人们希望他能够就如何为其他调度员改进数据的输出方式提出建议——计算机专家对此是一无所知的。如果能鼓励企业把有关的专业人员更好地组合在一起，每一个人都会受益。

在实施职业流动计划的过程中，一个由各级经理构成的骨架是成功的基础。这些经理除了了解本部门雇员的能力外，还要广泛地了解其他部门雇员的能力。通过合作，他们做出的任命决策不仅可以让本部门受益，对必须与他们协作的其他部门也会有好处。由于企业具备了 Z 型组织的特性，人们会普遍地掌握这一信息，合作的动力也就产生了。Z 型组织的每一个要素与其他要素都是相互关联的，任何孤立的要素都不会有很大作为。合在一起，它们组成一个具有合作精神的系统。

第十一步：做好在基层实施变革的准备

到此时，实施变革的所有阶段都是以管理和专业人员为侧重点的。经理们在许多人的建议下按照新的方法与基层监督员、与按小时计酬的雇员或生产人员以及办事员打交道。但是我们针对的人群迄今为止始终是中层和高层雇员。按照传统惯例，美国的大多数企业都是在低级雇员中开始实施变革的。但是，Z 理论提倡采用截然相反的方法，而采用这种方法的有日本的公司和美国的一些公司，如通用汽车。

由上至下地开始实施变革的原因说明了一个主要问题：除非接到高高在上的人的邀请，否则级别较低的雇员或经理是无法参与变革的。如果组织起步时靠的是严格的等级制度，那么渐进式的变革必须始于这种等级制度的最上层。在这样的组织中，唯一可以由下至上实施的变革是革命，而革命曾经是促使美国的工会运动采取目前的敌对形式的解决方案。

实施上述概括介绍的步骤一般需要一两年，这些步骤将形成显著的效果。合作的力度与合作的意愿的配合程度得到了提升，因此效率提高，生产力增强。经理们不需要经常地被迫应付短期目标和中断生产、办公活动；基层的监督员不需要经常地处理彼此敌对的中层经理争夺权力与资源的斗争；销售人员、机械工、工会代表都会感觉到所有这些进步。只有在看到这些效果后，人们才应考虑在基层雇员中实施变革。

在大多数组织中，按小时计酬的雇员和生产第一线的监督员与专业人员和经理生活在两个不同的世界。医院的勤杂工与外科医生形同陌路，银行出纳员与负责商业贷款的高级职员同样也形同陌路。在美国的大多数组织中，决定着产品和服务的基本生产力和质量的雇员，对公司将来的计划或现在的绩效知之甚少。他们也很少有机会发表意见。他们有不同的福利待遇，他们是按小时计酬的，而不是按月拿工资。而且不出所料的是，他们不会在组织工作很长时间。因此，这些雇员缺乏对公司的认识，缺乏对管理层的信任，如果从根本上转变管理方式的努力让他们感到困惑，他们在这方面就缺乏忍耐力。

生产第一线的监督员（或班组长）所做的工作，在许多方面是所有工作中最难做的工作。他必须与工人保持足够友好的关系，这些工人缺乏经验，而且缺乏完成他规定的生产定额的信心和责任心。同时，监督员必须让上级充分地相信他，以便在需要时发挥有利于雇员的影响力。工人和经理都希望班组长向另一方阐明他们的兴趣，而且都怀疑班组长是否向另一方出卖自己。只要管理层和工人保持对立立场，班组长就会夹在中间，左右为难。如果管理层对自己与其他人合作、信任其他雇员的能力没有一定的信心，那么他们无法为即将在工厂和办公室里发生的重大变革提供支持。

如果处于企业金字塔底部的雇员不是处于一种合作和信任的关系中，如果他们目前的状况与这种关系存在明显的差距，他们就不得不把最强烈的猜忌情绪压制下去。要压制住这种猜忌情绪，我们只有靠上层付出巨大的努力和从始至终发出最稳定的信号。在工厂和生产基地工作的工人不与决策者来往，不正面看他们。工人们只能通过从遥远的地方传达下来的决策和政策模糊地揣测他们的意图。虽然最上层的管理集团可以更直接地与雇员沟通，而且这种方法是有帮助的，但是他们简直从没有投入足够的精力直接向所有工人表明他们对变革的态度是坚定不移的。然而，影响到按小时计酬的雇员的政策和决策，必须始终如一地体现出长期的公开性、信任感和重要性。在我知道的一个公司里，一批工人和经理在决定如何排列机器的过程中真正地重视雇员的参与。他们决定，为了让物料的流动在较长的一段时间里更具有效率和富有成效，他们应该改变机器的排列方式。当宣布这个计划时，工人们有理由感到骄傲和渴望开始采用新的系统。然而，在刚刚宣布后，订单立刻出人意料地蜂拥而至，这个改变排列方式的计划不得不被推迟。六个月后，这个计划几乎被抛在脑后；事实上，新的排列方式从来没有成为现实。这使得工人们对后来在基层推行 Z 理论的计划持怀疑的态度。他们对整个系统的信心事实上已经被摧毁。从此刻起，全面地实施 Z 理论的管理方式就成为不可能的事情。连贯性是组织需要努力实现的目标。但是，只有中层与最上层的管理集团和专业人员完全实施了上述几个措施，这种连贯性才会成为可能。只有这时，双方之间的界限才开始变得模糊不清，班组长才能从岌岌可危的位置中解脱出来，并有可能实施新的管理方式。

因此，这一步是真正需要耐心的一步。成功的 Z 型公司首先花时间让组织内部担任高级职务的人员对参与式管理有一定认识，并真正坚定不移地实施这种管理方式，而不是匆匆忙忙地纠正以前犯的错误，以便在工厂和仓库里应用这种管理方式。按照这种方法，组织可以在决定质量和生产力的工厂和仓库里开始实施持久的变革计划。在引入这种变革时，你不仅需要说到，而且需要做到。引入参与机制，而且无论付出什么样的努力，只要有效果，一定要立刻予以认可。

第十二步：选择在哪些方面实施参与式管理

如果能够做到在报酬上公平合理，工作上具有稳定性，各个部门之间相互协作，那么按小时计酬的雇员的责任心和生产力说不定已经开始增强和提高。虽然我不知道是否有系统化地检验这个观点的方法，但据我推测，如果经理们认为工人是造成生产力处于较低水平的主要原因，那么在大多数情况下，这事实上是需要的生产资料供应不上的结果，是机器得不到修理的结果，是在产品设计的过程中没有合作精神、彼此对立的经理们不好好配合的结果。宝洁、赫曼·米勒（Herman Miller）和通用汽车等公司由于在管理机构或生产部门中采用了参与式管理，它们的生产力因而有了相当大的提升。把工人看作一个整体，向他们征求意见，而不是从几个无名无姓的意见箱里寻找建议。同时，不要害怕实施这些建议。在某个办公室里，人们把客户发过来的订单送到公司的销售部门。然而，这些客户总是在这些在办公室工作的雇员一天中最忙碌的时候提出要求。过去，管理层的态度是被动地接受。但是，按照 Z 型管理方式，雇员会决定与那些客户联系，说明他们面临的问题，并试图了解客户的需要。这样，他们设计了一个系统，从而很快消除了客户的需求出现的瓶颈问题——所有这些靠的是雇员的建议，而不是管理层的意见。

虽然在这些独特的创新中，每一种创新都始于许多年以前，而且在本书所论述的理论在我脑海中形成之前，它们可能就已经存在，但是它们与 Z 理论的原则完全吻合。在这些成功的实践中，第 7 章论述的一些案例就如何把工人组织成拥有一半自主权的团队和如何把工厂和办公室设计成社会化的技术体系提出了新的建议，以便反映出人性化和机械化的特点。

第十三步：提供发展整体化关系的机会

整体化的关系是组织成为一个整体的结果，而不是组织成为一个整体的原因。在某种程度上，它使得上下级能集合在一起，暂时具有平等的关系，从而有助于维持组织的平等性质，并因此表明上下级之间的距离既不是非常大，也不是不可逾越的。然而，如果组织想在生产力和和谐的社会关系方面有所收获，组织想到的是给雇员发制服、委托别人谱写公司的歌曲和为保龄球比赛与野餐提供资金支持等方法，那么他们就大错特错了。这些只是团结、凝聚力的表现形式，团结和凝聚力来源于一群乐于在一起工作、乐于拥有相同的归属感的雇员。任何有幸拥有这样的氛围的组织是很难把它掩盖起来的。

整体化的关系是无法被开发出来的，但是，一旦 Z 型变革开始启动，它就有发展的机会。经常为按小时计酬的雇员组织有问必答的会议将会发挥有效的作用。这让雇员知道公司如何与竞争对手竞争、在哪些方面做得很成功和存在什么样的问题。做好提出和回答某些棘手问题的准备。这些与工作有关的问题是发展整体化的关系的关键，并且可以使这种关系摆脱公司的任何家长式管理方式的束缚。

总结

这些步骤是大致的指南和供人们讨论的焦点，而不是提高管理水平的食谱。尽管在从 A 到 Z 的过程中，人们会发现这些步骤交织在一起，但是按顺序排列的逻辑是这些步骤的基础。例如，在具有官僚作风的组织成功地转变为由雇员参与管理的组织的过程中，这种变革基本上是由上层人物启动的，然后经过一番努力，向下扩散到组织内部。但是，实施这些步骤不需要严格遵守本书中介绍的顺序。这个流程需要时间。作为一个大致的指南，从开始启动这个流程到各级管理人员都接触到它，组织大约需要两年的时间。到那时，大多数管理人员都应对 Z 型组织有一些了解，并且注意到某些值得相信的迹象，而这些迹象体现出最上层的管理集团的坚定决心。证明协作更顺利、反应更迅速和计划更有效的征兆应该开始显现出来。然而，在所有管理人员中，不了解 Z 型组织的不是没有，对 Z 型组织坚信不疑的可能勉强达到一半，而已经成为现实的也仅仅是迈出了第一步。从 A 到 Z 的变革可能需要 10 ～ 15 年的时间向下波及每一间办公室和每一个车间里的每一位劳动者。大规模实施且发展顺利的变革迄今为止在数量上少得可怜，我们因此不可能判断我们估计的这些事情的可靠性。由于参与式的管理方式符合所有雇员的基本价值观，因此一旦开始实施，它在很大程度上是自给自足、自动自发的。事实上，这种管理方式通过改善协作能力提高了生产力和效率，除非被回过味儿来的或感到威胁的工会或被最上层的管理集团故意阻止，否则它将保持旺盛的生命力。

THEORY Z

How American Business Can Meet the Japanese Challenge

第 6 章

从 A 到 Z：设计哲学观

任何 Z 型公司都以哲学观为基础。把实际的企业经营问题与天上掉馅饼的奢望混在一起的想法似乎不可思议，但是撇开大家普遍相信的观念不谈，哲学观与经营行为是最合得来的伙伴。如果说实际的、并非无意义的企业决策是一套完整的、始终一致的理想的结果，那么它们就更有可能证明自己具有长期有效性。哲学观明明白白地告诉我们什么重要，什么不重要，从而帮助企业保持自己的独特性。它还有助于认同这种共同文化的人们高效地制订计划和开展协作。但是，人们需要的不只是有关公司应该做什么和不应该做什么的模模糊糊的概念，人们需要的是经过深思熟虑的哲学观，如果能以小册子的形式出现在所有雇员的面前就更好了。惠普、代顿 - 哈德森、罗克韦尔、礼来和英特尔等公司已经做到了这一点。

对于 Z 型公司来说，哲学观尤其重要。由于这些公司受长期思维所左右，因此在决策上，他们必须小心谨慎地权衡利弊。因为决策一般是以合作和参与为基础的，所以所有雇员需要对可以接受的目标有一定的认识。让我换个方式说：一个大型组织有点像我们中的每一个人。就像我们都具有让我们与众不同的信仰、态度、目标和习惯一样，组织随着时间的推移也会逐渐形成特殊的个性——我称之为组织文化。有些人具有始终如一、完整的个性，而有些人需要与内心的矛盾做斗争；有些人表现得非常稳定，而有些人表现得反复无常。大多数人共同拥有某些被广泛接受的信仰，而有些人不是这样的。组织同样拥有各种各样的企业文化或个性。

然而，组织甚至在整体化程度最高的时候也不可能像个人那样保持内部的一致性。由具有独特特点的个人组成的组织，必须让各种各样的个性差异在自己的文化中有生存的空间。尽管如此，有些组织的确对通过它们体现出来的基本价值观和理念有自觉的认识。由于有这

样明晰的认识，如果组织需要雇员们对目标和价值观形成共同的认识，以便统一他们的行为，那么它的哲学观就是最有用的工具。哲学观提出处理问题的标准模式，说明为什么某些行为会受到奖励，并体现出公司的形象，而后者甚至可能影响个人的自我形象。

在日常的工作中运用通过哲学观表达出的原则在建立 Z 型公司方面是非常重要的，具有文化特征的行为方式和相互影响的方式就因此形成了。此外，按照这种方式发展的组织文化可以在某种程度上取代官僚式的做法，即发号施令和严格监督劳动者。这样不仅提高了生产力，而且还形成了相互支持的工作关系。

本章举例说明哲学观手册。附录则完整地收录了其他哲学观。当然，未能忠实地予以说明的哲学观手册是毫无意义的。因此，要形成始终如一的组织哲学观，组织必须首先具有一组基本的价值观和理念。这些价值观与理念在组织的内部彼此保持一致，而且在组织的外部符合经济市场和社会环境的现实。以下例子体现出内外部的一致性，但它们处于不同的发展阶段。有些成熟的手册是以公司的实际经历为试金石，是多次更改和修订的结果；有些手册属于初步的尝试，需要随着时间的推移加以去粗取精。每一份哲学观手册描述的都是独特的企业个性。而对于任何组织来说，无论规模大小，无论是经济组织还是社会组织，只要希望搞清楚自己的基本价值观和理念，所有这些手册就是有益的。

哲学观的产生

如果组织还没有这种手册，那么在搞清楚哲学观和文化的过程中，它们可以采用以下几种形式中的任何一种。一个普遍采用的方法是调查反馈法，即一两个人一个接一个地与主要经理面谈，然后把一份汇总了这些人对哲学观的看法的报告“反馈”给由各种各样的人组成的小组。人们应以此为出发点，接着讨论战略与方向、风格与形式的基本特点。这样的讨论通常会帮助人们就价值观的各个要素达成共识，而如果企业的许多组件要在一个单一、合理的结构中凝聚在一起，价值观的各个要素就必须和平共处。然后，如果组织系统化地允许其他雇员讨论这种初步形成的手册，把这种手册进一步塑造成大多数人都可以接受的形式，那么最后形成的哲学观实际上可以成为管理系统的中心。

另一种方法是鼓励主要经理总结在他们看来有助于组织取得成功的原则，这适用于有一两名创始人或负责人的组织。同样，如果这种手册作为控制和决策的基础在任何时候都能发挥有效的作用，那么它必须得到整个组织的广泛讨论和普遍认可。当然，其他组织可以逐步形成自己的方法，从而开始确定组织的文化和哲学观。

企业的哲学观必须包括：① 组织的目标；② 组织的经营管理程序；③ 组织所处的社会和经济环境施加给组织的制约因素。因此，它不仅规定目标，而且还规定手段。在大多数情况下，手册是不完整的。在某些方面，组织确定的目标是不充分的，而在一些时候，手段是不完善的。产生这些缺陷的原因可能是以前不存在的新任务冒了出来，或人们对某个经营管理领域的认识存在异乎寻常的疑问。然而，一份完整的哲学观手册要具有普遍性，应普遍地成为每一名雇员和经理的指导方针。下面以目标手册为例：

目标：实现足够的利润，以便为公司的发展提供资金和我们实现其他企业目标所需要的资源。

> 在我们的经济系统中，我们的经营活动给我们带来的利润是我们取得成功和实现发展所需要的资金的唯一来源。它是唯一能够评判我们企业长期绩效的绝对必要的标准。只有不断地实现我们的利润目标，我们才能实现其他企业目标。
>
> 我们的长期政策是把我们赚取的大部分利润再进行投资，并依靠这些再投资行为，加上雇员购买股票和其他现金流动项目带来的资金，为我们的发展提供资金。要实现这个目标，我们的资本净值回报率需要与我们的销售增长率大致相等。每年，我们必须努力实现这个目标，同时我们在努力实现我们的其他目标时不应感到束手束脚。
>
> ——惠普公司

目标手册不应只包括财务目标，如增长率和利润率，还应包括不太具体的目标，如技术进步的速度和向客户提供的服务的质量。由于这些方面是无法准确地测算出来的，因此它们常常被许多公司所忽略，没有于目标手册中予以明确规定。因而，在这些方面设定一个让经理努力达到的目标是不公平的。然而在 Z 型公司中，人们可以以微妙和复杂的方式对这些显然模糊的目标形成共同的认识，而且经验比较丰富的经理们能够对进展情况做出可靠的判断。为此，无论这些目标有多么模糊，它们应进一步被划分为几个方面，如财务、技术、发展和决定着组织兴衰的其他方面。如果在目标手册中没有列出模糊的方面，经理们自然只会把他们的精力放在那些经过组织正式规定的、可以通过比较明确的标准测算出来的目标上，技术进步或客户服务等没有说出来的目标就会被他们所忽视，以致无法得以实现。一般来说，只有在经历长期的实践后，组织才能可靠地测算这些比较模糊的目标，而财务目标是可以按月或按周测算的。因此，只有在能够拥有信任、微妙的人际关系和密切的私人关系的公司中，完整的目标手册才是可行的。

在准确地了解目标或经营管理原则后，哲学观的第二个部分应提出组织的手段。在这一点上，哲学观会概括地规定经理和工人如何分享权力、如何做出决策、如何与当地的社区打交道等。

当短期的压力迫使雇员和经理选择不同的方向时，这种有关手段的手册会为他们的决策和行为指引方向。例如，在代顿－哈德森公司的哲学观中，有一个部分清楚地指出雇员和经理们在哪些方面拥有经营管理公司的自主权。由于最高管理层本来就倾向于把这些下属单位引领到不被大家所接受，而且可能不明智的方向上去，因此这种自主权是对他们的保护。另外，完整的哲学观描述组织在培养和对待雇员上应遵循的准则，它尤其关注级别较低的雇员，对于最高管理层的错误行为，他们的抵御能力最弱。以下内容摘自惠普以“我们的人”为标题的手册。

我们的人

目标：帮助惠普的雇员分享公司的成就，这些成就离不开他们的贡献；根据他们的绩效，提供稳定的工作；认可他们的个人成就；确保他们在工作中获得成就感，从而让个人感到满意。

让我们引以为荣的是在我们的组织中工作的人，他们的绩效以及他们对工作和对公司的态度。公司的建设

始终是以个人、每个人的个人尊严和对个人成就的认可为中心的。

我们认为一般性的政策和经理对他们管理的人的态度，比人事计划的具体细节更重要。只有人们对上级、公司的动机和诚实性表示信任，公司才有良好的人事关系，否则，人事关系就非常差。

我们高于平均水平的工资和薪水、我们的利润分配和股票购买计划，以及公司的其他福利，表明人们有机会分享公司的成就。

…………

在一个成长性的公司中，进步的机会往往比填补这些机会的合格人才多。这符合惠普的情况：机会是非常多的，个人需要通过个人的成长和发展抓住这些机会。

我们希望人们在惠普享受工作，并以他们的成就为荣。这意味着我们必须确保每一个人都能得到他们需要或应得的重视。总之，我们公司的品质和实力是由各级人员决定的。

——惠普公司

通过阐述哲学观中的手段，可以确定经理在什么样的情况下可能倾向于采用粗暴地对待雇员或把技术开发抛在脑后等方法实现提高销售额或加快生产进度的目标。这些方法在短期内可能不为人所知，但最终会极大地损害组织的利益。如果目标的提出和监督是靠外力实现的，但操作原则或手段不是靠外力实现的，那么无论什么手段，只要能帮助经理实现他们的目标，他们就可能倾向于利用这些手段。哲学观不仅需要规定组织希望实现的目标，而且还需要规定实现这些目标的手段。完整的哲学观手册具有微妙和复杂的内在特点，因此这些要素特点经常引起经理和雇员的重视。

最后，哲学观必须把组织与其所处的更广泛的环境联系在一起。正如代顿 - 哈德森公司的哲学观在下面明明白白地规定的那样，Z 型公司的哲学观表明公司希望与其所有者、雇员、客户和全体公众保持什么样的关系。

企业宗旨

在满足自己的四类顾客上，公司拥有明确的宗旨。这些宗旨和有关的主要目标包括以下内容：

- 作为消费者的采购代理，满足他们对商品和服务的需要和期望。
- 促进我们的雇员的个人能力和专业发展。
- 向我们的股东提供有吸引力的财务回报。
- 为我们所在的社区提供服务。

——代顿 - 哈德森公司

接着，在社区这个主题下详细地列出了公司如何满足每一个顾客的需要的具体内容，从决定“遵守最高的法律、伦理和价值观”到保证“每年贡献 5% 的应纳税收入”，再到改善公司所在的社区。

这个有关公司在更大范围内的作用的手册似乎与公司毫不相干，但它事实上规定了最基本的原则，而这些原则是哲学观的所有其他部分的源泉。不会发生变化的恰恰是这个关于组织是什么、它在社会和经济体中必须发挥什么作用的基本意识。在最高管理层决定将来是否要改变目标和手段时，像这样清清楚楚地表达出来的目标向他们提供可以利用的最高标准。这样，一个完整的哲学观手册提供的不只是有关利润和利润对公司的重要性的指导方针，还体现出这些利润对每一个人的意义。惠普表达出这样的观点，即只有公司给社会大众带来真正的价值，利润才能成为全体社会大众对公司的奖励。经理必须能够证明他的新产品策划书可以真正地给客户带来最新的、实实在在的好处——不仅仅是策划书所宣传的东西。

正如惠普的哲学观所说明的那样，经理不能在给客户带来价值后靠利润来衡量他们是否取得了成功。另外，这种哲学观手册还强调说，没有利润，公司是不能生存的。因此它告诫经理，不要承揽让他们感兴趣或吸引他们但没有利润的新项目。这样，经理始终是在哲学观手册的指导下努力地完成他们要完成的目标，而这些目标对客户具有真正的价值，客户予以高度的重视，从而让公司有利可图。惠普的具体目标是“向我们的客户提供可能具有最大价值的产品和服务，从而获得和拥有他们的尊重和依赖”。

提出得到内部人员认可和完整的哲学观是极其困难的。从零开始提出这样的哲学观或许是不可能的。然而，如果哲学观来源于个人的实际经历，如果他们从始至终都运用辨别是非的判断力处理一系列的企业经营问题，而且他们努力地在实践中贯彻他们的理念，那么这个艰巨的任务就会迎刃而解。

让哲学观发挥作用

这样的哲学观在日本应用得比美国普遍。在日本，首席执行官一般会写一本书，描述自己对公司的哲学观的个人认识。在书中，他会就公司及其雇员如何通过富有成效的努力为公司和国家提供最好的服务做出说明。另外，他会指出经理的职责是帮助雇员发挥出生产效率和让他们看到未来。

这种哲学观手册在美国比较罕见。阿尔弗雷德 · P. 斯隆的《我在通用汽车的岁月》（*My Years with General Motors*）与威廉 · 罗杰（William Roger）关于沃森（Watsons）家族和 IBM 的传记《思考》（*Think*）可能是著名的例外。公司传记在美国更普遍一些。其中有些体现出企业文化和历史的要素，例如，3M 公司为纪念公司成立 75 周年而出版的大事记——《我们迄今为止的故事》（*Our Story So Far*）。相反，公司传记通常侧重于重大产品创新和财务成果，而不是侧重于对目标的描述和对实现这些目标的“处方”的描述。

虽然美国的大多数公司没有完整地提出公司的哲学观，但许多公司把哲学观的主要部分埋藏在心里（但没有体现在纸上）。在这里介绍的和在附录中再次出现的例子中，有些哲学观一开始就经历了这样的酝酿期，以某种形式存在了 40 年，而其他哲学观则是在过去的一年里刚刚形成和编撰出来的。

美国的企业倾向于把正式的培训计划与口头向新雇员传达他们的基本价值观和惯例的非正式方式结合在一起，使得这种混合体支撑着他们的哲学观。当这些方法始终如一地把哲学观的要素传达给新雇员时，它们促使雇员逐步具备从更加微妙、复杂和长远的角度看问题的能力。然而，如果未能把它们落实到白纸黑字，雇员在行动或言论上就会拥有更大的自由，从而背离似乎完全没有经过深思熟虑的理想，缺乏对这种理想的重视。这就是这种机制的主要缺陷。如果哲学观手册得到内部人员的认可，而且是明明白白的，在公司内部广泛传阅，那么在遇到模棱两可的情况时，所有雇员都可以以它为参考。于是，

决策不仅会反映出短期的盈利能力，而且还会传达出其他长期的要素。下面就这种作用举例说明。

最近，在与某位市场营销经理交谈时，我问他公司的哲学观是否对他的日常工作产生影响，或是否只是虚无缥缈的言论。他打开了办公桌的最上一层抽屉拿出他的那一份手册，说他经常以它为参考。他刚才还在考虑公司计划推出的新产品的价格。由于这种产品不同于市场上的任何其他产品，因此他无法靠比较的方式确定公司应该收多少钱。公司起初只能小批量地生产这些新型机器，因此每一台机器的成本就非常高。价格高，利润肯定会立刻滚滚而来。如果这种产品取得了成功，而且公司艰难地占据了市场的半壁江山，那么随着产量的增加，成本会迅速地降下来。业内普遍流行的战略理论认为，他一开始应把价格定得很低，但这会使得公司每售一台机器都会亏本。当然，以这个价格，任何竞争对手都无利可图，只要销量增加，生产成本降低，加之在市场上具有主导地位，该公司就会获得很大的利润。这个理论暗示，如果第一个吃螃蟹的人的产量非常大，他就可以把生产成本降到最低，从而相对于竞争对手，他就拥有永久的优势。那么，随着时间的推移，弥补回来的会远远超过短期放弃的利润。

因此，这位经理最初倾向于定一个赔本的价格。然而，他感到这个逻辑有点不对头，因此他查阅了哲学观手册。这份手册让他想起了两件事：首先，公司的宗旨是开发新技术；其次，收益率是客户因为公司向他们提供了真正有价值的产品而给公司的奖励。在重新查看了哲学观手册后，他理清了决策的思路：他应该让价格处在一个现在就能带来利润的水平上。如果这种新产品不能真正地给客户带来价值，如果它不能做某些对他们有帮助的事情，那么公司就不应该生产这种产品。如果它的确带来那么大的价值，那么客户就会愿意让公司有利可图。更重要的是，他最后认为低价格会鼓励企业在中间利润的基础上开发大规模生产的产品，而不是开发可能在 10 年内都不会有利可图的新技术——他认为这种战略会让公司陷入像美国的汽车制造企业那样“模仿”别人的产品和千方百计扩大产量的境地，而不是期盼未来和努力认识到什么能长期对客户、雇员和所有者最有帮助。

这里说的不是市场营销经理做出了正确或错误的决策。明智的人肯定不会赞同业内的这个观点。相反，由于公司拥有表达得清清楚楚的哲学观手册，因此这位经理采用了非常微妙和复杂的分析方法，并且在最终做出决策前，他权衡了许多问题和意见。此外，他知道生产经理和他所在部门的总经理也会对这种哲学观坚信不疑，而且也会就他的定价战略向他提出这些相同的问题。所有有关的经理都具有相同的一套价值观和拥有共同语言，他们可以探讨的问题超越了短期产量、成本和利润等范畴。

对于非管理岗位的雇员来说，一份表达得清清楚楚、广泛传播的哲学观手册是对他们的保护。由于公司的哲学观关系到雇员的权利和雇员参与决策的可能性，因此每一名雇员都应了解哲学观。滥用权利或未能让雇员参与决策的班组长，就不能说他做了他应该做的事情或做了在公司的其他部门符合常规的事情。雇员可以根据共同的标准对管理方式进行评价，并可以向人事部门或不同级别的管理部门投诉。由于公司里存在大家都认可的哲学观，因此大家有共同的语言。所有人对公司的文化了解得越清楚，彼此之间就所有问题进行沟通的能力就越强。

越来越多的 Z 型劳动者开始在他们的日常工作中利用公司的哲学观。那些没人负责清扫被人遗忘在角落里的挂着蜘蛛网的文件，公司不应简单地把它们交给新雇员，然后把它们抛在脑后，它们是有生命的文件。在帮助新雇员适应新环境的过程中，无论他们是体力劳动者，还是办事员和专业人员，公司每一次都强调这种手册的重要性。如果不在公司工作若干时间，任何人都不能从事管理工作。在评估等待升职的候选人时，级别较高的经理经常会明明白白地考虑每一名候选人在实际生活中是否遵守这个手册的规定。

我们将要看到的手册是非常笼统的，它可以适用于公司的每一项活动，从研究到制造、销售，甚至到邮件收发。因此，每一个分公司和部门都必须把哲学观解释清楚，甚至在各种场合下都需要解释。公司的每一个这样的部门通常都会就这种很笼统的哲学观在其所处的特定环境中表达出什么样的意思，明确地做出自己的解释。这些解释反过来必须由公司官员和下级广泛讨论，这样人们才能保持一致和相互理解。我想强调，这些公司都非常重视这些手册。只有在合作、信任和开诚布公的大环境下，体现在一张纸上的哲学观才有生命力。虽然这些手册是企业文化不可分割的一部分，而且常常是经历变革的组织迈出的第一步，但它们最终只让组织发生了一点变化。

根据我的经验，Z 型公司往往对它们取得的成功保持低调，并且在态度上务实。对于成为其他公司效仿的榜样，它们中的大多数公司都会感到紧张。我提到的手册可能不是表达得最清楚或最全面的，然而，它们在企业环境中起着举足轻重的作用。虽然这些例子不是尽善尽美的，但它们会鼓励其他公司主动地和富有创造性地提出自己的哲学观手册，并设计出 Z 型组织应该具有的特点。

在灵活运用手册的过程中加以完善

惠普哲学观手册是最成熟和最具有连贯性的。他们每隔几年就修订一次，从而确保他们能够以一种与时俱进的态度处理企业面临的新问题和新业务。惠普的所有雇员都熟知的这种手册尽管没有得到普遍的遵守，但它们对企业内部的经营决策起到了指导和影响作用。通过了解这个过程背后的历史，我们可以知道它们是如何指导经营活动的。

1957 年，惠普的规模虽小，但做得非常成功，而且已经经营了将近 20 年。而在起步时，它只有两个人，是在车库里制造示波器。该公司以此为基础，已经发展成为一个制造电子仪器的小企业。在这期间，公司的拥有者兼管理者比尔·休利特（Bill Hewlett）和戴夫·帕卡德（Dave Packard）针对青年工程师思维活跃、雇员富有效率、人员流动率低和公司生意兴隆的特点提出了一套独特的管理方式。随着公司继续保持高速增长势头，公司每年都会聘用许多新雇员。比尔和戴夫觉得他们需要清楚和系统化地向这些新雇员灌输他们的基本管理原则。当公司有 200 名雇员时，他们能叫出每一个雇员的名字，常常在工厂里与工人攀谈，而且他们自己可以在工作中以身作则，从而在决策和行动上做到始终如一。然而，随着公司的发展，他们再也不能依靠这种学徒式的程序完完整整地传递公司的文化。因此，他们坐下来，把一直为他们指引方向和他们觉得促使公司取得成功的基本原则落实在书面上。

因此，这种哲学观不是凭空产生的。相反，它反映的是近 20 年来沿用的决策模式。在发展阶段，比尔和戴夫在确定这些决策模式的过程中，他们只是根据自己对正确方法的判断解决迫在眉睫的问题。每一个新问题都要求他们立即处理。值得注意的是，他们在解决一个又一个问题的过程中在行为举止上表现得始终如一。因此经过一段时间后，一种显而易见的决策模式逐步形成了。这样的过程让他们和其他人看到了他们个人在企业经营上的价值观。在企业发展的初期，决定决策模式的不是他们说的话，而是他们的行为。

可能因为他们都是工程师，所以比尔和戴夫对抽象的东西和分析非常有兴趣。因此，当他们描述已经形成的决策模式时，他们记录下的不是具体的行为或问题，而是基本原则和价值观，而企业文化的形成离不开这些基本原则和价值观。在这样的基本价值观中，其中之一就是他们决心不要成为一个“雇用和解雇型”公司。他们知道坚持这个原则的代价。为了始终如一地遵守这个原则，他们不得不拒绝许多有利可图的政府合约，这是因为这些合约常常意味着雇用大量雇员，用上一两年，然后在合约终止时让他们下岗。这种对雇员做出的基本承诺引导着企业进入现在的这些行业，而这些行业与他们在不重视稳定的雇佣关系的情况下本来要进入的行业存在着相当大的差别。他们在“我们的人”这个部分表述了这种观点。这个部分的最新表述是：

> 我们的政策是避免生产计划出现大起大落的情况，从而体现出保障就业的目标。如果生产计划大起大落，我们就需要在短期内增加雇员，过一段时间后让他们下岗。我们注意让每一名雇员满负荷工作，使他们渴望为公司工作并与公司共同发展。这不意味着我们承诺提供绝对的终身工作，也不意味着我们认可资历，除非我们可以合理地比较其他因素。
>
> ——惠普公司

惠普的哲学观代表的是一种成熟的企业文化。1977 年，当惠普拥有 40 000 多名雇员时，威廉 · 休利特解释了公司的哲学观的重要性。

这个手册承认公司在许多方面具有独特性：

> 任何一批在一起工作了若干时间的人、任何存在了很长时间的组织，甚至任何经历了一段时间的国家或国家实体都会逐步形成某种哲学观、一系列传统和一套习俗。这些东西在整体上是独一无二的，并且完全表现出组织的特点，使之能够从同类组织中脱颖而出，要么变得更好，要么变得更差。
>
> ——惠普公司

得到内部雇员的一致认可，并与我们的社会和我们的经济在更大氛围内所体现出的价值观相适应的哲学观，不需要长篇大论或错综复杂。惠普的哲学观的巨大优势体现在一系列原则上，这些原则对于大多数人来说都是非常简单明了和“自然”的，因此它们可以很容易地被用来解决各种各样的问题。

惠普的哲学观手册具备了一个完整的哲学观所要求的全部三个要素。公司在“客户”和“公民身份”等部分中提出了公司与其所处的经济和社会环境的基本关系。企业的基本目的或目标体现在“利润”“兴趣范围”和“发展”等部分。“我们的人”和“管理”等部分论述了基本手段或操作方法。然而，由于每一个部分都紧密地融入了同一种基本精神或文化，因此每一个方面都与其他方面相互交织在一起。这样，有关利润的手册不仅表达了目标，而且还认识到企业与其所处的更广泛的经济和社会环境的关系；而有关发展的手册不仅规定了目标，而且还认识到企业的发展要受到而且应该受到公司培养经验丰富的、能够实施适当手段的经理的能力的限制。

这些目标靠经理和雇员始终如一的行为成为可以实现的目标。在公司新建工厂时，它带给这个工厂的不仅是经验丰富的经理，而且还有各级有经验的雇员。这种政策培养出模范雇员，即认同公司的哲学观的雇员，因此新雇员可以以他们为学习的榜样。除了这种学习的榜样外，公司利用各种各样的机会让高级经理与新雇员谈话，并在会议上激励新雇员讨论和了解公司的哲学观。任何严重违反这种哲学观的人都会遭到严厉的惩罚。例如，剥削公司的小型供应商的经理，会遭到公司高层的严厉训斥。

任何公司都不能完完全全地实现自己的理想，在这条普遍适用的规律面前，惠普也不能例外。人们按照他们自己的方式解释哲学观，有时会得出截然相反的结论。有些雇员不认同哲学观的某些要素，有些人甚至不是非常了解公司的哲学观。然而，所有雇员都处于哲学观的包围中。惠普的哲学观手册是几乎没有毛病可挑的。它提出了一系列对我们的社会来说十分重要的价值观。为了就有关共同的哲学观手册达成一致意见，他们会通过举办大会的方式达到此目的。惠普的哲学观既不限制雇员的思想，也不约束雇员的行动，不要求采取神秘的程序给新来乍到的人洗脑，使他们融入一种奇怪的企业文化。相反，它代表的是任何稳定的社会都可以接受的基本原则。但是，除非明确地指出来，否则这些基本原则在短期内和在官僚化的商业世界里就会轻而易举地被人们遗忘。

让各个零部件协调运转

代顿－哈德森公司与惠普不一样，它是一个零售公司，由代顿、哈德森、塔吉特（Target）、默文（Mervyn）、B. 达尔顿（B. Dalton）图书销售公司和其他分公司组成。虽然它所在的行业与惠普截然不同，但是它的哲学观手册在重要性和完整性上一点也不逊色于惠普。由于代顿－哈德森是美国最受尊敬和利润最高的零售商之一，而且它的发展部分是靠收购其他公司实现的，因此它必须更加努力地、明明白白地提出每一个分公司应该奉行的基本价值观。通过收购实现发展的公司接纳了新的分公司，而随着时间的推移，这些分公司自己会逐步形成独特的文化和哲学观。在这种情况下，所有分公司必须对每一个组成部分的亚文化的性质有清楚的认识，并且就覆盖范围更大、有关哲学观并指出相互之间关系的手册达成一致的意见。如果没有这种哲学观，各个分公司可能会制定出与其他分公司不相容的目标，使得相互之间缺乏协作。

在代顿－哈德森的哲学观中，值得注意的是它清楚地阐述了销售观（见附录 A）。在标题为“优势”的部分，代顿－哈德森提出零售店的商品不需要品种齐全，但提供的花色、式样和种类要比业内的竞争对手多。“质量”部分规定：公司要为失误付出代价，毫无疑问地要从顾客那里得到回报，花钱培训雇员。而且如果价格低廉意味着在削减价格的同时降低服务质量，那么竞争靠的是提供更好的服务，而不是提供最低的价格。“时尚”部分规定：公司希望靠销售最新的商品而著称于世，不希望被人们看作主要销售汗衫或运动袜等大路货的场所。“价值”部分传达的意思是：各零售店要把顾客去商店买东西的过程，视为顾客以时间和金钱的方式实现的投资活动。要使顾客因付出投资而得到回报，公司必须靠有效的布局、足够的存货、低廉的价格和其他使顾客不虚此行的便利条件。

有关战略使命、企业宗旨和企业目标的手册与这个基本的销售观完全吻合。许多零售公司给“销售”蒙上了一道神秘的面纱，并认为伟大的商人是天生的，而不是培训出来的。对于他们来说，组织和管

理层的建设远没有挑选有不可思议的"触觉"的人才和解雇不具备这方面能力的人重要。代顿－哈德森的氛围则完全不同。它的手册反映出公司坚持采取明明白白的、深思熟虑的管理方式，并重视经理与雇员的合作。

代顿－哈德森与惠普一样，它对公司准备做什么的基本认识是简单的，但是有效的。它的企业宗旨是"作为消费者的采购代理……"。它通过给人们带来真正的价值，努力服务于社会和经济。为此，它必须了解顾客想买什么、如何以较低的价格采购到这些商品，以及如何在最大限度地减少顾客的时间和误会的情况下供应这些商品。这可能是所有零售商的目标，但这样清楚地表达出这个目标的却屈指可数。同时，在没有明确地认识到这些基本宗旨的零售公司中，火爆的生意常常让售货员财迷心窍。通常，任何公司都不会培训新雇员，任何公司都不会准确地计算存货，而且任何公司都不会放弃已经尝试过的东西。陷入混乱局面的可能性非常大，不久，顾客不再光顾，生意一落千丈。代顿－哈德森式的哲学观试图防止这种情况发生，它在简单地测算销售额、利润或毛利的基础上迈出了一大步。它是一种如何经营零售商店的特殊理论。如果经理们能够系统化地运用这种哲学观理论，那么他们最后会最大限度地提高利润。

利用自我批评

惠普和代顿－哈德森的哲学观发展得非常缓慢，它们建立在各个公司长期以来对历史经验的反思和观察的基础上。它们的雇员周而复始地处理一个又一个问题，研究成功的原因，并把这种信息深深地刻在大脑里。他们聚在一起，讨论这些特点，有时达到白热化的程度，最后他们的经理会对这些构成他们的哲学观的观点表示完全赞同。

罗克韦尔国际公司的汽车经营集团（Automobile Operations Group）是以完全不同的方式形成自己的哲学观的。罗克韦尔是一个规模非常大、非常成熟的公司，没有像比尔或戴夫这样的两个人对公司不弃不舍。罗克韦尔必须邀请许多人挑选出促使企业成功的主要特点。要按这种方式逐步形成他们的哲学观，他们就需要采用被称作“文化轮廓”的独特工具。它有点像一张包含高度、重量和成熟度等数据的图表，通过几乎同样具体的测量标准，测量公司的一系列理想，而且更重要的是，它衡量这些理想有多么“实事求是”。

换句话说，文化轮廓是对最重要的特点的总结，从信息共享到个人倾向和长期雇佣制，这是因为这些特点是现实中存在的，而且最高管理层“应该”看到这些特点。罗克韦尔的文化轮廓针对的不是整个公司，而是半个公司，其中包括一批工厂和分公司，而这些工厂和分公司合在一起的规模非常庞大，可以轻而易举地在《财富》500强美国最大工业企业中占有一席之地。罗克韦尔的文化轮廓还是动态的：它反映该集团五年前是什么样的状况，评估五年内的发展情况，并指出未来的发展方向。作为形成完整的哲学观手册的过渡，文化轮廓是哲学观形成前的“工作底稿”。

在整理这种文化轮廓的过程中，人们不会表现得完全公平、客观和冷静。罗克韦尔的总经理曾经试图像比尔和戴夫那样做，以便回顾他们过去做出的重大决策和采取的措施，并找出引导他们取得成功的基本原则。在这个过程中，他们决心做到完全不偏不倚，以便承认他们的错误和确定他们的基本意图，无论这些基本意图可能有多么让人感到不愉快。在一个由少数几个人组成的小组提出最初的文化轮廓后，他们把他们的工作成果提交给更多的经理审阅。

这种文化轮廓遭到了这些人的拒绝、否定和批评。然而，在展开广泛讨论后，所有人都承认文化轮廓所描述的是准确的，而且所有人都对文化轮廓在描述上能做到明明白白表示赞赏。因此，虽然在某些方面，审核文化轮廓几乎不可避免地令人感到不舒服，但是这个过程也会成为动力和灵感的主要来源。如果一批经理决定彼此信任对方，从而暴露出埋藏得最深的缺点，那么他们就可以开始携手并进。

罗克韦尔将他们的文化轮廓分解成五个要素，我在这里原封不动地介绍其中一个要素，即短期和长期环境（其他要素见附录 A）。这些要素反映出人们对他们觉得基本上正确的文化的看法。虽然管理层实质上普遍地对这些要素表示认同，但是管理层的所有成员未必完全接受每一个要素的解释方式。彼此就有关管理文化的描述文字达成一致意见的过程，恰好是哲学观的主要组成部分。经理们可以坐下来，充分地讨论他们觉得什么已经发生、什么将要发生，以及要让事物发生变化，他们应该做什么。在任何公司中，我们可以非常容易地确定我们应该改变什么样的习惯。由于每一种惯例都是与其他惯例联系在一起的，因此实现适当的变革是非常困难的。只有认识到管理惯例在整体上是非常复杂的，我们才能揭示出可以开始引发变革的基本原因。

表 6-1 中的“短期和长期环境”属于“文化类别”。在下一栏，罗克韦尔公司简要地总结了五年前（70 年代中期）他们的价值观是什么，再下一栏提到最近五年“我们已经采取了哪些措施”，以便沿着适当的方向改变传统惯例。为了明确地表达这方面的内容，罗克韦尔的经理们通过审视过去，逐步形成一种全局观念，从而更好地了解目前的状况。如果能知道有多少变革的尝试取得了成功，那么实践证明这会有助于实事求是地评估未来实施变革简直有多么困难。

表 6-1　文化轮廓

文化类别	我们曾经的位置（70 年代中期）	我们已经采取了哪些措施	我们现在的位置（得分：1、3、5、7、10、X）	未来的发展方向
短期和长期环境	短期工作重点——每个月、每个季度和每年的税前利润曾经是主要关心的问题	改进战略规划的程序 为汽车经营集团招聘规划人才 收购非核心业务 引入季度业务审查制度 提拔非制造部门的高管 承诺更新设施	组织仍旧觉得他们看到的许多情况给人留下混乱的感觉 有前途的人被解雇了 招聘的大学生的数量大幅减少 季度审查制度受短期经营审查制度的影响较大 工程部门仍旧侧重于维持现状 没有采取明显的措施组建真正的市场营销部门 我们很少针对竞争对手的挑战采取应对措施	需要在短期和长期的工作重点之间实现更好的平衡 最高管理层强调对于企业和个人的发展来说，长期的工作重点是关键 科尔尼（A.T. Kearney）公司研究的课题是一个很好的榜样。许多人曾经认为我们不会坚持下去 加强对研发工作的关注 组建一个真正的市场营销部门和雇用需要的人才 管理层承诺吸收未来发展所需要的人才 促使战略规划成为日常的工作内容，以长期决策为基础做出短期决策

这种全局观念还使得经理们能够认识到他们在什么地方无意中实施两项或两项以上不同的、彼此矛盾的措施，因此向他们强调，他们将来需要逐步形成协调一致和始终如一的态度。最后，这些措施明确了文化的各个要素之间的关系。

接着是“冷眼”看“我们现在的位置”。表 6-1 中的 × 表示罗克韦尔的得分。为了判断他们在长期环境中是否取得成功，用 10 分表示完全具备文化要素，1 分表示完全缺乏文化要素。为了更清楚地说明问题，在分数下简要地描述了体现出组织目前的风格的措施和决策。这一栏倾向于自我批评，它可能超出了局外人对恰如其分的自我批评的认识。如果人们不渴望发现需要改进的方面，这种自我批评也就不存在。由于经理们心甘情愿地暴露缺点和错误的信号，因此他们愿意相互信任，并在将来开展合作。最右侧的一栏汇总了管理层认为将来应该采取的措施，以便采取适当的手段和实现适当的目标。这些项目是组织中级别较低的雇员进一步讨论的重点，而中层经理可以向这些雇员提出能够在他们的部门中采取的具体措施，从而引发这些变革。

通过这种对哲学观的审查，罗克韦尔的高层经理们引入了一缕新鲜的空气。他们使得各级经理和雇员能够提出此前从没有提出过的、提高协作能力的建议，这些人曾经担心他们的想法会被视为令人反感的批评意见。经理们开始系统化地发现组织必须调整的主要方面，如信息共享和个人倾向。他们承认他们实施的绩效评估标准和激励机制目前妨碍了合作。他们的成功促使级别较低的经理采取类似的方法审查他们自己的哲学观。

在一个毫无生气、萎靡不振的公司中，人们一般是无法像这样审查哲学观的。只有管理团队做得十分成功，并且是可以依赖的，他们才能承受需要承受的批评来实施变革。一个处于极度困难之中的公司在采取这种方法的过程中，遭受的损失可能大于它获得的利益。如果文化轮廓掩盖了真正的问题，那么最后的结果只能是向所有人证明真正的开诚布公和坦率是不可能的。如果人们因它发生冲突，从而相互防范，采取自我保护的措施，那么它只会让问题变得越来越糟糕。然而，在一个基本上可信赖的管理团队中，这种方法可以促使人们公开地进行讨论，而这种讨论有助于增进信任，并可能提高管理层将来处理复杂问题和微妙问题的能力。

文化轮廓的最大的作用是突出了管理层增进合作的意图。文化轮廓使得各级雇员都希望这种变革马上就成为现实。一旦这些希望得到了满足，那么组织就会逐步挖掘出自己的潜能，成为富有成效和令人满意的实体。然而，如果管理层对这种过程丧失了兴趣，那么各级雇员就会感到自己被出卖了，组织的状况可能就会变得比以前更糟糕。文化轮廓是一种哲学观——风险相当大，同时回报也非常高。

假设你的公司有幸比大多数公司拥有更多的非凡创新能力，聚集了更多的个人主义者，并在经济上创造出了更大的成就，那么会出现什么样的情况呢？英特尔公司就是这样的公司。英特尔公司生产半导体装置，后者是最先进和最奇特的电子产品。最近，该公司的销售额和利润每年都以超过60%的速度增长。英特尔因此完全不需要有哲学观吗？公司的高管们实际上想找出他们觉得有助于他们取得成功的基本价值观和准则。他们开始在整个公司内向经理们提出这些目标和准则，并与他们进行讨论。他们的行动清楚地表明统一的企业文化的形成，与个人独立性、创造性和责任感的培养息息相关。

英特尔关于"非正式的文化"的手册是审查的结果，而这种审查类似于罗克韦尔国际集团对自己的哲学观的审查。这种审查是一个调研与反馈的过程。在完成调研后，管理团队组建了一个由志愿者组成的特别工作组，他们负责草拟一份更全面的手册。在经过公司的十几个权力很大的高管讨论后，他们提出的草案历经数周的时间变成了一份更全面的手册。

这可能说明英特尔的哲学观手册为什么不同于其他公司的哲学观，为什么强调对其"现有"文化的描述，而不是强调它希望未来达到什么样的状态。英特尔作为一个朝气蓬勃的公司，是《财富》500强之一，而且是美国最成功和利润最大的公司之一。如果英特尔不希望坚持有助于公司取得成功的要素，他们也就不会明确地提出他们的哲学观。随着公司的雇员数量每隔两三年就翻一番，最高管理层迫切地需要把他们的价值观和目标传递下去，并使它们在整个企业中保持一致。

但是，英特尔的哲学观手册更多地强调手段，而不是目的，强调

适当的行动和行为形式。这可能是它更具有独特性的一面。以下是他们以书面形式提出的哲学观：

职业道德 / 工作环境

- 英特尔的总体目标是根据个人的职业目标分配工作任务。此外，我们努力营造一种环境，雇员在这个环境里实现自己的目标的同时，可以享受工作的乐趣。
- 我们努力提供有利于快速发展的机会。因此，我们需要在培训上投入大量的力量。
- 英特尔是一个以成果为导向的公司。重视实质，而不是形式；重视质量，而不是数量。
- 我们相信靠努力工作换来高生产力的原则是值得骄傲的。高度纪律性是公司所期望和值得称道的。
- 公司认可推定责任的概念（如果某项任务需要有人完成，那么推定你有责任完成这个任务）。
- 公司承担长期的责任。如果在某个阶段事业上出现了问题，重新分配工作是一个比解雇更好的选择。
- 我们希望让所有雇员都参与发展和分享他们与英特尔的关系。我们希望雇员关心公司。为了实现这个目标，我们强调畅通的沟通渠道，并努力把公司分成规模尽可能小的集体，从而使雇员之间形成认同感和密切的关系。
- 公司希望所有雇员在行为举止上遵守职业道德。

英特尔的团队

- 团队是英特尔的职业道德 / 工作环境不可分割的一部分。要实现英特尔的目标，团队的绩效是至关重要的。

- 英特尔的团队具有不同的形式。公司的许多组织必不可少地设置了拥有正式名称的团队（如现场销售人员、Fab Ⅳ工厂等）。为了解决重大问题，公司还组成了特殊的团队，其中许多团队在本质上需要牵涉许多单位。我们常常把这种团队称为“特别工作组”。

  虽然上述团队是非常重要的，但是对于英特尔来说，可能最重要的是“无形”团队。这些团队没有正式的名称，没有特殊的形式，什么时候需要解决正常经营中不断发生的团队问题，它们什么时候就会应运而生。只有靠这些无形的团队的努力，英特尔才能实现其宏伟的目标。

- 团队的目标优于个人目标。这个原则适用于日常的经营活动，而且是根本性的。若需要改变工作任务或组织结构，这些变革是以优化团队的工作效果为目的的，而不是以维持个人的职业发展道路为目的的。
- 我们非常重视“管理接口”。我们的经营活动受到矩阵式的管理层和“多个老板”的影响。在许多情况下，责任是模糊不清的，运用推定责任的原则就变得非常关键。我们还有一个选择，即增加企业的管理费用，设置许多重复的岗位，从而解决这些问题。

这份资料说明英特尔是一个复杂的企业。其中，许多不同的技术和部门必须相互合作，而这种合作常常具有错综复杂的特点。它只来源于集体意志决策制带来的集体责任感。全文强调的是他们需要集体目标高于个人目标，并避免人们在狭窄的范围内相互竞争。实际上，人们犯下的最严重的过失莫过于在行为上表现出“政治倾向”，即为了个人的私利，牺牲整体利益。为了避免人们把精力集中在这个方面，公司承诺实行稳定的雇佣制，而有些专业人员和经理尤其需要这种雇佣关系，这是因为他们辛辛苦苦做的项目最后可能走入死胡同。但是，英特尔并没有忽视盈利能力或管理风格等问题，在对待这个问题上，它表现出在处理雇员的合作问题时所表现出来的内省精神。公司把上述哲学观建立在职业道德和团队之上，说明它对这些“普普通通”的问题非常重视。

在哲学观的第一部分，英特尔提出了基本的技术和经营目标（见附录 A）。它必须不断地努力让这两个目标保持微妙的平衡。由于人们无法预测新的项目最终是否会创造出利润，因此只考虑利润是不够的。这样，企业必须重视发明和在技术上保持优势。另一方面，科学家们不能忘记利润和按计划完成任务的重要性，因此公司也必须强调这些目标。这份手册非常清楚地强调这两方面是同样重要的。

英特尔关于“管理风格”的部分是其每天解决问题的实践结果，而任何公司以前从未遇到过这些问题。要应对每一种新情况，每一个人都必须具有开诚布公的态度。开诚布公意味着经理们必须深入地了解彼此的情况，以便找出需要纠正的问题。英特尔不生产标准的产品，产品不具有众所周知的特性和大家普遍知晓的困难。在开拓技术前沿的过程中，英特尔所在的行业在许多人看来会在 10 ～ 20 年内成为美国规模最大的行业。没有人知道他们可能会遇到什么样的难题，而且在解决已经确定的问题的过程中，人们没有现成的公式可循。因此，所有雇员必须经常开诚布公地面对监督检查，而这种监督检查的目的是广泛地查找可能出现的未知问题和机会。

英特尔的哲学观手册详细说明了管理方式的具体内容，内容之多大大超过了其他公司可能需要说明的内容。在高速发展和技术变革面前，这些参考资料在保持企业文化的过程中成为培训和发展的指南。

最近，英特尔已经开始系统化地让他们的企业文化向下辐射，使得生产人员能够了解企业的文化。参与式决策制度和集体负责制有助于在生产车间里建立质量控制体系。通过雇员奖金分配计划实现的利润共享制度是许多正在发生的变革之一。这些变革需要在整个公司中保持连贯性。而在这个原则的指导下，这些变革反映出人们对哲学观的认识，同时，在这种认识的激励下，企业才取得了这些发展成就。

在英特尔公司，人们对组织哲学观具有强烈的认同感。专业人员和经理们具有使命感和紧迫感。他们认为他们共同参与的是电子产品的开发，这是最重要的尖端技术之一。他们的努力肯定会改变我们的社会，而这种变革可以与工业革命的作用相媲美。人们已经认识到他们的目标是相同的，而且渴望合作，因此企业的哲学观旨在帮助人们了解被他们用来实现目标的手段。由于各个地方和公司的技术产品的发展非常迅速，而且存在巨大的差异，因此这种认识上的集体性是不能顺其自然的。因此，英特尔明确地提出了管理原则。这种方法取代了由生产标准、预算和目标组成的、复杂的和官僚化的制度本来应该配备的控制手段。虽然这些官僚化的机制在英特尔的确存在，但是每一个人都知道瞬息万变的形势会让10个月前拟订的预算失去任何价值，或者使得标准的生产工艺不适用于任何人此前从未制造过的产品。每一个人不再采用这些官僚化的手段，他们反而以大家已经认同的、有关基本宗旨和方法的手册作为领导和控制的参考。因此，雇员们不需要疲于应付陈旧和毫无意义的规章制度和标准。他们反而可以做更有意义的事情，而引导他们的是一种有关这种共识的规定。在这种环境中工作的每一个人，在取得进步、创造出一番成就和作为团队的一部分在一起工作的同时也收获了快乐。哲学观手册在维持这种积极的氛围上发挥了非常大的作用。

有关企业哲学观的结论

哲学观提出了一个集体的雇员通过自己的努力而形成的目标和惯例。随着时间的推移，这种哲学观促使人们逐渐形成许多比较次要的惯例和行为方式，而这些惯例和行为方式发展成为企业的文化。在刚刚起步的公司的发展初期，无论创始人是否承认，他的价值观和倾向几乎必定包含哲学观的各个要素。在企业遭遇和解决问题的过程中，在企业选择或不选择某些方向的过程中，在克服危机的过程中，这些哲学观通过决策展现在人们的眼前。在这个方面，组织哲学观构成了一个人或几个人的道德观念的基础，而他们通过自己的行动使公司初具规模。他们对是非的认识在一个特定的社会和经济环境中体现出明显的特征，在多年以后显而易见地成为企业的文化和哲学观。

本章（附录 A 中介绍得更详细）介绍的每一种哲学观在某些方面都是独一无二的。然而，所有这些哲学观都具有某些相同的要素，所有这些哲学观都反映了一种对公司的基本功能或宗旨的认识，而且所有这些哲学观都强调了为实现这种宗旨而开展合作的必要性。毕竟，组织存在的目的只是帮助个人通过合作实施某种整体化的活动。因此，任何有关组织文化的手册都必须强调实现合作的手段。如果企业哲学观的目的是面向各种各样的企业活动形成具有连贯性的政策，那么它的手册必须详细说明三件事情：① 企业与其社会和经济环境的关系；② 企业的基本目的或目标；③ 被用来实现这些目标的必要手段。只要能共同认识到这些原则，任何一批经理和劳动者都将能够在现代组织生活中推行这种难以捉摸的共识。

第7章

谁取得了成功：一些有关Z型组织的案例

到目前为止，我们知道了 Z 型公司为什么能取得成功，但我们还要知道为什么某些公司能作为 Z 型组织取得成功。换句话说，企业如何利用前几章介绍的步骤？在此，我不只是提供一个答案，而是要简要地介绍四个公司，在它们转变到 Z 型公司的过程中，我曾经助它们一臂之力。它们都是《财富》500 强企业，但它们的身份不便透露。在每一个例子中，我特别关注它们希望实现变革的原因、在转变过程中表现出来的独特性和这种努力的结果，而这些都是我们希望知道的。虽然许多年以来我们采取了各种办法解决工厂的雇员参与决策的问题，如米德纸品（Mead Paper）、TRW 和通用食品（General Foods）等公司，但是这些办法没有扩展到整个公司。改变一个工厂与改变整个公司的文化是完全不同的任务。我们只是最近才在更大的范围内实施这些从 A 到 Z 的文化变革，而且我们几乎找不出几个例子说明哪些变革的措施是成熟的。除了举例说明这四个覆盖面非常广泛的措施外，我还将介绍记录得最全面的、得到公司支持的并在工厂内部实施的通用汽车正在推行的变革措施。当然，这些案例绝不是检验 Z 理论的实用性的科学方法。它们的目的是帮助你了解各种各样的变革措施，并对这个过程有一定的认识。

案例一：变革从上层开始

这个案例涉及的是一个规模比较大的分公司，而这个分公司本身是一个大公司的一部分。它销售经过机器加工的工业品和消费品，并在美国和许多国家设有仓库和分支机构。这个分公司比总公司的其他分公司拥有更大的自主权，而且按照过去的惯例，在运转的过程中可以保持相当大的独立性。这个分公司的主管领导打电话给我。他在总公司中属于初出茅庐的“优秀”雇员，是在六个月前被提拔到这个岗位上来的。他以前在公司中曾经担任过许多职位，但对这个分公司很陌生。

变革的动力

新上任的总经理沿用了前任总经理一年前开始实行的每月一次的高层经理讨论会。这个分公司的八位高层经理每个月开一次这样的讨论会，讨论与改善他们的经营活动有关的主题。他们不会讨论短期的经营问题。这些人在离总部不远的酒店里开会、闲谈，在一起吃饭并谈论更多的话题。慢慢地，他们发现他们的所有管理问题都存在相同的特点。新上任的总经理博览群书，他刚刚读完一篇我为《商业周刊》杂志撰写的文章，并认为 Z 理论提出的方法抓住了他们讨论的本质。新上任的总经理希望提升公司内部的协作能力，并提高已经非常高的利润率。他们不需要解决具体的问题，没有特别紧急的事要做，但他们普遍地感觉到，如果有一种系统化的组织和管理方式，他们会做得更好。

行动

我们首先与高层讨论一系列问题，在这个过程中，我们全面地探讨 Z 理论。在讨论了这些问题后，他们就他们的管理哲学草拟了一份手册，其中的重点是“以相互信任和尊重为基础，开诚布公地交流和在决策的过程中重视雇员的参与”。我感觉到这位总经理在解决难题的过程中心情非常愉快，而他认为以手册的形式提出具有连贯性的哲学观是一个需要发挥智力和运用分析能力的难题。其他经理们在参与的过程中表现出合作的精神，但积极性没有那么高。因此，这项工作显而易见地要依靠新上任总经理的支持。

下一步是策划一个为期五天的研讨会，向本公司的所有经理介绍这些想法。在研讨会上，大家要讨论 Z 理论、全面地研究组织理论和了解雇员参与决策的概念和准则。这个研讨会是这个分公司有史以来第一次组织这样的活动，引起了许多人的兴趣。该分公司的经营风格历来都是极端的 A 型。负责仓库的经理知道总部每周都会打电话询问，在按周提交的营业报告的第 4 页上，索引号为 23 的产品为什么减少了。班组长要应付在设计和安装过程中没有要求他们参与的、以控制他们的工作流程为目的的新型计算机系统，而他们对此已经习以为常。每一个人都认为他们的企业面临着竞争，而且企业是非常复杂的，因此要求采取严格的、集权式的和令人反感的控制手段。但只有新上任的总经理除外，而且后者总是问："我们为什么这样做？""这样做有意义吗？""我们为什么不应该改变这种方法呢？"他系统化地处理每一个问题，寻找最明智的解决方案，然后开始艰难地说服各级官僚，克服各种各样的传统，从而使得人们形成普遍的共识。

在首次召开研讨会时，经理们听到了各种流言蜚语。他们认为在这个为期五天的研讨会期间，一项新的计划会"被填到我们的脑子里"。第一次研讨会的气氛充满了敌对情绪。其中一位中层经理直截了当地问为什么我们认为这项新计划是有效的，为什么我们必须强迫他们接受它。在研讨会结束时，人们的态度发生了转变。分公司的高层经理们不仅出席研讨会，而且还参与宣传研讨会。他们有史以来第一次对分支机构的总经理表示了尊重，甚至表达了敬意。这个消息再一次不胫而走，以至于全美国的分支机构的经理们在下个星期五前分别听别人讲这个故事讲了两三遍。这个研讨会重复举办了 8 次，所有经理都对同样的想法有所了解，这样他们可以彼此之间讨论这些新的想法。在此时，企业没有要求现场经理们承担变革的责任，而只是希望他们考虑一些新的想法。

在我第一次与最上层的管理集团交流后，这种研讨会大约历经 18 个月后圆满落幕。在这期间，这个分公司开始实施职业流动制度，尤其是把计算机专家调到生产现场，把生产现场的人调到中央计算机控制部门。这是因为在这个例子中，计算机信息系统不仅规模庞大，而且对于分公司的成功发挥着重要作用。为了教经理们如何有效地、面对面地把绩效反馈信息传递给其下级，他们投入了非常大的精力，组织了一个为期两天的研讨会。在参加了这个研讨会后，每一个经理都开始评估下级的绩效，然后，雇员在提供反馈信息时在不署名的调查表上就经理的能力给他们评分。分公司雇用外部的公司设计和执行与工作生活的质量有关的调查，并系统化地让所有雇员都接受这种调查。他们开始与工会的领导讨论这方面的问题。他们成立了评估升职候选人的委员会，并放弃了由老板一个人独自决定提拔什么人的传统方式。他们一改原有做法，即每隔 8 ～ 14 个月把年轻的“优秀”雇员调往新的工作岗位，而是扩大调动的范围，让在一个职位上工作了大约三年的经理有机会调动工作。他们逐步提出了透明化的程序，以便预测每一个工厂的工作量，并向没有得到充分利用的工厂转移工作量，从而避免让雇员下岗。

在两年内，整个分公司的经理们都按照 Z 理论实施了自己的计划，在本部门和仓库中实施了改革，并试着采用了新的管理方式。个别经理不支持变革；有些人仍旧保持怀疑；有几位经理对新的方法表示赞成，但继续按老方法做事。没有人被解雇或被迫离开公司。然而在第二年的年年底，变革总的来说已经被人们广泛地接受。这时，我已经不把主要精力放在这里，而此后的两年内，变革的影响范围继续扩大。

效果

在经营效果上，这个分公司的质量、可靠性和交货时间等主要评测指标在变革前是 88% ～ 90%；在实施了两年的改进措施后，同样的这些指标是 96% ～ 98%。在变革前，这个分公司每年向总公司贡献大约 1 500 万美元的利润；在实施变革三年后，在销售量不变的情况下，它的利润达到了 6 000 万美元。

然而，甚至在他们看到这些数字前，改进组织方式的措施就已收到了成效。高层经理们在工作中开始体现出更多的合作精神。他们彼此之间不再存有戒心，相反，他们表现得开诚布公且相处和谐。大家都知道谁遭遇了挫折，谁有远大的目标。最后，他们让计算机程序员抽出有限和宝贵的时间帮助对方，而不是像以前那样假装没有时间，这样的行为甚至让他们自己也感到意外。以前整天阴沉着脸、防止老板受到别人打扰和竞争的秘书们开始露出笑容。新的规章制度鼓励秘书们在老板出差时去学点她们感兴趣的东西，而不只是无所事事地坐在桌子前接接电话。雇员流动率大幅降低了，旷工的现象减少了。组织充满了活力，更加欣欣向荣。

案例二：传播文化

某个高科技公司的总裁邀请我担任顾问。事实上，当他第一次给我打电话时，他刚刚被提拔到这个岗位上来，尽管这种职位上的变更还没有被公开宣布。他是公司的资深雇员和首批雇员之一，他负责科研工作，精力充沛，而且对自己的分析能力充满信心。公司本身的发展速度和盈利能力高于平均水平，而且人们对高层管理团队的能力有极高的评价。在许多方面，公司在业内被公认为无可争辩的领袖。

变革的动力

总裁曾经与许多学者和顾问交谈过，而且涉猎广泛，他得出这样一个结论，即公司需要确定自己的基本管理哲学。公司的确取得了巨大的成功。然而，这种快速的发展带来了大批经理，而他们几乎谁也不认识谁。在这种快速发展的情况下，大家都没有时间明明白白地提出必要的计划和探讨必不可少的问题。总裁认为公司过去取得的成功得益于一个由经理组成的核心集体，他们都有相同的特点，即对企业有共同的认识、彼此都具有长期的奉献精神、都拥有被他称为共同的管理文化的东西。公司引以为荣的不仅是它的技术，还有它值得信赖，能够按时生产和提供产品。在过去一年中，公司因两次延误了向重要客户交货的时间而陷入尴尬的境地。问题的根源似乎与人们在文化上存在的误会分不开。

行动

在我们的首次会议上，总裁凭借旺盛的精力、积极进取的干劲和敏捷的思维让我累趴下了。后来的情况发展到所有其他人都同样被累趴下了的地步，其中有些人再没有缓过劲来。我们一致同意采取全面面谈的方法。在这个过程中，我深入地与公司的所有高层经理和几位工程师交谈。通过面谈，我了解了他们目前的企业文化。

这个公司完全不同于上一个案例中介绍的公司。其雇员往往都很年轻，拥有硕士或博士学位，他们表现得非常坦率，以至于对于每一种观点和主张都要徒劳无益地据理力争。在气氛上，公司处于兴奋的状态，富有发现精神，充满了朝气蓬勃的人才。他们通过辛勤的工作，开拓一个又一个新的领域和创造出一个崭新的行业。这位总裁曾经和这群人一样充满了活力，但后来他的这种情绪开始消退，他开始从更长远的角度考虑问题，而且他思索的是组织，而不是产品和技术。他发现他一方面需要想方设法地、谨慎地协调这些人的行动，否则如果他们跑得太快了，又没有统一的方向，就有可能彼此撞在一起；另一方面又需要保护他们的活力和积极性，需要的解决方案不能让他们感到束缚，不能给他们戴上官僚式的紧箍咒，如果出现了这种情况，他们就会失去活力，许多才华出众的人就会远走高飞。

拥有管理哲学手册照例是第一步。在对待这项任务的过程中，公司的管理集体体现出非凡的智慧并运用了抽象思维能力，他们更喜欢讨论经济学和社会学的基本理论，而这些理论是哲学观的基础。在提出他们自己的一套概念的过程中，他们从中获得了极大的乐趣，而且他们的确形成了他们自己的组织理论。通过这种方式，他们抽象地认识到在他们当前的情况下，提出一套清清楚楚和始终如一的哲学观为什么应该能够发挥有效的作用。

这个公司发展得非常快，因此没有人担心下一次能不能升职或加薪。大家都知道，如果公司的业务持续蒸蒸日上，那么奖金对于他们来说是唾手可得的。他们关心的主要问题是在行动上做到充分协调一致，以便应对快速的发展势头。第一次会议为期三天，其间我们讨论 Z 理论的概念和介绍面谈的结果，然后是所有高管分组开会。在我第一次拜访该公司后，他们在 8 个月内就哲学观手册达成了一致意见，主管们忙碌着向整个公司的经理、工程师和生产工人介绍这些观点，供他们分组讨论。

经理们在工作上完全是独立的。有些经理在整个工厂内制定了新的奖金制度，奖励有杰出表现的生产工人；有些经理开始在他们的工厂里实施完整的质量控制体系，而在工厂工作的雇员们在工作时间讨论生产问题并向他们的上级提供意见和建议。他们重新评估了他们目前正在推行的一项以实施计件工资制为目的的重大计划，由于它可能会影响合作态度，他们放弃了这个计划。由高管们组成的核心集体需要利用他们非凡的智慧和分析能力认识组织和提出管理理论，但他们谁都没有管理复杂的大企业的经验，而这可能是最重要的一步。他们能够在分析的框架内使用共同的语言讨论组织的问题，就像他们用他们都掌握的科学语言讨论技术问题一样。经理们可以与同时负责科研工作的创始人讨论组织问题，而创始人也会参加研讨会。有些人对更直观的管理方式感兴趣，而这些人需要一种明明白白的分析方法。

效果

在财务数字上，这些措施在效果上没有改变公司的发展势头、盈利能力或在技术和可靠性上的声誉。该公司继续在所有这些方面在业内保持领先地位。在屈指可数的几个大有希望的新公司中，它是能挤入《财富》500 强的企业之一。

在更多地体现出个人特点的方面，变化是巨大的。最大的变化莫过于高管们彼此之间表现得开诚布公。他们可能最后要靠自己的力量解决组织问题，但如果没有开诚布公的精神，他们就不可能这么快或这么有效地解决问题。面谈和反馈对企业文化的印象等措施，使得许多令人尴尬的失误、争议和个人怪癖暴露在人们的眼前。这些人无法系统化地思考个人的行为，因此在处理个人行为时感到不知所措。然而，他们在这个框架内认识到了信任的重要性。副总裁能够对总裁说："你可能没有意识到，但你那积极进取的管理风格让我感到你不相信我的判断力，我有这样的感觉，即你认为除非我知道你要检查我的工作，否则我就会在工作中表现得漫不经心，因此你坚持要我每周汇报两次工作。我希望你最好停止这样做。"这种情绪原本反映的是"管理手段

的问题和失望的情感”，现在演变为值得我们讨论和采取行动的组织现象。

案例三：接班人的问题

在这第三个案例中，向 Z 理论过渡的计划只是一个规模比较大的项目中的一小部分。我们主要讨论首席执行官在帮助公司做好他退休的准备时遇到的问题。大多数组织在某些时候都会遇到这个问题。该公司是一个服务公司，而不是制造公司，经营活动遍及美国，在某些其他国家也有它的足迹。在经历了某些挫折后，它成为业内的领袖，享有盛誉。

变革的动力

在五年内，我在工作中接触了许多在这个公司担任不同职务的高管。我与董事长形成了相互信任和尊重的关系。该公司曾经长期在业内居于领先地位，后来遭遇了一系列挫折，许多精明能干的经理因此离开了公司，利润一落千丈。公司急于找到解决问题的办法，从经理中挑选了一个相对没有经验的经理担任总裁，后来让他担任董事长和首席执行官。在担任领导期间，他实施了全面的改革措施，使得公司完全恢复了活力、盈利能力和发展能力。因此，董事长在公司内部享有一定的个人权威，而这种权威是非常罕见的。过去 10 年中，在他的领导下，普普通通的经理都能让收入翻两番，而且在工作中多了一些激情和成就感。几乎没有人能够挑战董事长的判断力和领导力。

董事长知道他即将在几年内退休，并开始制订相应的计划。他意识到公司是在他的领导下取得成功的，因此他希望挑选另一个同样强有力的人继承他的衣钵。然而在一个由杰出领导统帅的公司中，明显适合这个岗位的候选人实属凤毛麟角。在全体经理参加的一次公司会议上，我思考了在我的关注下形成的企业性格。我比较了该公司与 Z 型组织的特性，指出他们在某些重要的方面存在差距。第二天上午，董事长邀请我在下次去他们公司时与他共进午餐，以便进一步探讨我提出的某些一般性的意见。

行动

在我与董事长交谈后，我查阅了我记录的大量资料。通过分析，我得出一个显而易见的结论：在最初的发展阶段，该公司明显与 Z 型组织非常接近。后来，高层开始强调短期目标，在经历这样一个破坏性的阶段后，公司陷入低谷。最近，该公司一直在努力重新找回它的 Z 型组织特征。它的生存靠的是经过广泛和全面讨论的管理哲学手册。一个方案是不再强调个人奖金的数额，促使人们从长远的角度考虑问题。如果有些规模较小的业务部门与公司的基本文化相互冲突，公司会选择把它们卖掉。由于主要的经理经常在各个分公司之间轮换工作岗位，因此他们促进了公司的整体化和实施许多其他改进措施。简而言之，高层经理们现在能够在工作中平等合作。我提出，他们不需要一个强有力的领导。我指出如果具有适当能力的领导能得到高层经理们组成的领导班子的支持，而这些经理们一致地认同集体利益，那么他是可以取得成功的。该公司当然可以不需要首席执行官，因为能够在管理中发挥合作精神的 Z 型公司，不需要一个像该董事长一样的伟大的个人领袖。我指出如果具有适当能力和才干的领导能够得到地位平等的下级的支持，他是可以取得成功的。

我未能完全说服他相信我的观点。根据他的建议，我单独与他的总裁吃了顿饭，以便让其他人了解我的观点。最后，这两个人让我认识到即使完全成为一个整体的 Z 型公司也需要一个强有力的领导。实际上，沉浸在自己的文化中的 Z 型公司会很危险地让自己同变革和外界隔绝。由于强有力的领导与同样强有力的管理团队之间能够保持均衡的态势，因此他们能够比较容易地讨论、辩论和考虑新的发展方向。

这两个领导认为他们的高层管理集体可以相互合作，并且主动从长期和公司的角度考虑问题。我鼓励他们成立一个新的执行委员会，以便允许高层经理们在关键的政策问题上相互合作，并通过更加密切的关系形成彼此信任的格局。董事长和总裁着手实施这些变革，他们直接管理一批具有共同特点的经理。这些经理能够共同制订计划、拥有相同的观点，他们当然也可以一起对董事长和总裁的观点提出质疑。

这种经历比任何其他经历更能让我认识到诚实的重要性。董事长的诚实态度从来就是毋庸置疑的，让我怀疑的却是我自己的诚实态度。搞学术的人很少有机会看到非常抽象的思想转化为现实，要求别人提意见会让他们感到高兴。无论什么存在，我们都会对其提出质疑，我们努力争取变革的目的只是看看变革是否能出现，建议是否被接受，而这种倾向是非常强烈的。这种倾向根本就是不诚实的表现，是以组织的最高利益为代价争取权力和影响力。

首席执行官不同于其他经理，摆在他们面前的选择很少是轻松的选择。一般来说，他们面临的问题既是模糊的，也是非常重要的，以至于理智的人在经过广泛的分析后会提出截然相反的建议。这就是企业要求高管们做出决策的原因。他们首先要学会如何判断提供建议的人的目的和诚实态度。他们能够精确地发现给他们提出建议的人的基本目的和诚实态度。我明显地感到我的分析结果是毋庸置疑的，但是我的意图正在经受仔细的审查。在这种“棒球”联赛中，决策是关系重大的，失误要付出沉重代价。这个地方不适合反复无常或爱发牢骚的人，最重要的是，它不适合自私自利或不诚实的人。

效果

新的管理结构现在已经就位，并开始发挥作用。要知道这种体制是否会在高层形成一个协调的管理集体还为时尚早。初步的迹象表明这种体制能够形成这样的管理集体。高层管理集体的成员更加开诚布公地处理彼此的关系，而且董事长和总裁喜欢这样的变革。我继续与这个公司保持联系，我再一次与董事长一起吃饭的日子似乎越来越近了。

案例四：Z 理论在办公室和工厂中的应用

这个例子包括两个部分，即某个拥有许多工厂的大公司其中的一个工厂和与之有关的办公室。公司是一级一级地、自上而下地开始实施 Z 理论管理法的，最后轮到这个工厂，而且这里描述的情况是在高层开始实施变革后的第三年发生的。

变革的动力

这个工厂是该公司表现最差的工厂之一，长期受到劳资冲突的困扰，旷工率和流动率持续居高不下，而且质量差，生产力低。新任命的厂长来了，他曾经积极地参与总公司实施 Z 理论的工作。他到这个工厂来有明确的目标，即实施 Z 理论，希望工厂的状况有所改观。在他上任前，即将离职的厂长宣布把单班制改为两班制，这样现有的部分雇员和新雇用的雇员不久就需要汇报夜班的工作情况。他宣布的这项措施引发了雇员的公开抗议，而且他们威胁要举行罢工。

行动

在有史以来第一次召开的全体雇员大会上，新上任的厂长首先明明白白和全面地解释了他们面临的形势。他让雇员们看到了现实，指出竞争对手可能蚕食他们的公司。他提到了一份分析客户需求的研究报告，然后强调工厂需要创造出利润，这样才能证明公司应该继续提供就业机会并在将来投入资金。雇员们一向对什么事情都一无所知，没有意识到他们面临的竞争现实。他们不了解公司的等级制度、评测他们绩效的会计系统和管理他们工作流程的信息系统。由于他们只负责完成任务，因此他们对自己的工作效率的评估和改进无能为力。他们没有认识到在一个更大的系统中，他们是不可分割的一部分，他们不了解他们的工作生活的前因后果。

随后，新上任的厂长与他的管理团队静下心来反思，通过培训了解哲学观的基本要素，解释工厂与公司的其他机构的关系，并练习人际沟通能力。他鼓励他们有问题就提，采取开诚布公的态度，信任的关系因此开始形成。对参与的含义迷惑不解的班组长问：他们是否不再需要惩罚在工作中抽大麻或醉醺醺地来上班的工人？如果工厂处于失控状态，如果他们无法完成生产指标和生产计划，谁将承担责任？如果另一位班组长向他们借用两名工人执行一项关键性的任务，而使得他们没有完成自己的指标，那么会发生什么样的情况呢？他们对新上任的厂长说，他根本就坚持不下去。

在班组长们讨论每一个问题时，他们认识到新的管理方式并没有抛弃所有的管理和评测制度，没有让他们失去一切。相反，这意味着维持现有体制不变，并以现有体制为中心确立新的态度、新的管理方式。最后，老方法会成为过时的东西，并可能逐步地被淘汰。需要受到惩罚的工人仍旧会存在。不能努力工作的人会被解雇。参与的意义在于每一个人、每一个工人和经理必须完全地承担起自己的那一份责任。在通过生产优质的产品来满足客户的需求上，所有人都拥有相同的责任。

至于每天分配的生产指标，所有监督员从现在起要与他们的经理构成一个整体，以便制定每个星期要完成的指标。经理们要作为一个整体，在一起审查每一个监督员的总体工作绩效，他们要考虑到监督员为其他部门做的辅助工作。每一名经理需要巡视工厂中的不同监督岗位，努力了解所有职能部门和人员。有些经理会被要求负责办公室的监督工作，以便改进办公室与工厂的协作能力。另外，他们会看到某些他们不信任的、在办公室工作的人到工厂里工作。

至于过渡到轮班制，厂长再一次召集所有雇员开会，在一个充满压力和紧张得没有空闲时间的工作日里抽出宝贵的 20 分钟宣布一系列旨在解决这个问题的讨论主题。显然，任何人都不想在晚上工作，认识到需要满足客户需求的厂长想与工人们一起找到解决的办法。在随后几周召开的会议上，工人们逐渐了解了这个问题，并提出了具有创造性的解决方案。他们没有实施每班八个小时、各班次毫不相连的轮班制，而是推荐实行早班从上午 5 点到下午 1 点、晚班从上午 10 点到晚上 6 点的制度。从上午 10 点到下午 1 点，早晚班会重叠在一起，在这期间增加了一倍的人力，能够发挥非常好的作用，工作计划会得到妥善的安排。这样早晚班都能完成自己的任务，任何人都不会闲着没事干。雇员们更喜欢这个方案，并在实施时表现出极大的热情。

效果

在新任命的厂长到任后的一年内，工厂运转的效率比以前高了，

旷工率和流动率降低了，效率和质量提高了，轮班制实施到位，并发挥了有效的作用。然而，有些经理、班组长或工人不喜欢这种新的方式，而且个别人不予以支持。但组织没有必要十全十美，在职能上有显著的改进即可。

案例五：通用汽车的工厂

在美国的所有公司中，谁也不能像通用汽车那样彻底和认真地处理工厂内部的参与机制问题。该公司取得了一些惊人的成就。在该公司的所有装配厂中，别克总装厂（Buick Final Assembly）是效益最差的。后来在管理中引入了参与机制。两年后，这个装配厂在质量和生产力上在公司内部名列前茅。通用汽车取得的某些成就在文献中记载得非常详细，它们比任何其他例子中介绍的情况更能让我们全面地了解组织发展的过程。

最近几年，通用汽车与美国的整个汽车工业一样遭遇了日本汽车的竞争。尽管通用汽车是美国成本最低的汽车制造企业和世界上最大的汽车生产企业，但是这种竞争还是打击了通用汽车。我可以轻而易举地推测出它是如何陷入困境的，而这种信息不是保密的特殊信息。通用汽车具有 Z 型组织的许多特性。阿尔弗雷德 · P. 斯隆留下了合作、从内部挑选升职人选和管理层开诚布公的传统。然而，随着时间的推移，通用汽车变得越来越孤立，相对地与世隔绝，而某些 Z 型公司也是这样。通用汽车雇用的大部分专业人员和设计人员都来自一个以底特律为中心、半径 100 英里的范围内。直到最近几年，许多人还都是通用汽车研究院的毕业生。该公司后来缩小了研究院的规模，并在更加广泛的地域寻找新的雇员，但是大部分现任经理们都具有同质化背景，而且他们几乎都是公司的终身雇员。

另一个关键原因说明美国的汽车制造企业多年以前为什么没有生产小型车。传统上，汽车业要向高管们支付一大笔奖金。5 年以前，当他们本应决定生产小型车时，汽车制造企业的副总裁的底薪一般是 10 万美元，根据总公司和他所管理的分公司的利润，奖金最高达 30 万美元。有人认为，在企业陷入低迷时，这些高额的奖金可以保护股东的利益。如果公司不能盈利，那么公司就不会发奖金，高管因此与公司是同病相怜。虽然薪酬总额确实高达 40 万美元，但是公司需要用这笔钱避免高层经理跳槽到薪酬更高的公司。问题不在于工资袋的大小，而在于奖金的激励作用。基本薪酬每年都不会发生大的起伏，而奖金完全是以过去一年的收益率为基础。虽然奖金实际上是分几年支付给高管，而不是一次性支付的，但是领取奖金的人仍旧会明显地意识到每年有多少钱是作为奖金分配的。只要美国的消费者希望购买耗油的大型汽车，汽车制造企业就可以投入 1 000 万美元扩大工厂的生产能力，生产更大的汽车，从而最大限度地扩大短期利润。如果公司采取相反的做法，投资开发和测试人们 3 ～ 5 年内可能不会购买的小型车，那么本年度的利润和奖金就泡汤了。因此，许多公司系统化地大力鼓励公司的负责人通过生产大型汽车的方式最大限度地扩大当前的利润。当然，这种短期的利润最大化成为长期亏损的导火索。

尽管存在这种失误，但实际情况是通用汽车保持了 Z 型组织的许多积极特征。更重要的是，该公司让我们，即社会大众，看到了一个在工厂这个级别的组织里成功和富有建设性地实施参与式管理制度的重要典范。我们现在要讨论这最后一个例子。

变革的动力

美国密歇根州安阿伯（Ann Arbor）市是密歇根大学的所在地。它与许多大学中心一样，不仅是师生们的家，而且还是许多企业高管的根据地，相对于乡村俱乐部这样更具有代表性的、属于高管们的孤岛，他们更喜欢在这样的社区里生活。生活在这种社区里的学者与高管通过社会活动和智慧融合在一起。20 世纪 60 年代中期的聚餐会是这种混合体的一个表现形式，参加的人包括社会科学家和汽车制造公司的高管，他们每个月聚在一起品尝美食、发展友谊和讨论具有挑战性的问题。

在参加这种聚餐会的人中，有两个人特别引人注目。

一个是伦西斯·利克特（Rensis Likert），他既是特立独行的社会科学家，又是社会研究院的创始人，同时还是社会科学研究无用论的主要支持者。他认为除非人们把社会科学研究的成果应用于解决企业和社会问题，否则社会科学研究是毫无用处的。利克特提出了典型的企业组织分为四种不同类型的观点，从“第一系统”型组织到与之截然相反的“第四系统”型组织，前者采取的是由上至下的管理方式，其中经理不信任工人，工人不信任经理，而在后者中，经理与工人彼此信任，他们通过参与企业的管理实现了合作。通过多年的专门研究，利克特和他的同事们证明粗暴的行为是不受欢迎的。他的研究表明类似 Z 型组织的、参与式的“第四系统”型公司与专制的“第一系统”型公司相比，前者的利润更高，而且雇员表现出更加健康的情绪。另外，他发现虽然许多企业是“第一系统”型的，但很少有人喜欢这种类型。

另一个是通用汽车的总裁爱德华·N. 科尔（Edward N. Cole）。科尔统帅着世界上最大和最富有的工业企业。他不是向他所领导的几十万名经理和工人发号施令，要求他们努力工作和创造出成绩，而是认识到只有这些人愿意被领导，他才能领导他们。他怀疑传统的有效性，而这个传统就是老板应该负责决策，然后向工人发号施令。他认为由于老板无法掌握每一个工种的所有细节，因此工人自己就应该在这些决策上拥有发言权。摆在他面前的难题一定很像一座大山。在效率上突然迸发出来的巨大力量早已逐渐熄灭，而这股力量曾经使得汽车进入普通的美国百姓家庭，曾经让美国式的生活方式之火越烧越旺，曾经使得汽车行业成为美国经济的中流砥柱。即使工程技术、工厂设计、效率更高的设备继续向前发展，汽车的价格也不再显著降低。但同时，在制造方法上每取得一点额外的进步，生产力提升的幅度也是比较小的。科尔认识到根本性的变革不可避免，美国汽车工业的复兴取决于人们能否更新对人与管理的认识，而管理是一个把人们组织成有机整体的过程。汽车工业的状况是每况愈下，企业与自己的雇员的合作程度处于较低的水平上，雇员出于自我保护的需要成立了强大的工会，而工会采取了与自己的经理敌对和对抗的立场。如果说这些工会愿意努力发展一种合作的关系或这些经理准备信任他们的工人，那就错了，这实际上是极其不可能的。有些高管认为唯一长期的解决方案是在工作场所完全实现自动化，这样他们就可以大大地减少工人的数量。

阿尔弗雷德·P. 斯隆常常被大多数人公认为引领通用汽车迈向成功的人，他留下了许多遗产。其中之一是他认为公司必须做好变革的准备和寻求变革。现在通用汽车的各级经理都接受这种理念。这种为变革做好准备的态度可能在科尔与利克特之间产生了化学反应。科尔用了数月的时间与利克特交流，阅读他的专著，探讨通用汽车打算由从上至下的管理方式改为参与式管理的可能性。如果该公司打算实施这种变革，纪律会消失吗？协作会消失吗？盈利能力会被人遗忘吗？

行动

1980 年 8 月 13 日，管理学会（Academy of Management）的会员，即美国商学院的 2 000 多名教授齐聚底特律，参加一年一度的全国大会。通用汽车组织研究与发展部主任德尔玛·达齐·兰登（Delmar Dutch Landen）博士向这些人发表演讲："参与式管理不是对公司的威胁，它只是共识。当某个厂长告诉我说参与式管理意味着他不得不放弃他拥有的适当的管理特权时，我只想问他，当他的雇员在公司前门附近的警戒线内游行抗议时，他到底有多少管理特权。"

在这个时候，德尔玛·达齐·兰登在公司里管理差不多 30 名雇员，在生产现场管理差不多 400 名雇员，所有这些人都参与了按照利克特和科尔最初设想的方向改造通用汽车的计划。如果工会领导不同意努力与资方发展一种新型的关系，那么改造通用汽车就是不可能的。甚至在今天，可能由于雇员参与管理的管理方式破坏了许多工会领导和经理认定的和经过他们证明的价值观，因此他们还对这种方法心存疑虑。然而，经理和工会领导都承认他们需要变革，这是因为新的组织方法可以使工作更稳定、提升生产力和改善工作条件。

但是，在科尔把兰登介绍给通用汽车前，他请利克特研究一下几个汽车制造厂。既感兴趣又心存疑虑的科尔想验证一下他的利润比较高的工厂事实上是否具有利克特所预言的、参与式的"第四系统"的特点，以及他的利润比较差的工厂是否拥有专制的"第一系统"的特点。虽然通用汽车的高层经理对这些新概念疑虑重重，甚至充满了敌意，但是这些原先获得的调研结果与利克特的预言不谋而合，并增强了通用汽车的高层经理们的兴趣。

1970 年，在科尔与兰登和史蒂夫·富勒（Steve Fuller）会谈期间，他们决定扩充由公司里的几个组织学专家组成的部门，以便进一步研究实施这些概念的可能性。史蒂夫·富勒曾经在哈佛大学商学院担任教授，他在加入通用汽车时担任人事主管。兰登指挥着这个羽翼未丰的部门，他打破常规，聘用了一些前途无量的博士，这些人熟知组织变革与发展的理论和方法。后来，兰登同样打破常规，劝说他领导的年轻雇员抵制住自己专业的诱惑，从而被通用汽车的文化所接受，成为其中的一员。兰登告诉他们说，在被企业的文化接受前，他们不能影响任何人。简而言之，他们代表的是一种格格不入、具有潜在破坏力的观点。由于这些“卖铁家伙的人”对他们的理论体系持有反对意见，因此他们必须证明他们是值得信赖的，即表明他们的目的是提供帮助。

这些雇员继续在公司内部调查研究，以便尽可能全面地确定利克特早些时候得出的研究结果是否在其他工厂站得住脚。在这个过程中，许多经理接触到新的概念，有机会表现出他们的热情或提出疑问，并看到这些方法接受检验。谁也没有要求他们盲目相信努力就会有好结果的观点，并在他们的工厂里实施变革。相反，参与式的管理原则经受了最彻底的考查。

同时，公司的高级官员与美国联合汽车工会（UAW）的领导们形成了新型关系。工会的领导对参与式管理表示怀疑，他们担心如果公司重新赢得了雇员的信任，如果要保护工会会员在将来免受伤害，那么权力被削弱的工会就会无能为力。其他人只是认为管理层有责任做出决策和处理问题，而工会会员只是做自己的工作。最后，工会的领导认识到以前沿袭下来的对抗态度在今后几十年里会显得不合时宜，他们愿意在保留自己的意见的同时，考虑可能实现的新方案。通过讨论这些问题，他们于 1973 年成立了通用汽车联合汽车工会全国委员会，旨在提升工作生活的质量。这个委员会首先侧重于增进工会与管理层的信任关系，通过形成某种密切的社会关系，帮助许多人认识到另一方的处境是非常微妙的。这个委员会显然从未尝试放弃集体谈判制度；具有对抗性质的传统体制下的所有手段仍旧有它们的一席之地，而且仍旧在发挥有效作用。然而同时，这种新的形式开始促使劳资双方形成新的工作关系。

有趣的是，被通用汽车主要认定为属于生产力的问题在该委员会的章程中却有了新的说法，即委员会的目标是提升“工作生活质量”，而不是提高生产力。某个工会领导提醒工会的支持者们注意联合汽车工会的领导是由工会的全体会员选出的，他说：“生产力越高，就越不利于工会继续开展工作。”如果通用汽车追求的高效的生产力事实上与联合汽车工会追求的高质量的工作生活发生根本的冲突，那么他们的努力早就付之东流。他们的努力没有白白付出，证明双方的目标是不冲突的。全体社会大众仍旧可能以为通用汽车的动机基本上是自私自利的；他们可能认为联合汽车工会基本上也是只考虑自己的利益。当然，他们说得没错，这是因为双方关注的只是自己的利益。然而，如果我们认为每一方是自私自利的，我们并不是说他们一定就是目光短浅的或肯定不能把握微妙的事物的。在这个例子中，虽然外界可能仍旧冷嘲热讽，但是在通用汽车和联合汽车工会内部的人们再一次发现双方的长期利益取决于学会彼此信任。

1978 年 4 月 12 日，通用汽车召开了一次不同寻常的会议：工作生活质量经理大会。[1] 虽然有关参与式管理和如何引发变革的研究已经开展了 10 年，但这是人们第一次大规模地向许多经理传达新的发展方向。在开幕式上，通用汽车庞帝亚克（Pontiac）汽车分公司的副总裁兼总经理提到了一个研讨会，在这个研讨会上，他与其他 15 名主管和联合汽车工会的 16 位领导分别就他们曾经知道的最优和最差组织的特点发表个人观点。工会与管理层所说的内容常常是不谋而合的，以下是副总裁的总结发言：

> 最优组织的特点往往是挖掘出人们最大的潜力。要认识到所有这些特点都涉及人与人之间的关系。它们与技术、经济因素或产品无关。它们关注的完全是人的素质——人们如何和为什么在一起和谐地工作……总之，如果组织能够在精神上给人带来挑战，激励个人的成长和发展，完成自己的任务，并象征和代表着合乎伦理和道德的行为的唯一最高标准，而如果所有的人都能成为这样的组织中不可或缺的成员，他们就会全力以赴。这就是我们所说的工作生活的质量，也是我们今天到这里来的原因。

听起来令人感到怀疑？不会的。这种承诺不是一种致力于社会福祉的无私奉献精神，它是以一种坚定不移和经过检验的认识为基础的，即人们认识到工人和经理的目标是一致的，因此双方都会彼此支持，不担心受骗。事实上，当通用汽车在 23 个装配厂研究生产监督员的工作条件，而不是研究工会领导的工会会员时，他们发现“工作生活质量”得分最高的工厂在公司监控的质量指标上、在客户对主要工艺的满意度上得分最高，雇员的抱怨最少（被允许参与管理的监督员明显回过头来，也允许他们的工人参与管理）、旷工率最低，而且在效率上名列前茅。[2]

因此，在通用汽车，首先改变的是最上层。在随后的 12 年里，这

种观点得到了检验和论证，也得到了更多人的理解，首先是高层经理，然后是中层经理。现在，这种观点已经由上至下地影响到工厂的监督员。

抛弃老方法

公司利润与工人利益的对立，自始至终是被通用汽车的各级雇员反复提到和在所有 Z 型公司中反复出现的一个话题。每一个成功实施变革的经理在这方面都有自己的个人哲学观。这种哲学观的主要要素可能是他们要努力处理人性与商业目标之间明显存在的矛盾。无论这是什么样的矛盾，都使得对重视短期绩效的认识普遍习以为常的美国公司的经理们被迫把利润与人对立起来。如果在短期内花钱培训雇员，产量就会减少；如果在短期内对雇员施加不符合实际的压力，产量就会增加。在一个目光短浅的企业中，经理当然是无远虑有近忧的。

然而，当上述这些经理开始仔细地思考他们自己的组织和他们管理人的方法时，他们开始意识到的恰好是人们所要求的：花钱培训雇员，发展长期的工作关系，考虑雇员的社会需要、感情需要和尊严，以及让雇员参与决策。但是，在如何最大限度地增加短期利益上，上述经理所学到的恰恰截然相反。因此，他们面临另一个难题：创造利润（被视为短期绩效）与鼓励雇员提高（长期的）生产力明显是矛盾的。实施这种变革的每一个公司和每一名经理似乎同样都要忍受这种煎熬。成功实施变革的公司和经理可能也会成功地在哲学观上体现出，在一个以营利为目的的企业里无可争议地关心雇员福利的态度。对于不承担这种短期目标的日本经理来说，美国经理面对的这种难题令他们迷惑不解。由于日本人从长远的角度出发考虑雇员的福利与公司的收入，因此他们认为他们之间的关系是与生俱来和互相依存的。

这种长期的观点是缓慢地在通用汽车站稳脚跟的。1978 年，通用汽车的高管们还有更多的内容要汇报：车间的工人参与决策的积极性令人吃惊，而且继续吸引业界、工会、学术界和媒体的广泛关注。他们运用的原则基本上完全取决于通用汽车设在密西西比州布鲁克黑文（Brookhaven）市的新工厂帕卡德分公司（Packard Division）立足的长远立场：

- **信任的关系**。如果没有信任，人与人之间的任何关系都会不可避免地退化为矛盾。如果有信任，一切皆有可能。
- **参与**。决策在基层，这是事实。人们会对他们帮助我们生产出来的产品予以支持。
- **沟通**。人们想尽可能多地了解他们的工作环境，而不是被有意地伤害。否则就会伤害他们的自尊心，损害他们的智力，引发他们的恐惧，而且破坏生产力。
- **更高的期望值**。某个智者曾经说过："目标要定得高，这是因为这样的目标具有激发人们活力的魔力。"自尊心是实现具体挑战性的目标的产物。

这些只是纸上谈兵，仅此而已。这四个基本原则似乎既是人们想要的，同时又与我们对卖钢铁、压榨人的汽车制造企业的普遍感觉格格不入，因此我们不得不对它们本可以表现出的真诚和惊人之举冷嘲热讽。但是，当我们把过时的、一成不变的、有关公司管理方式的假设撇在一边时，另一种解释浮现在我们眼前。这些陈述是从口是心非的管理制度中解放出来，并与如同一个整体的全体人员打成一片的经理们满腔热情、积极地发出的宣言。毕竟经理们与工人、社会学家和部长们一样都是源自相同的、广阔的社会和广博的文化。在追求平等、人性化和满足所有人的利益上，他们拥有相同的基本价值观。在工作了 15 年后，在升到管理岗位后，理想主义的年轻人会发现加尔文主义的观点不会让他们感到宽慰，这是一种令人痛苦的经历。经理们认识到，企业为了实现某些短期目标而故意做出错误的决策，他们对此已经习以为常。经理们发现个别经理在压力下不公平地剥削他的雇员，他们对此也已经习以为常。在这以后，他们与另一批认为发善心与盈利毕竟是相容的目标的经理们融为一体，在道德上必定是非常大的解脱。有这样的经历的人会像孩子一样积极和直率地宣布这种刚发现的真实情况，这几乎在意料之中。

基层的重组

在实际中运用位于布鲁克黑文市的帕卡德分公司的哲学观不是简单的事情。它有效地说明了如何系统化地、几乎没有约束地运用这些原则。

1975 年 8 月，一个没有任何约束的特别工作组召开会议，为布鲁克黑文市的工厂设计一个社会化技术体系。以下摘自特别工作组提交的报告：

> 特别工作组研究了各种管理方式，参观了其他工厂，并分析了人们在各种工作环境中的行为。在这个背景下，工作组提出了基本哲学观，这种哲学观涉及人以及设计管理方式的原则。工作组的工作重点是通过参与机制，提高工作生活的质量和效率。特别工作组用了几百个小时的时间详细地描述设计管理系统的步骤。通过分析，我们能够给我们需要做的任务分组，以便有效地

> 管理全部工作。这些工作是人们能够共同做的工作，是有意义的工作，是需要人们承担责任的工作，是要求团队成员参与的工作。哲学观与团队式的管理结构的结合，有利于我们提出包括以下内容的社会化技术模式：
>
> - 整体哲学观；
> - 团队设计；
> - 团队责任；
> - 选择程序；
> - 薪酬方案；
> - 工厂布局和生产设施设计；
> - 初始规划数据。
>
> 特别工作组完成了自己的任务。采纳全部结果还是部分结果，或是不采纳，取决于公司的管理层。在帕卡德公司，特别工作组只负责提供建议，工厂的管理团队负责决策和实施。

1977 年 1 月，新工厂的管理团队各就各位，决定接受推荐给他们的社会化技术方案，并雇用了第一批按小时领取工资的雇员。这些新雇员都是由密西西比州就业服务局推荐的，都经过了技术和人际沟通能力等方面的双重选拔。所有人都被要求完成 30 个小时的大专培训课程，内容涉及技术、经济和人际关系。该工厂的在编人数为 474 人，其中 42 人按月领取工资。少数民族占 41%，女性占 45%。另外退伍军人有 50 多个人，严重残疾的有 7 个人。他们的年龄在 18 ～ 55 岁，平均年龄为 30 岁。

厂长是这样描述他的组织的：

> 团队是工厂的基本组织单位。它是我们提高工作生活质量和雇员参与管理的基础。团队由 8 ～ 20 人组成。每一个团队负责与其职责有关的所有工作，包括质量控制、模具制作和维护。最初，除了了解要完成的任务外，团队很少参与管理。随着每一个团队的发展壮大，它们的责任更大了。以下是团队目前所做的一些工作，这些工作体现出比较传统的体制所不具有的、需要雇员参与的特点：
>
> - 选择团队的负责人；
> - 在团队内分配任务；
> - 绩效评估和管理；
> - 旷工管理；
> - 工作时间和出勤记录；
> - 内部效率计算；
> - 安排改变零件号码；
> - 预算、预测和控制与工厂有关的账目；
> - 废料控制；
> - 以加薪为目的的岗位知识评估。
>
> 我们认为随着个人和团队提高自己的能力和信心，这份有关雇员参与的管理活动的列表在内容上会越来越丰富。

除了这些组织外，每一个团队选出一名代表参加厂级委员会，这些委员会处理更多人关注的事情。在这些事情中，有一件是制定个人工作能力的评估标准。能力越高，加薪的可能性就越大。厂级工人委员会提供有助于管理层接受的建议。其他事情涉及日常工作安排的变更：

- 不采用考勤钟；

- 车间内没有条条框框；
- 足够的会议室；
- 一个停车场、一个大门和一个餐厅；
- 最大限度地减少代表身份地位的标志；
- 全厂每个季度开一次大会；
- 在工作中与总部定期沟通；
- 在“生产会议”上指导雇员；
- 拥有在需要时开会的自由；
- 希望成为通用汽车的最佳工厂。

厂长在报告中说：“这种气氛与通用汽车的工厂的气氛不同。当然，在我们的最高管理层中，大多数人是在传统环境中成长起来的，他们的工作生活质量现在怎么样呢？去年正式开展的工作生活质量调查表明，他们的工作生活质量非常不错，超过 90%。”

长期推动岗位设计、工作人性化和前几十年的其他改进措施的人，会对上述列表中的许多项目表示认可。在过去几十年中，许多公司采取和运用了雇员简报、交流会议、意见箱和各种具有诱惑力的方法与工具，让雇员有一种受重视的感觉。然而实际上，这些措施通常只给人留下这样的印象：如果没有适当的组织环境，这些装饰物只会成为昙花一现，不会提高生产力。但是，在布鲁克黑文市发生的事情却截然不同。

效果

厂长指出：“在谈论参与制度的同时，我们还必须提到工厂为满足企业的需要而承担的责任。1978 年是样板年，在上半年，即我们投产后的第 8 ～ 13 个月，我们取得了以下可用数字表示的成绩。

- 在分公司内，质量优异，如果以一美元的劳动力成本预算评估质量，我们的成本是最低的。
- 交货可靠性达到 99%，不需要额外支付运输费。
- 在第一个报告期内，我们在安全上是全公司最棒的。
- 加班时间和工资被控制在 2% 以下。
- 临时旷工率是 2.8%。
- 与预算相比较，显著节约经营费用。
- 按照规定的程序提高劳动者水平，占预算的 19%。
- 投资 180 万美元完成多项旨在降低成本的项目。
- 自 1 月以来，劳动效率在 96% 以上。”

1980 年年底，通用汽车正在实施的组织变革计划大约有 160 个，它们与在布鲁克黑文市实施的计划类似。实际上，代表工会的雇员参与了所有这些计划，而且它们的实施离不开联合汽车工会的支持和参与。联合汽车工会目前在变革的前景上所表现出来的开放性，是这些成功实施的变革的关键特点。

结论

参与式管理实际上要求所有工人奉献出更多的东西。没有人要求他们做更多的工作或更加卖力地工作。生产力的提升源于协作能力的增强，而不是源于力量的增大。然而，只有所有雇员心甘情愿地参与分析、规划和决策，他们才能提高协作能力。虽然这些责任取代了其他工作，即雇员开会要占用从事生产的时间，但是在另一个意义上，这些新的职责表示雇员所做的贡献出现了净增长——更大的责任心、在感情上更投入、在智力上更费心。在工作了一天后，雇员毫无疑问地在下班时相对更疲劳，但更充实，而且因工作变得更兴奋。既然要求人们在整体上更多地参与企业的成功事业，企业就必须愿意提供更多的回报，从而公平地实现平衡。在实施斯坎伦计划的公司中，补偿的形式是直接的，公司会支付额外的现金。[3] 在属于 Z 型公司的惠普公司，补偿的形式也是直接的，公司会向所有雇员支付奖金。在通用汽车，联合汽车工会提出不直接支付奖金，他们反而主张："让我们一起努力，让我们的公司更具有竞争力。你不用担心付给我们的钱很多。我们会在谈判桌上得到我们应得的。"

如果把这些例子放在一起考虑，我们就会明显地发现它们在方法上具有多样性的特点，而且还在几个方面非常相似。

首先，在经营管理上享有自主权的人一般都会成为变革的发起人。他可能是新上任的经理，上级和下级默许他在一定的宽限期内拥有广泛的行动自由；或者，他可能是拥有稳固地位的经理，已经赢得了在组织中引入不同观点的权利。

其次，当组织开始实施变革时，它本身一般表现出旺盛的生命力。从 A 到 Z 的过程就相当于一笔将来才能得到回报的投资。陷入严重财务危机的公司一般不拥有可以用于这种长期投资的资源。因此，大多数经历这种转变的公司都是效益可观的公司。在这样的公司中，由于公司的成功，经理们在个人的行为上还倾向于表现得比较稳重。这样的人往往表现出内省的特点，而且更愿意分享权力。

再次，发起变革的领导人通常会看到一些隐约的先兆，让他们意识到现在需要采取措施，以避免将来陷入困境。某个大型电子企业最近着手实施了一项重大的组织变革计划。目前，它的订单堆积如山，利润不菲。但是，通过最近的两次市场调研，他们发现：日本人最新推出的产品不仅价格低廉，而且具有超群的特色和质量。同时，这个日本公司开发的技术还没有被美国公司掌握。虽然日本公司目前在美国市场上的份额不足 1%，但市场调研促使该企业全面地提升生产力和质量。

最后，在这些变革的领导者的道德品质上，我只能用坚定不移来形容让我个人十分感动的东西。他们中的每一个人在对家庭、股东、雇员和客户的责任上都拥有十分深刻和复杂的认识。每一个人对于是非都有清晰的认识。其他负责人可能同样清晰地认识到他们需要变革，但无法得到支持。在从 A 到 Z 的过程中，雇员们感觉到自己所面对的不确定性和个人风险越来越大。人们可能会对希望他们参与管理的要求表现得不适应，最近表现出来的开诚布公的态度可能会引发令人痛苦的批评，而有些人可能会利用平等的关系。在这些危险面前，只有在因拥有足够的个人信誉而被别人所信赖，并且具有诚实和可靠品格的人的领导下，普普通通的雇员才会按照他们指引的方向前进。如果不了解前面的状况，雇员们会依靠在行为举止上充满自信的人为他们指明方向。

其他没有成功地实施 Z 理论的公司会出现什么样的情况呢？当漫长的改造计划以失败而告终时，它打击了企业的士气，从而降低了生产力。在我了解的所有 Z 型公司中，只有一个公司在实施 Z 理论的过程中半途而废。我猜测在那种情况下提出的所有 Z 型管理法只是作为“实验品”被提交给管理层和工人，没有人相信它的命运会与公司联系在一起。就像尝试着实施其他变革计划一样，每一个人都是让它试一试，等待人们证明它是一个错误的选择，然后把它遗忘掉。

我说的是“每一个人”，但是由于变革不是由上层率先引发的，因此在这种情况下，另外一个问题出现了。公司的负责人采取了观望态度，然后放弃了刚开始实施的变革，他们认为这种变革似乎是靠自己的力量就可以实现的。无论谁引发了 Z 理论变革，他们都必须得到上层的支持，否则，失败是不可避免的。

失败的代价是巨大的，但是成功采纳 Z 理论的回报远大于付出的代价。这些成功的 Z 型公司和其他与它们类似的公司是对日本挑战的回应。它们已经认识到日本人提出的真正挑战不是压低我们的价格，不是重新实现我们工厂的自动化，也不是设置贸易壁垒。真正的挑战不是认识到我们是否可以仿效日本的管理艺术；真正的挑战是认识到和承认美国的管理方式是与众不同的，意识到它原封不动地已经存在了 200 年，并在找到最新组织和管理解决方案的过程中发挥我们的聪明才智。

THEORY Z

How American Business Can Meet
the Japanese Challenge

第8章

Z型文化

公司的文化是由传统和气氛构成的。文化不只如此，它代表的是公司的价值观，如进取心、防范心或灵活性，即规定行动、舆论和行为模式的价值观。经理通过以身作则向雇员灌输这种模式，并向下传递给以后一拨又一拨的工人。Z 理论式的文化拥有这样一套独特的价值观，其中包括长期雇佣制、信任和密切的个人关系。这种文化渗透到 Z 型公司的方方面面，其中以人事战略首当其冲，甚至它的产品也靠这些哲学观塑造出来。在它的所有哲学观中，Z 型文化对人，即对劳动者肩负的责任是最重要的。事实上，Z 型文化的人性化要素所产生的影响不只局限于企业的内部。在本章中，我将介绍我曾经仔细研究了三年的某个 Z 型公司，以及我以同样的方式研究过的某个 A 型公司。

Z 理论式的文化认为任何劳动者的生活都是完整的，他们不具有双重性格——一半从上午 9 点到下午 5 点是机器，一半在此前此后的时间里是人。Z 理论提出人性化的工作条件，不仅会提高公司的生产力和利润，而且还会增强雇员的自尊心。每一个人都感到更加无拘无束，从而像“人”一样发挥更大的作用。迄今为止，美国的经理们认为生产力的提升取决于技术，而 Z 理论呼吁人们在公司化的世界里改变他们关注的目标，重视人与人的关系。

有一句古谚语的大意是这样的：干活的意义不仅仅是把活干完。对于工业化国家的许多公民来说，我们的职业规定了我们的主要生活方式。它决定了我们在清醒时如何度过这段时间、我们在世界的哪个地方生活，以及我们有什么样的邻居。我们的职业影响我们的兴趣、娱乐活动和我们会生什么样的病。当然，它也决定了我们在退休后如何消磨时光、拥有什么样的经济状况，以及在哪些方面受到限制。

社会学家埃米尔·涂尔干（Emile Durkheim）指出，在流动的社会

中，在人的一生中唯一可以保持不变的是他所从事的职业——甚至所有其他的东西都发生了变化，职业还是不会变。如果人们完全是在一个组织内部（如同在 Z 型公司中）做工作，那么他们就有希望更加充分地在道德上与覆盖范围更大的社会制度融为一体，以及与自己所处的社区团体团结在一起。然而自相矛盾的是，大多数官僚机构在对待越来越大的流动性上并没有运用 Z 理论，而恰恰是反其道而行之。随着流动性的加大，人们对当前雇主的认识往往是短期的，而且这样的人会变得冷漠无情、不负责任，还通常抱有敌意，甚至好争论。企业如何对待这样的雇员呢？许多公司常常设置专门化和形式化的工作岗位和工作条件，因此变得更加僵化、更加契约化、与雇员更加疏远。官僚化的组织以这样的方式逐渐适应道德沦丧的社会，并防止自己受到这样的社会的影响。这就是管理机构创造的奇迹：它可以拥有成千上万的人，大家相互之间完全就是陌生人，都不打算待很长的时间，而由于这种人员的组合，它能够使人们的行为步调一致，竟然生产出产品来！然而现在，雇员不仅认为他们完全有理由不信任企业，他们还被迫置身于高度混乱的环境中，在道德上完全得不到支持，在社会上和生活中处于孤立的境地。

正是在这样的环境中，Z 型组织取得了成功，主要原因是它们的文化带给了雇员一个稳定的社会环境，其中的雇员能够认清自己所处的地位并获得支持，以便应付和增强他们在生活中扮演的其他角色。尽管某些 Z 型公司在发展的过程中采取了家长式的管理方式，并变得让人难以忍受，什么都要管，但是它们将来不一定会这么做。事实上，传统的社会机构可能没有得到充分的发展，因此它们无法满足我们的个人需要。期望家庭或朋友等把我们联结在一起的主要纽带满足我们的个人需求，可能是不切实际的。

看一看目前对美国居高不下的离婚率的一个解释。在实行一夫一妻制、一人一配偶关系的整个历史中，除了婚姻关系外，每一个男性或女性还乐于与同性别的人发展友谊，随着人生的起起伏伏，他们可以从同性朋友那里获得支持并向他们诉苦。只是在最近几十年，而且主要在西方国家，孤立的生活环境使得年轻夫妇有必要完全满足彼此的需要。这是一个非常不切实际的情况。夫妇双方分别来自芝加哥和亚特兰大，他们现在居住在达拉斯北郊的一栋公寓楼里，这个公寓楼每个月都会有 20% 的住户搬出去。他们没有几个真正的邻居，他们没有加入任何俱乐部或教会，而且附近也没有亲戚或儿时的朋友。每天晚上，他把他的紧张和失望情绪发泄到她的身上，这是因为他不能向其他人倾诉这种情绪；她在工作了一天后同样把她肩负的重担压在他的身上。作为一种社会制度，婚姻从来就不以独自承受这样沉重的负担为目的，而且它也承受不了。要解决不恰当地利用把他们联结在一起的主要纽带的问题，唯一的办法是切断这种纽带，即离婚。这当然会使他们每一个人完全陷入孤立的境地。我们高得惊人的酗酒率、吸毒率、虐待儿童率和自杀率就反映了这种疏远的关系。

人们几乎一成不变地把婚姻的失败归结为夫妇中的某一方存在某种缺陷或他们不相配。然而，两个人完全门当户对，这种情况有多少呢？难道人们能够提供的不是这种关系所要求的稳定婚姻吗？在不同环境下成长起来的伴侣可以给婚姻关系带来更多的温暖、更多的支持，而不只是从中索取温暖和支持。答案在于社会结构，而这种关系就是在社会结构中形成的。

以工业化氏族为基础的 Z 型公司远非社会关系的篡夺者，它们可以成为增强和发展社会关系的积极力量。通过研究 Z 型文化，我们发现在和谐和具有支持作用的工作环境中工作的人们，在维持外部社会

关系上也往往做得比较成功。

有人可能会以为日本人把工作关系和社区关系都放在第一位，他们会患上“线圈过载症”（primary overload）。然而，专门研究家庭结构的社会学家指出，日本的基本家庭单位在工业化国家中是独一无二的。[1]在男性真正地步入职业生涯后，他就丢下他保持的大多数社区关系，几乎完全地融入与他的工作有关的集体。同时，妇女和孩子们彼此之间一般认识了许多年，因此形成了自己的社交圈子。这种社交圈子与男性的社交圈子截然不同。许多妇女带她们的孩子一起去度假，没有丈夫同行。这种情况是司空见惯的。基本家庭单位的这种一分为二的格局，避免了真正出现线圈过载的可能性。这种社会工具对于某些西方人来说可能没有太大的吸引力，但是我们不想急于否定它。有些社会学家指出婚姻成为伙伴关系，是相对较新的发明。在文明社会的历史中，在对婚姻的认识上偏离轨道的是美国人，而不是日本人。

相比之下，由于社会关系和生产力无论在哪个方面都是紧密地联系在一起的：社会和经济代表着一个国家的两个方面，Z 型公司可以让它们保持均衡的状态。如果社会主体无法平稳地运转，那么经济主体就会受到影响。经济组织不单纯是经济的产物，它同时也是社会的产物。工作组织与任何社会体系一样，需要人与人之间保持微妙的协调关系。组织内部的每一个人和每一个集体实际上就像身上的器官一样。如果手与眼的协调机构遭到了破坏，手或眼再怎么努力工作，它们联合在一起所创造出的生产力也无法得到提高。企业不需要经理或工人在工作中更加卖力，相反，他们之间的协调机构必须更加适应这种微妙的关系，而这种关系对于他们联合起来所创造出来的生产力来说是必不可少的。

容纳批评与欢迎开诚布公的场所

在 Z 型公司，每一个分公司和部门每个季度至少开一次会，并且每年要开一次全体大会。在这些年会上，他们要在讨论完主要议题后表演一个小节目。节目的主角是总公司和分公司的高层经理。经过许多年后，他们制定了一些规则，以指导大家如何表演这种滑稽的节目。每一个滑稽的节目都是由一两个人编的，他们一般不是高层经理，他们利用自己的时间提供志愿服务。节目的内容以分公司业务的某些方面为中心，如围绕取得成功的重大事件。参加表演的人事先不会看到剧本。他们告诉我说所有这些的关键是消除最重要、最有权和最成功的人的自负心理。这个主题可能让人感到有点尴尬，但真正具有刺激作用，足以表明任何人都不是高高在上的，都会有清醒的认识，并足以说明所有人最终都是平等的。这些公司的滑稽表演属于隐私，虽然我曾经与大多数经理坦率地谈过这件事，但他们仍旧不愿意让我看到任何这种滑稽的节目。

在某次为期四天的会议上，我在第二天的晚饭后终于盼来了机会。相关的 60 名经理正在轻松地交谈，这时资深经理罗伯特·莱文森（Robert Levinson）走上小舞台。他宣布了晚上的节目，并要求点到谁，谁就向前迈一步参加表演。可能有 15 名经理各拿到了一份剧本，其中清清楚楚地标明他们要扮演的角色。我的名字也在被点名之列。我想没有什么能比得上以参与者和旁观者的身份推动科学向前发展了！

故事的情节涉及新产品的介绍、出现的某些困难，以及某些主要经理在监督这项工作的过程中表现出来的不称职行为。在台词中，有些演员要受到尖锐的批评，而这些演员在公司中最有权，而且级别比较高。每一句尖刻的话都会引来一阵阵笑声和热烈的掌声。演员有许多次威胁着说，如果“大约翰”来解决问题，某某事情就会发生。大约翰显然是指公司的创始人，他就坐在观众中间。随着情节的展开，拉尔夫在组织工作上犯了一个严重的错误。拉尔夫受到了其他演员的猛烈批评和指责，别人告诉他，大约翰发怒了。拉尔夫是台上级别最高的公司管理者。屋子里的所有人（大约翰除外）实际上都受他的领导。另外，他从一开始就支持我研究 Z 型公司，并提供了资助。实际上，是拉尔夫允许我出入公司的，而此前我进入公司的请求曾经三次被公司管理者所拒绝。我显然欠他的东西太多了。

最后，有人宣布大约翰登场了，稍后人们用哄堂大笑和热烈的掌声向我致意。作为屋子里最不重要的人，我可笑地扮演了最重要的角色。他对我的介绍成为滑稽表演的一部分，他的叙述一点也不客气，三次触动了我的神经，每一次都让我感到出乎意料。首先，他提到了我最近在事业上遭遇到的鲜为人知的挫折，我和我的家庭也因此陷入极度的痛苦中；其次，他说了一些有关我在洛杉矶住所的坏话——大概就是按犹太教传统食谱制作抹上烧烤酱汁的玉米煎饼等诸如此类的事情；最后，他直截了当地提到这样一个事实，即虽然我是搞学术的，但我从事的工作是组织咨询服务，他暗示说，我不仅是为了钱而销售我肩负的科学研究责任，而且还是出卖这样的责任。被喧闹和掌声包围的我体验到一种复杂的心情。让我体会最深的是，我在这些人面前变得一览无余。我不是教授、顾问、学者；相反，我是一个人，我渴望什么、担心什么、有什么缺点，别人都看得一清二楚。然而，即使处于一览无余的状态，我也没有感到受到伤害。通过人们的反应，我感到在这间屋子里，人们都想了解、安慰和接受我，即使在我的身上深刻和明显地体现出所有这些缺点。我只能说在体会到了这种心情的时候，我也交流了思想，体会到了罗莎贝斯·莫斯·坎特在乌托邦公社中看到的那种团结精神和整体化态度。

现在轮到我替大约翰解雇我的朋友和支持我的人拉尔夫了。在解雇拉尔夫时，我连珠炮式地批评了他的绩效和能力，每一项内容的核心都是以事实为基础的，但每一项内容都被夸大到明显不符合事实的地步。拉尔夫过去曾经多次参加过这种滑稽表演。这种表演节目显然影响了他的情绪，他感到不快、难堪，并变得十分敏感。尽管只是片刻的工夫，他的痛苦还是明显地在他的脸上反映了出来。虽然这是在演戏，但是这种逢场作戏般的批评不是空穴来风，因此在内心里不会对此满不在乎。每一个表演者都知道他的尴尬处境虽然是短暂的，但不是挥之即去的。由于人们心甘情愿地让自己经受这种考验，因此他们向观众，即一些下级雇员证明他们在本质上是具有人性化特征的，即他们认可平等主义的理想。

最后，大约翰走上台来，让一切恢复原状。他解雇了我，让拉尔夫回到他应该待的位置上，而且为了让这个故事有一个圆满的结局，他展现出了每一个人都希望和想要具备的那种智慧和不偏不倚的立场。在某种程度上，大约翰也曾经受到某些人的指责，但那是很久以前的事情了。在扮演他的角色的过程中，我需要采取某些不切实际的行为，而这些行为作为典型代表，暗示创始人可能在这些方面遭到批评。然而，真正的大约翰在这过程中明显扮演着独一无二和特殊的角色。他，也只有他似乎是超人，具备深谋远虑、公平合理和商业敏锐感等素质。在某一方面，真正的大约翰是公司基本哲学观的代表，是被所有经理奉为行动指南的价值观和理念的化身。屋里的所有人都知道大约翰是一个非常富有的人，他的公司是全世界的富人和权贵趋之若鹜的地方。

他只需要走进屋里，人们就能感觉到他的影响力。他可以抽时间与这些经理们坐在一起，倾听他已经听过多少次的计划和问题，让他们同他一起讨论他选择的许多方案，单单这种行为就显而易见地告诉他们，他和公司对他们非常重视。另外，他的到场明显让他们意识到，他们自己与级别比他们低很多的下级之间的合作行为具有类似的意义。在 Z 型公司，任何人都免不了受到批评。

在节目结束后，大家开始一起唱歌。一位最近退休、众所周知、深受大家爱戴的资深经理在晚上加入合唱的行列。他坐在台上，弹着吉他唱了两三首歌。然后他邀请一名外籍经理上台，唱一首本国歌曲。他们显然是业余歌手，唱歌时普遍感到很尴尬，但大家都非常兴奋地对他们表示认可，喝彩声此起彼伏。当我这个代表洛杉矶这个“异邦”的人被邀请上台时，大家以热烈的掌声欢迎我，在表演节目中所扮演的角色给我带来的所有挥之不去的伤痛因此一扫而光。坐在我旁边的是一位年轻的经理，以前从没有参加过这样的会议的他惊讶地看着我。我问他为什么有这样的反应，他只是惊讶地摇摇头。他多次听别人说 Z 型公司的独特性，他意识到它们具有不同的管理方式，但这样的经历超乎他的想象。我只能说它是一种非宗教化的团体，即人们聚集在一起，体现出团结精神，从而使每一个成员能够清楚地意识到大家致力于在行动上表现出整体性和合作精神。[2]

晚上的活动传达出人们彼此信任的气氛。编写剧本的人在编写的过程中，他的同事或上级完全没有介入。在大多数公司中，设计滑稽节目或智力表演的人可能是中层经理或职员，但可以肯定的是，这种节目至少要经过上级领导的粗略审核，而且可能需要得到他们的明确批准。我不相信大多数公司居然能够容忍拿高管开玩笑，同时高级经理们又没有事先审核准确措辞的滑稽节目。在 Z 型公司，高级管理层相信中层管理人员能够完成这种敏感的任务，因此他们自然而然地同样相信中层管理人员能够做好日常业务决策，不需要总部采取控制和监督措施。同时，如果有机会，多少中层经理会决定编写这样的剧本呢？多少人会相信他们的上级能够接受尖锐的批评和玩笑，同时又不会在将来实施某种报复计划呢？在 Z 型公司，这种滑稽的节目已经演了 20 多年。

这个表演节目的主题是，主要经理的绩效差，后来因此被解雇了。事实上，这是 Z 型公司拒绝的有害倾向，而且任何重视短期绩效（如我在节目中的表演）的经理都会被解雇（就像高管最后解雇我那样）。而这正是这种表演节目的寓意。节目在编排上的微妙性必须予以肯定。在情节上，这个节目不是以最近刚上任的经理都能马上熟悉的例子为基础，反而利用微妙的主题，使得刚进入公司的雇员能够清晰地认识到他们需要经过一段时间才能完全融入这个集体。故事的情节也是一种警告：在这个 Z 型公司里，强烈的自我意识或过度的敏感性都是没有生存空间的。通过滑稽的节目和玩笑，强烈的自我意识在开诚布公和幽默的气氛中“砰的一下被炸得四分五裂”。

在这个晚上，大家明显感到彼此的关系非常密切，而这种感觉似乎取决于这些经理保持的相互信任关系。密切的关系需要我们愿意向其他人暴露自己的缺点，或者更确切地说，需要我们自愿地展现自己的方方面面，这样其他人就可以从中发现我们的缺点。这个晚上说明我们不可避免地存在会被别人发现的缺点，但是，尽管存在这些缺点，每一个人仍都被其他人所接受。由于人们认识到他们什么也不需要隐藏，因此他们完全感到解脱，表现出开诚布公的态度，而且由于贡献与错误一样，肯定会被人们看到，因此每一个人都愿意努力地工作。在某种程度上，Z 型文化就是这样发挥作用的。

信任、友谊和合作

Z 型人的合作方式无疑是独特的。密切的关系和信任是企业内部和外部文化的基础。一位经理告诉我说："在 Z 型公司里，我与某些人是非常要好的朋友，但是纯联谊性的聚会不是很多。公司不具备很多与配偶和朋友联谊的职能，我们也就是每隔两周举办一次聚会，邀请 Z 型公司的人去参加。这更多是走走过场，不是深厚的友谊。公司的联谊职能似乎是一种传统。我妻子喜欢 Z 型人，而且由于我们待在一起的时间比较长，因此她认为我与他们之间的社会关系是非常快乐的。另一方面，我们的创始人说'Z 型公司的优点是他们有机会与朋友一起实现自己的目标'。在边吃边谈的业务会议上，我们明显珍惜彼此的友谊。这就是整个公司的特点。我们有 20 ～ 30 名经理会在海边租几间房子，每年两次在一起讨论公司的计划。这样，你就可以与同你在一起工作的人发展个人关系。要这样做，你需要一种非正式的环境，与某些人共进午餐、打排球、在海滩上溜达，然后再开会，然后喝鸡尾酒、吃晚饭、打牌、开玩笑、胡说八道、无所事事。你加强了人与人的关系，并学会了信任对方。你以一种近得不能再近的方式对他们有所了解。"

另一位经理同意他的话，他说："在 Z 型公司，最恶劣的行为是没有信誉。我曾经因为这种耍花招的行为解雇了两个人。你会发现，人们不太能容忍耍花招的行为。防止你有这种行为的压力是非常巨大的。监督员企图靠责备其他人、耍手段或拒绝提供支持，使得其他小组无法取得成功，自己的小组显得非常成功，这些绝对是最恶劣的过失。"我问他这个理想如何从企业经营的意义上发挥有效的作用。他说："这里存在的信任使得决策的实施变得更加容易，这是因为其他人往往接受这样一个想法，即决策的理由可能是正确的，即使他们有可能看不到它。很少受到质疑的是一个人的动机，而不是理论基础。”

他继续说：“我自己就是一个非常矛盾的人。我扮演的是恶人的角色，如果这样不能推翻某一观点，我就接受它。各种各样的个人工作方式在这里施加着影响。这不意味着我缺乏对问题的不同看法。如果你善意地处理问题，你们迟早都会彼此了解，并解决问题。首先了解分歧产生的原因。在这个公司中，人们很少能达成折中方案，并最终在立场上取得一致。日本人的管理方式引发了我的兴趣。Z 型管理方式走入了极端，但与我们的组织惊人的相似。例如，我们通常采取集体决策制。如果没有明显的解决方案，我们认为，‘他肯定知道一些我不知道的东西，否则我们不会还有不同意见’。幸运的是，人们在这个公司没有太多的挫折感。”

除了日常决策以外，信任标志着公司取得了长期的成功。例如，人们必须参与拓宽职业发展道路的计划，接受这方面的要求。Z 型公司的某位经理解释说：“高层的每一个人一开始都做的是技术工作。在各个职能部门之间流动的措施实施了，但不是通过某种自觉的计划。公司有意识地让年轻人在短期内体验不同领域的工作，如工程设计人员到生产部门去。但是，一旦他进一步深入下去，这样做就非常可惜。如果他有能力当好实验室的部门经理，那么把他调到生产部门，拓宽他的职业发展道路，对于他来说是非常可惜的。调到其他领域是由决策的方式决定的。你可以了解其他人的工作，但不需要钻研它。在这方面，信任是非常重要的。某某部门在工作上没有秘密，没有神秘的规矩。这是因为我们的氛围是开诚布公的。人们必须了解其他人，并让其他人了解自己。因此，有经验的人要在这儿取得成功是很困难的。同样，如果他们曾经在其他地方工作过，他们往往就会具有一点控制欲。”

在 Z 型文化中，信任是一种合作的方式——一种沟通的方式，即让人们意识到他们是非常重要的，是人，不是零部件。在我看来，信任是平等主义的另一个方面。另一位经理对我说：“在 Z 型公司，我们都为相同的目标而奋斗。我们试图在海外也坚持奉行这样的哲学观。我们在国内发展，而且发展得非常缓慢。一开始，我们的规模非常小，没有取得非常大的成就。我们花了许多时间，让新人融入 Z 型公司的哲学观。我知道这听起来像陈词滥调，但是我认为我在这里讲的东西是我们中的大多数人所信仰的基础。我们的哲学观是独特的。例如，在马来西亚的槟城，在制造业陷入低潮时，我们不会让雇员下岗。我们认为雇员是我们最重要的资源。因此，我们雇用的劳动力在数量上是过剩的，而且经常需要支付巨额费用。在马来西亚，我们的离职率是 4% ～ 5%，而那里其他公司的离职率是 20% ～ 30%。

“由于我们是合作的关系，因此在 Z 型公司工作非常开心。我们都为共同的目标和目的而奋斗。我经常听别人说 Z 型公司的雇员似乎总是快快乐乐的，而且认为工作是一种享受。对于听到这些话的人来说，这似乎太美好了，让人不敢相信这是真的。许多其他公司的雇员似乎是一边工作，一边发牢骚和哭哭啼啼。你要认识到如果你喜欢你所做的事情，你就有可能把工作做好，这就是 Z 型公司哲学观的基础。这是互补的。高绩效和高工作满意度是形影不离的。这些观点是相容的。”

成为一个团队

在不从事管理工作的雇员中，这种人与人之间的工作关系也会有助于 Z 型公司取得成功，使之成为人性化的社会体系和经济效益的创造者。由于我们的Z型公司高度重视合作，因此即使Z型公司很少明确地提出建设团队的要求，公司内部也会有许多具有强大凝聚力、拥有一半自主权的工作集体，而且它的这个特点不值得我们大惊小怪。相反，它首先创造出一种有助于增进人与人之间的微妙和密切关系的文化，而且这些条件是对具有强大凝聚力的工作集体的鼓励。如果人们对相互依赖习以为常，长期致力于发展他们的工作关系，而且合作得非常好，他们就会构成具有凝聚力的集体，并且自然而然地更加擅长解决他们必须面对的问题。在拥有统一的价值观的工业化民族中，任何个人拥有什么样的自主权，这些集体也同样拥有这样的自主权，而这种工业化民族比官僚化的组织要多得多。人们确实可以在工业化民族中找到许多“多余”的集体，即人们完全因为保持这种关系会给他们带来快乐而组成的集体，成员个人可以通过集体表现出彼此协调的能力。

在大多数充满浓郁文化氛围的组织中，如果要成为集体的成员，人们就会认为限制了自己的行动自由，而且如果需要做出取舍，人们就会认为丧失了个人自由和独立的态度。在美国社会学学会最近召开的一次会议上，一位来自加利福尼亚大学的年轻人类学家表达了相反的观点。她全面地研究了非洲某些靠舌头的动作传递信息的宗教民族的行为。每一个民族都有一种高度程式化的仪式，这种仪式规定了每一个人的角色。人们按照一系列规定好的步骤执行这种宗教仪式，而这种步骤没有随着岁月的更迭而发生变化，而且参与这种仪式的每一个人的动作和参与的程度都是有章可循的。美国的社会学家长期以来一直认为这种高度模式化的参与宗教活动的形式无法让人们从感情上融入到这种活动中，而且由于它处处做出严格的限制，因此个人就没有多少余地认识这种活动的真正意义。事实上，这个研究项目通过让人感到惊讶不已的录像带，清楚地说明参与活动的人们在仪式中表现得非常投入，常常会在特定的时间陷入忘我的状态和靠舌头的动作传递信息。尽管它是高度模式化的，而且使得个人没有自己品味的余地，但是，这种参与宗教活动的方式毫无疑问地被所有人深刻地体会到。我们可以这样解释这个不同寻常的研究项目：宗教感受需要人们以深刻、复杂和微妙的方式表达自己的思想和感觉，因此人们常常无法用文字有效地传达这种思想和感觉。即使在有了文字后，由于公开地表达亲密的感情通常让人感到非常尴尬，因此人们要避免出现这种行为。通过参与仪式化的宗教活动，人们就不会在个人行为上表现得笨手笨脚。这种正式的形式象征性地体现出无法用文字表达的思想和情绪。这种仪式非但不会限制个性，反而允许人们充分地表达最深层次的情绪。

Z 型组织一般没有靠舌头传递信息的经理。我们有时似乎很难了解他们，然而，他们的确具有共同的表达方式，而这种表达方式根植于他们所拥有的基本的凝聚力。这样的集体的形成完全可能是组织健康发展的结果，而不是前提条件。

走动式管理

经理和由雇员组成的团队之间的合作，是通过“走动式管理”（management by walking around，MBWA）体系实现的。Z 型组织的一位经理说：“我们通常把高层经理的办公桌搬到问题集中发生的地方，这样他就正好置身于冲突的中心。在大约为期 5 天、例行公事般的适应期内，新雇员了解了 Z 型公司的目标，但是他们需要在工作中真正地认识公司的运转方式和哲学观。有时，新人不能马上适应，但我们向他们指明了正确的方向。有时，市场营销和销售部门的人会在销售会议上吵起来。例如，某个分公司有 26 个产品系列，每一个销售区域分为八个部分。在这种情况下，大家集中在一起商议自己的销售指标和销售范围。这种体制在很大程度上依靠信任。如果没有长期的交往，如果不了解真实的成本，这种信任就没有生存的基础。但是，我们要让人们在不同分公司之间流动，让他们有不同的经历，从而让经理们保持流动性。我们常常让经理担任级别明显比较低的职务，让他掌握新的信息。这样，经理就会了解不同分公司的情况和它们面临的特殊问题。要在不同情况下运用管理能力管理不同类型的人，我们需要放下架子。”

走动式管理说明经理需要以这种亲身实践的方式直接参与管理，而不是遥远地发号施令。这是对 Z 型公司自己广泛采用的目标管理法和管理人才的主要来源（即拥有工商管理硕士学位的人）的嘲弄。我们常常听到有人说：“我们采用的方法是 MBWA，而不是 MBA。”

这些经理让我们把握到组织的基本结构，即让 Z 型公司变得栩栩如生的本质。高层管理人员专注的显然不是给雇员洗脑，而是设定目标，使得每一个人既能满足他们自己的个人利益，同时又能满足公司的利益。他们追求的是一种和谐的社会结构。

谁重视他们的产品，他们就重视谁

对于任何公司的生命线（即它生产的产品）来说，这种对人的重视意味着什么呢？在具有 Z 型文化的组织中，如果要立足于长远，它们的客户和顾客就需要年复一年地持续重视它们的产品和服务。有时，相对于 Z 型公司生产的产品的价值，效率显而易见地居于次要地位。

某位经理告诉我说："Z 型公司认为利润是顾客发给公司的奖金，而之所以发奖金，是因为公司解决了他们的问题。因此，决定你是否成功的是顾客。你可能生产出某些精美的物品，但没有人买——这不算贡献。我们的确重视价格，但不是包含成本的价格。顾客是因你所做的事情而给你发奖金。如果你做得非常好，那么奖金也会非常多。

"我认为有些公司是从另一个不同的角度认识利润的，它们认为利润是价格与成本的差值。这就是说你可以做两件事情：提高价格或降低成本。这两种方法都意味着欺骗顾客。Z 型公司的许多人都认为我们处理利润的方法是非常合乎道德的。我们坚持这种做法。在某种意义上，顾客因我们所做的事情而给我们'小费'。我们做得越好，小费就越多。"

由于价值是最重要的，因此对效率的重视——至少其他人是这样定义的——居于次要地位。在 Z 型公司，人们甚至没有认真地估算过他们的制造能力。他们告诉我说："这是因为我们不是靠高效率取得成功的，我们成功的原因是生产出大家希望使用的新产品。过去三年，我们通过开发新技术，把新产品的价格下调了 3/4。看看价格上发生的这么大的变化，你就不会为 3% 的效率而烦恼了。"

按照 Z 型组织的传统，效率意味着专业，而不是节约成本。那位经理继续说："我们有 3 000 种不同的产品。在某些生产部门，一半的产品两个月以前根本就不存在！由于人们总是改变技术或产品，因此你始终没有机会真正地改进生产工艺。我们不想形成要求以效率为导向的规模经济，而且我们的生产线对效率不感兴趣。记住我们的传统和价值观。在组织内部，它们是相容的，而且能够与我们的产品和谐共处。"

先有鸡还是先有蛋

有趣的是，Z 型文化的所有要素不是像 Z 型公司那样按部就班地组合在一起的。事实上，大多数成功实施 Z 理论的公司在一个人或几个人领导下逐步发展出自己的文化，而这些人既是公司的业主，又是管理者。对于我深入研究的 Z 型公司，问题是这种文化是在公司成熟后形成的，还是它一开始就具有这样的文化。通过仔细地研究历史档案，我们发现了在公司发展的最初阶段的许多资料，这些资料表明公司在发展和发达的过程中一直保持着一开始就具有的与众不同的文化。我还想起来其他这类公司最初也属于 Z 型组织。虽然 A 型组织可以随着时间的推移成功地转变为这种形式，但是与众不同的企业文化所经历的漫长的发展历程表明，企业主的动机和风格与氏族式的组织形式的发展历程有着系统化的联系。如果企业处于创始人的有效控制下，它就不需要向任何人证明决策的正确性。如果某些关键性的长期决策属于敏感决策，那么企业主可能以“直觉”或远见作为决策的基础，而这种远见是与生俱来的，无法用语言表达出来的。另外，如果企业有大量股东，每一个股东都拥有其他公司的股票，那么情况就不一样了。在这种情况下，企业的任何业主都不会与企业保持密切的关系，从而无法敏感地把握错综复杂的经营状况。缺乏近距离认识的业主无法注意到微妙的状况，因此无法从根本上信任他们的职业经理的判断力。经理们认识到他们的工作的稳定性和未来的发展取决于决策的结果和显而易见的短期成果，因此他们对模糊不清的长期决策避而不谈。这样，所有权或控制权的集中或许是发展 Z 型组织的必要条件。

与众不同的企业文化只能随着时间的推移而逐步形成。某位来自 Z 型公司的经理告诉我说："我们所有人几乎都具有这样一个工作理念，即这个公司将是我们追求的事业。我们的政策是有效的，而且当大多数人了解这些政策时，他们就会与我们同甘共苦。我们刚刚为 200 名经理组织了一次集中培训班，而且我们准备再组织 900 名经理参加培训。我们强烈地感觉到我们需要向他们传递我们的观点，要让新上任的经理认识到文化的复杂性，我们不仅需要时间和各种各样的知识，而且还需要他们愿意了解文化的复杂性。如果新雇员希望终身在公司工作，他们就更加有可能在浓厚的兴趣的驱使下去了解公司的微妙的关系。"

支持 Z 型文化的 Z 型环境

Z 型公司可能需要特殊的环境。现存的少数几个 Z 型组织都不是常规的组织，因此现在的每一个 Z 型组织必定是在独特的空间里发展壮大的，而这种空间提供了有利于这种组织形式发展的环境。具有这种行为模式的环境至少有三种。

第一种是企业化城镇（company town)，如柯达和宝洁。这些公司以中小城镇为中心提供大量就业机会。在这种环境中，雇员们自然而然地逐步形成一个整体化的关系网。这种关系网在这里通过宗教、邻居和市民等关系把在一起工作的人们捆绑在一起。然而，这种关系网也会让人感到压抑，如果公司的等级制度在社区生活中得以延续，那么这种感觉尤为明显。在社区生活中，人们的身份本应发生变化，从而营造出一种更加平等的氛围，但是我们最后看到的恰恰是截然相反的结果——在企业生活中实施的等级制度也同样让社区生活感到束手束脚。于是，种植园式的、具有家长式作风的组织应运而生，它完全不同于弥漫着平等主义气氛的 Z 型组织。然而，每一个企业化城镇不会都按这种方式发展，有些会变成尊重个人隐私的 Z 型组织。在这种情况下，我们很难说是企业文化同化了城镇，还是城镇文化同化了企业，但是无论何种情况，结果都是相同的：公司的雇员在一个基本上由各种关系组成的庞大网络里被拴在一起。

美国军方和某些大型工业企业造就的环境，显然是第二种适合 Z 型文化的环境的代表。这些组织频繁地调动雇员，使得雇员从来就没有机会在某个社区定居和落地生根。研究表明这样的家庭“融入”社区的速度比不习惯搬家的家庭快得多。他们知道他们不会住很长时间，因此他们积极地参与社区和教会活动。然而，由于这种家庭无法完全取代其他家庭享受到的社会支持，因此这种反应只解决了部分问题。为了适应环境，他们常常在工作组织内部形成一种相似的文化。随着家庭从一个城市搬到另一个城市，他们希望拥有类似的社会框架，这种社会框架直接把家庭纳入到工作组织的社会结构内。因此，“上校夫人”在军事基地的社会结构中要扮演特定的角色，即在她从一个地方搬到另一个地方时，这种角色会给她带来亲切感并让她感到非常愉快。此外，作为这种解决办法的代价，组织的等级制度可能会以一种相对彻底的方式，把人们在社会上生存的所有方式纳入到一个僵化的、按等级划分关系的网络中，从而渗透到生活的所有其他领域。要拥有稳定的环境，防止生活过度地迷失方向和失去目标，这就是要付出的代价。因此，相似的环境应运而生，这样对于局外人来说，西德、伊利诺伊或夏威夷的军事基地与俄克拉荷马州的军事基地在外观、感觉和气质上都是相似的。

第三种符合 Z 理论的环境是惠普、德州仪器（Texas Instruments）或位于阳光地带（美国南部和西南部）的公司所处的环境。在加利福尼亚和得克萨斯，每一个人似乎都来自其他地方。大家都没有什么熟悉的朋友、家庭或社会关系。过去 10 年，交友小组、支持小组和各种小组在加利福尼亚州十分盛行。这些小组具有共同的特性：每一个小组似乎都提供了一个让大家交朋友的场所。然而，由于这些小组是人为创造出来的，与参与者的目标或坦率的态度相矛盾，而且在某种意义上，它们在人们生活的正常轨迹中是不会出现的，因此许多小组都销声匿迹了。要参加其中的某些小组，人们必须付费，并在周末去卡梅尔市（Carmel）。由于人们相对来说很难接触到这种环境，因此它们也无法成为创造和谐的社会生活的主流组织形式。然而，在日常工作活动中，感到孤独和孤立的个人所要追求的自然不只是工作。在工作的地点，他们会逐渐产生归属感，即有些令人难以理解地、坚定地依赖其他人。在这种环境中，大多数雇主积极地鼓励雇员在工作中发展这种社会关系，但很少有人能认识到工作组织是社会的器官，它们是周围环境的主要组成部分，不是发展过程中的绊脚石。

置身于 Z 型文化中的意义

在与最近刚转变为 Z 型组织的公司合作的过程中，我试图确定受 Z 型文化熏陶的人与呼吸 A 型空气的人是否有区别。我认为他们的确存在某些差异，并在我的调查表中采用了非常切合实际的手段，防止我得出错误的结果。[3] 然而，几乎我的所有假设都得到了验证。A 型人和 Z 型人在各个方面都是与对方不同的。

例如，Z 型公司的雇员在公司工作的时间一般比 A 型公司的雇员长，而且希望继续工作更长的时间。A 型公司每年要更换 25% 的副总裁，至少在过去 20 年是这样做的，没有太大的变化；而 Z 型公司每年只更换 4% 的副总裁，而且主要是通过退休实现的。Z 型公司的低级别的雇员认为公司不会让他们下岗，而且通常不会主动辞职；而 A 型公司的雇员预感到他们在不远的将来会被迫下岗或自行辞职。

Z 型公司的各级雇员比 A 型公司的雇员升职升得慢，而且会从事更多不同的工作。Z 型公司的雇员说他们感觉到公司具有与众不同的哲学观，运用微妙和含蓄的控制手段；而 A 型公司的雇员没有感觉到公司存在与众不同的哲学观或微妙的控制手段。在决策方面，这两类公司的副总裁都可以积极地参与管理，但是在 Z 型公司，级别较低的雇员会积极地参与管理，而在 A 型公司，级别较低的雇员很少参与管理。

我曾经认为这两类公司的集体主义价值观是不相同的。我曾经把目光短浅的个人主义视为所有美国人在文化上都具有的一种根深蒂固的价值观。让我感到非常惊讶的是，数据表明 Z 型公司的雇员比 A 型公司的雇员明显具有更强烈的集体主义精神。这个结果说明 Z 型公司可能是那种实施家长式管理的地方，对于那些不想自己掌握自己的生活的人来说，对于那些更愿意融入一个更大的集体的人来说，这种地方对他们有吸引力，而这个地方既可以照顾他们，又可以控制他们。如果这符合事实，那么 Z 型组织显然是一个具有有限吸引力的特例，不能在美国企业中广泛推广。但是当我采访在 Z 型公司工作了一个月或不足一个月的雇员时，我发现这些新雇员在个人主义或任何其他特征上与其他公司的新雇员没有什么两样。事实上，Z 型公司的雇员与其他公司的雇员的任何差别似乎在很大程度上是在他们进入公司后，并在这样或那样的企业文化中浸润了一段时间后才形成的。这两类公司的人同样都是积极进取和具有独立意识的，但是在 Z 型公司，他们对集体责任和行动的态度远比 A 型公司的人更坚定不移。

一方面，工作生活、家庭生活和社区生活交织在一起；另一方面，在一起工作的人们拥有复杂的关系。我们如何评价这种整体观？如果说个人生活与工作生活交织在一起，那么 A 型与 Z 型公司没有什么差别。这两类公司的雇员更愿意让工作与家庭分开；在任何一种情况下，如果他们需要参加许多公司组织的社交活动，如晚宴或鸡尾酒会，他们都不会觉得有压力。然而，在关系的广泛性上，Z 型公司的雇员在与同事打交道上，比 A 型公司的雇员更多和更广泛。Z 型公司的雇员对同事情况的了解比 A 型公司的雇员更多，讨论的话题也更多，在更广泛的范围内参与和工作有关的活动。

在这些差别所起的作用上，Z 型公司的雇员在情绪上比 A 型公司的雇员更快乐。Z 型公司的雇员明显不会像 A 型公司的雇员那样做出反常的行为和那么不友善。虽然 Z 型公司的雇员和 A 型公司的雇员自己觉得他们的家庭生活和婚姻关系不会有什么差别，但是前者的配偶在这两方面比后者的配偶感觉更满意。这个结果说明 Z 型公司的雇员拥有比较健康的工作关系，因此在回家后心情比较愉快。这种情绪在很大程度上与在公司里工作的人无关，但对雇员的家庭有很大的影响。除了这些社会影响和对情绪的影响外，Z 型公司和 A 型公司大约是同时开始创业的，发展的速度也差不多，而且都进入了美国 1 000 强工业企业——注意到这些问题是非常重要的。但在过去五年，Z 型公司取得的成就比 A 型公司大得多，提供更多的就业机会、赚的利润更多、发展速度更快。在社会上和经济上，我们可以说 Z 型公司取得的成就比 A 型公司更大。

除了这些结果外，我们通过研究还发现了一些有趣的、出乎意料的差别。这些差别与我们在研究每一项内容时所采用的方法有关。在 Z 型公司，我们要采访谁，谁就答应接受采访。所有的采访活动都是准时开始的，或者即使超过了约定的时间，最多也不会超过 10 分钟。在 A 型公司，总裁拒绝接受采访，但是我们的确见到了董事长和公司的所有其他领导者。在 A 型公司，采访活动的开始时间平均推迟了 30 分钟，而且在过了约定的时间后 45 分钟才开始是司空见惯的。在我们的印象中，Z 型公司接受采访的人表现得心平气和、有条不紊和胸有成竹，而 A 型公司的受访者似乎有些匆匆忙忙、焦头烂额，几乎控制不了局面。

但是，主要差别可能是由 A 型公司的经理自己说出来的。例如，“在这个行业，我一个人解雇的人超过了其他人的总和。但你知道发生了什么吗？现在，遭到我解雇的人感谢我解雇他们。他们当时不适合在这里工作。”或者，另一个 A 型公司的经理与他的许多同事有相同的感觉，他说：“我的工作生活与家庭生活没有什么关系。我与我的妻子约定，星期一上午 8 点到星期五晚上 10 点是工作时间，她不会打搅我。除了让我的衣服保持整洁，如果她碰巧看到我，鼓励一下我，其他什么也不用操心。我与家庭一起度过周末。我每年可能有一两次机会代表公司出席社交聚会，但是我们不会与公司的人一起参加社交活动。在下班后，我们有自己的社会生活。我几乎每天晚上都工作，工作占用了我很多时间。在最后一刻，他们拿到了他们该拿到的东西。在我这个领域，我经常感到巨大的压力，因为人们常常在决策时多少会受企业经营以外因素的影响，而我见到太多这样的情形了，因此我始终反对社会生活与工作生活有太多的联系。这就是我不想在这个地方当总裁的一个原因。”

这个 A 型经理想告诉我们某些其他的观点，他继续说：“不屈不挠的精神会引发人与人的竞争。我始终注意这一点。如果我看到两个家伙在工作中合不来，我会叫他们进来，告诉他们说‘如果你们在工作中合不来，那么我谁也不需要’。这个办法通常非常管用。我所说的不屈不挠的精神是指，遭受了沉重打击，在灾难中挣扎了 8 个月后，你没有放弃，而放弃是非常容易的。重整旗鼓，不言放弃，这就是不屈不挠的精神。成功的人的确从不放弃，他们总是竭尽全力。这可能就是对生活的诠释。

“团队行动取决于最上层的人，这是一种态度，是你的行为方式。你只需要发出明确的信号，否则其他人不会成为团队的一员。如果他们不能成为团队的一员，他们就会去找另外一份工作。

“我们基本上根据分公司经理和雇员创造出来的东西来评判他们的绩效。如果他们因为市场让他们心力交瘁而陷入困境之中，那么他们会寻求帮助和理解，或者至少我希望他们这样做。成为一名成功的分公司经理是非常了不起的，你会拥有奖励工资、声望，你可以做你想做的事情。这里面有许多乐趣。在公司里你能控制你自己的命运是非常了不起的事情。但是，如果你开始陷入困境，公司就会派人下来帮助你做决策，并左右你的行动。分公司经理不喜欢其他人干涉他们的事，不希望其他人干扰他们，这是他们最想做的事情。”

在所有差异中，这可能是最令人惊讶的差异。Z 型公司所有接受采访的高管仍旧在公司工作，只有一个人除外，他是别人从其他公司介绍过来的，后来就辞职了。在 A 型公司所有接受采访的高管中，大约有 2/3 的人在采访结束后辞职了，其中一个人自杀了。所有 A 型公司不一定都会遭遇比 Z 型公司大得多的变故，但是，它们之间的差异几乎始终都是显而易见的。

THEORY Z

How American Business Can Meet
the Japanese Challenge

结论

美国号企业航母的生死存亡

通用汽车、福特、克莱斯勒、惠普、通用电气、西屋电气（Westinghouse）、德州仪器、英特尔、泰克电子（Tektronix）、皮尔斯伯里（Pillsbury）、霍尼韦尔、洛克希德（Lockheed）、礼来、Baxter Travenol、先达（Syntex）、仙童摄影器材（Fairchild Camera and Instrument）、托罗（Toro）、国际收割机（International Harvester）、宾士域（Brunswick）和洛杉矶的6名犹太传教士创办的服务机构：它们的共同点当然是他们都借鉴了日本的组织形式。它们都多多少少地尝试着从A型转变为Z型，发展它们自己的氏族。它们都是在最近几年开始转型的。

无论规模多么小，任何组织都存在社会和谐问题。例如，那6名犹太传教士创办了一个社会服务机构，并雇用了许多社会工作者，而后者不是传教士。因此，这两种明显不同的文化必须融为一体。他们需要实行岗位流动制，形成一种透明化的和被大家普遍接受的哲学观，培养参与决策的能力。这些任务在难度上丝毫不亚于年销售额达到几十亿美元的企业面临的课题，即把市场营销部门和制造部门集合在一起。或者，看一看一个从事储蓄和贷款业务的小信用社。它本来是由家族控制的，并且有100名雇员，后来经过发展，现在负责经营管理的人很大一部分不是家族的成员。组织要生存发展，曾经得不到家族成员重视的管理哲学现在必须得到明确化。看一看美术馆，它必须让负责美术馆管理和负责商业活动的雇员默契地配合。或者再看一看医院，它拥有医疗和经营管理人员。它们每一方面都是一个复杂的网络，其中的关系既微妙又复杂，因此需要通过官僚式的程序事先予以明确化。随着雇员的目标趋于一致，随着信任关系的形成，组织在经营管理上才能取得成功。

管理要成为“普普通通的科学”，我们很久以前就需要一种新的范式。我们需要大声说：“皇帝没穿衣服！”美国人认为巨额资本投资是高效率地生产汽车的必要条件，然而日本的汽车制造企业生产出了物美价廉的产品，而几年前，他们的公司在规模上还只是美国最小的汽车制造企业的一个零头。我们认为大工厂提高了效率，但是日本人希望工厂的规模尽可能小，这样他们就可以每隔几年调整一下工厂的布局，以便跟上新技术的发展。对于我们来说，高质量源于更多的试验，与生产高质量的产品的工人无关，但是日本人认为高质量来源于邀请工人不断地改进设计和生产工艺。

美国人认为集体决策制会给我们带来我们不想要的东西，但是通用汽车设在布鲁克黑文市的工厂通过让人们参与决策，在质量和效率上都取得了最佳的效果。我们认为生产力离不开专门化，而 Z 型公司靠较低的专门化程度取得了高于 A 型公司的生产力。我们认为创造力源于个别特立独行的天才，但是在我们的高科技公司中，最具有创造力、最富有创新精神的公司却率先研究 Z 型组织。美国企业雇员的流动率和平均旷工率每年一般在 26% 和 8% 左右，我们认为这两项数字已经是低得不能再低了，但是欧洲企业雇员的流动率每年平均在 12% 左右，日本企业为 6%，而且它们的平均旷工率也比较低。我们认为基本上只有高工资和快速升职才能鼓励最能干的人创造出成绩，而 Z 型公司和设在布鲁克黑文市的工厂发现责任心和参与管理的方式在解决如何恰当地分配利润的矛盾上能发挥出更大的作用。在这方面，实施了斯坎伦计划的公司由于实施了劳资双方分享额外财富的制度，从而创造出了更大的利润。

国王必须重新穿上衣服。我们可能一直是长期迷信思想的牺牲品，而我们现在必须放弃这种思想。100 多年来，我们的国家在工业化革命的推动下乘风破浪般地向前发展。如果我们认为工厂式的生产方式、低成本的运输与通信方式，以及其他几项创新成果的出现，必然会大幅度地增加我们国家的财富，那么这种场面注定会让我们产生迷信思想。在本质上，一旦这些基本的创新成果各就各位，我们的经济注定是要发展的。[4]无论我们组织和管理我们的商业企业的效果有多么好或多么糟糕，无论我们做什么或没有做什么，我们总会在经济上实现发展、创造财富和取得成功。在这种背景下，无论我们提出什么样的管理理念，我们肯定能为这种理念找到证明其正确的依据。在“学会”了成功的管理方式后，我们继续完善这种方法。在这些新方法的大多数优点被利用完后，我们现在才被迫发现我们的管理范式从来就没有为我们所取得的成功贡献一点力量。

幸运的是，我们在每一个时代都会看到离经叛道的人。按照生态学理论，这些离经叛道者是变异的前奏曲，使得种群能够继续适应环境和生存下去。在这种情况下，美国商业组织的种群让我们非常忧虑。在这个种群内，A 型多少年以来一直占据着主导地位。然而，离经叛道的 Z 型的确是存在的。现在，由于这个种群内的许多其他组织需要实施显而易见的变革，因此它们正在向这些离经叛道者取经。在任何充满竞争的自然环境中，随之而来的都将是自然选择。如果 Z 型组织确实具有高人一筹的竞争优势，那么它将会吸引最杰出的人才，靠具有竞争力的价格提供最好的产品和服务，并生存下去。其他组织将被自然所抛弃，然后一蹶不振。

然而，组织不完全像有机生物。由于某个种群的个体在被创造出来后就无法改变形式，因此生态学理论一般很少关注这些个体的微观特性。只有通过两代之间的变化，生物体种群才能改变它的主要特性。然而，组织本身聚合了更多基本的个体单位。因此，虽然我们关心的是美国企业这个亚种群的生存，但是反过来，它的每一个成员事实上都是一个由许多个体组成的种群。这些个体的基本特性在很大程度上是无法改变的。它们会继续考虑自身的利益。组织无法改造雇员。因此，组织只有选择去改变它们的内部结构，从而既能满足竞争的需要，形成一种全新的、更加充分地融为一体的组织形式，同时又能满足雇员个人的需要，使他们的个人利益得到满足。Z 型组织，即工业化氏族，可能与这种新型组织形式最接近。

THEORY Z
How American Business Can Meet
the Japanese Challenge

附录 A

Z 型公司的哲学观

惠普：企业目标手册

组织取得的成就是组织中的每一个为实现普遍的目标而奋斗的个人共同努力的结果。这些目标应该是切合实际的目标，应该得到组织中的每一个人的明确理解，应该反映组织的基本性格和个性。

组织要实现自己的目标，它就应该努力满足某些基本要求：

首先，组织应尽可能选择最能干的人完成每一项任务。此外，这些人应有机会提高他们的技能和能力——通过不断的培训和教育计划。在发展迅猛的科技企业里，这些培训和教育计划尤其重要。今天吃香的技术明天就会被淘汰，而且组织里的所有人应当不断地探寻完成工作的新方法和更好的方式。

其次，各级雇员都应该保持积极性。担任重要管理职务的人不仅应自己具有积极性，而且组织在选择他们时还应考虑他们是否能够激发同事的积极性。在对工作的关注程度上或在付出的努力上，任何人都不能表现得三心二意，特别是肩负管理责任的人。

最后，即使组织中的人们完全满足前两个要求，如果要取得最佳的效率和成就，各级雇员就应一致地为实现共同的目标而奋斗，并避免在工作中产生分歧。

在惠普，根据我们的政策，我们不能成为一个严格管理的军事化组织，相反，我们要拥有明确的、得到共同认可的总体目标，并让人们不受约束地努力实现这些目标，即他们可以决定与他们自己负责的领域最适合的工作方式。

我们惠普公司的目标最初是在 1957 年公之于众的。从那以后，它们经过了数次修订，反映了我们的企业和社会环境不断发生变化的本质。这份小册子描述的是我们追求的最新目标。我们希望这些内容向

你提供有益的信息，对你有所帮助。

戴夫·帕卡德

董事长

威廉·休利特

总裁兼首席执行官

利润

目标：实现足够的利润，以使为公司的发展提供资金和我们实现其他企业目标所需要的资源。

在我们的经济系统中，我们的经营活动给我们带来的利润是我们取得成功和实现发展所需要的资金的唯一来源。它是唯一能够评判我们企业的长期绩效的绝对必要的标准。只有不断地实现我们的利润目标，我们才能实现其他企业目标。

我们的长期政策是把我们赚取的大部分利润再进行投资，并依靠这些再投资行为，加上雇员购买股票和其他现金流动项目带来的资金，为我们的发展提供资金。要实现这个目标，我们的资本净值回报率需要与我们的销售增长率大致相等。每年，我们必须努力实现这个目标，同时我们在努力实现我们的其他目标时不应感到束手束脚。

利润的多少因年而异，反映出经济状况在发生变化，对我们的产品的需求在发生变化。我们在资金需求上也是因年而异的，而且如果利润或其他现金来源不能提供足够的资金，我们会依赖于短期银行贷款来满足这些需求。然而，贷款的成本非常高，而且必须偿还。因此，我们的目标是以再投入的利润作为我们的主要资金来源。

要实现我们的利润目标，我们设计和开发的每一种产品在我们的客户看来都要成为值得购买的产品，但在价格上留出适当的利润空间。要在市场上保持这种竞争力，我们还需要尽可能节俭地完成我们在制造、市场营销和行政管理上的任务。

利润是不能被推迟到明天完成的事情，我们今天必须完成这个任务。它意味着我们要正确和高效率地完成许许多多的工作。每一个人的日常表现在我们的利润上会起到加法或减法的作用。利润是所有人的责任。

客户

> **目标：**向客户提供价值尽可能最大化的产品和服务，从而赢得和保持他们对我们的尊重和依赖。

只有向我们的客户提供高质量的产品，这些产品能够真正符合他们的需要和提供持久的价值，并在售前和售后得到各种各样的、对他们有帮助的服务支持，我们的公司才可能取得成功，业务才能蒸蒸日上。

我们对客户肩负的责任始于产品的设计。在产品的设计上，我们必须提供卓越的性能和长期、无障碍的服务。一旦进入生产阶段，我们必须按照合理的成本和优异的工艺制造这些产品。

我们的市场营销部门的主要目标是，注意产品能否得到迅速和高效的推广。此外，我们与客户之间、和惠普的不同销售团队之间应该有畅通的沟通渠道。

由于我们的产品种类丰富，而且品种在不断增加，因此同时与一个客户合作的销售团队通常有好几个。在这些团队中，每一个团队都具有高水平的技术知识和销售能力。要确保我们推荐的产品最大限度地满足客户的总体、长期需要，各个团队之间必须开展大量合作。

惠普的客户应当感觉到他们是在与一个拥有统一的政策和提供统

一的服务的公司打交道，而且令我们真正感兴趣的是找到恰当、有效地解决他们的问题的办法。通过明确地分配销售任务，加上惠普的销售人员在了解客户的需求和惠普的目标上做出合理的判断，我们必须避免各个销售团队陷入混乱的局面和相互竞争。

感兴趣的领域

> **目标：**只有当我们掌握的创意，加上我们的技术、制造和市场营销能力能够保证我们可以在新的领域做出需要的和有利可图的贡献时，我们才会进入这个领域。

惠普最初生产的产品是电子测量仪器。今天，我们的产品线已经壮大，包括用于化学和生物医药学测量与分析的仪器、实现测量自动化和处理数据的计算机，以及电子计算器和完整的计算机系统。因此，我们在发展的过程中不断扩大我们感兴趣的领域。如果我们没有在与我们的传统行业在技术上相关的领域运用我们的资源和能力，我们在很大程度上就实现不了多样化。

贡献是惠普未来进入新领域的关键。这意味着向客户提供新东西和他们需要的东西，而不只是新瓶装旧酒。要实现这个目标，我们必须不断地提出新的创意，以便生产出更好的产品。在最终做出进入某个新领域的决策前，我们有必要全面地考虑与制造和销售这些产品有关的问题。

发展

> **目标：**能够限制我们发展的只有我们的利润，以及开发和生产出能够满足客户真实需求的技术、产品的能力。

一个公司应该有多大的规模？有些人认为，当公司发展到一定规模时，让它进一步发展是没有意义的；另一些人觉得，规模大本身就是一个目标。我们认为规模大就其自身而言不是非常重要的；然而，为了实现我们的其他目标，持续发展对于我们来说是非常必要的，根本原因至少有两个。

首先，在我们的技术社会中，我们服务的客户处在一个迅速发展和扩张的行业。不进则退，没有发展，我们就无法在我们的领域中保持优势和领先地位。

其次，为了吸引和拥有高素质的人才，发展是非常重要的。只有公司向这些人提供大量的有利于个人发展的机会，他们才能把自己的未来寄托于公司的身上。一个不断发展的公司会提供更多的机会和更大的挑战。

我们的人

> **目标：**帮助惠普的雇员分享公司的成就，这些成就离不开他们的贡献；根据他们的绩效，提供稳定的工作；认可他们的个人成就；确保他们在工作中获得成就感，从而让个人感到满意。

让我们引以为荣的是在我们的组织中工作的人，他们的绩效以及他们对工作和对公司的态度。公司的建设始终是以个人、每个人的个人尊严和对个人成就的认可为中心的。

我们认为一般性的政策和经理对他们管理的人的态度，比人事计划的具体细节更重要。只有人们对上级、公司的动机和诚实性表示信任，公司才有良好的人事关系，否则，人事关系就非常差。

我们高于平均水平的工资和薪水、我们的利润分配和股票购买计划，以及公司的其他福利，表明人们有机会分享公司的成就。

我们的政策是避免生产计划出现大起大落的情况，从而体现出保障就业的目标。如果生产计划大起大落，我们就需要在短期内增加雇员，过一段时间后让他们下岗。我们注意让每一名雇员满负荷工作，使他们渴望为公司工作并与公司共同发展。这不意味着我们承诺提供绝对的终身工作，也不意味着我们认可资历，除非我们可以合理地比较其他因素。

在一个成长性的公司中，进步的机会往往比填补这些机会的合格人才多。这符合惠普的情况：机会是非常多的，个人需要通过个人的成长和发展抓住这些机会。

我们希望人们在惠普享受工作，并以他们的成就为荣。这意味着我们必须确保每一个人都能得到他们需要或应得的重视。总之，我们公司的品质和实力是由各级人员决定的。

管理

> **目标：** 在实现明确的目标的过程中，允许个人拥有充分的行动自由，从而鼓励人们发挥主动精神和创造力。

在讨论惠普的经营政策时，我们常常提到“目标管理”。我们的意思是，在组织内部担任各级职务的每一个人应在力所能及的范围内制订自己的计划，以便实现公司的目标和目的。在得到负责人的批准后，每一个人应该在这些计划和我们的一般性企业政策限制的范围内拥有广泛的工作自由。最后，我们应根据这些由个人制定的目标的实现情况评判每个人的绩效。

“目标管理”的成功执行对双方都有利。管理层必须确保每一个人都了解当前的目标、公司的目标和政策。因此，惠普管理层的一个主要责任是沟通和相互理解。相反，雇员必须对他们的工作有足够的兴趣，从而渴望制订工作的计划、提出解决老问题的新方案，并在需要他们做贡献时挺身而出。“目标管理”是相对于发号施令式管理而言的，它向人们提供自由行动和做出贡献的机会，它还要求每一个人承担起发挥主动性和积极性的责任。

在这种环境下，我们认为尤其重要的是，我们要把公司的力量放在第一位，而且如果我们要在赢利的基础上实现发展，个人之间以及经营部门之间的合作是至关重要的。

我们需要认识到整个公司必须制定和严格遵守某些政策，这对于每一个人来说都是非常重要的。我们欢迎各级雇员就这些公司级的政策提出建议，但我们希望大家始终都要遵守这些政策。

作为公民的责任和权力

> **目标：**我们在哪个国家、哪个社区开展经营活动，我们就要在经济上、智力上和社会上做出贡献，从而履行我们对社会肩负的责任。

我们都应努力改善我们赖以生存的环境。作为一个在全世界许多不同社区经营的公司，我们自己必须保证每一个这样的社区会因为我们的存在而变得更好。这意味着我们要设立对社区有吸引力和与社区和谐共处的工厂和办公场所；这意味着解决交通和污染问题，而不是让这些问题越来越严重；这意味着我们要为社区的事业奉献资金和时间。

每一个社区都有许多与众不同的社会问题，我们的公司必须帮助它们解决这些问题。在这个方向上，我们迈出了重要一步，即我们必须努力向背景普遍不同的人提供值得把握的就业机会。这样，我们就需要采取各种措施，包括行动起来，挑选和雇用来自弱势群体的人员，并鼓励和引导他们不断取得进步，促使担任各级职务的人员开展全面的合作。

作为社区的公民，为了让它变得越来越好，惠普人可以和应该做的事情还有很多——以个人的身份或通过教会、学校、慈善组织等团体发挥自己的作用。在国家的高度上，公司在哪个国家开展经营活动，它就需要成为哪个国家的优秀企业公民。此外，我们应鼓励我们的雇员以个人的身份贡献自己的力量，帮助解决国家的问题。

我们社会的进步不是留给几个人完成的任务，这是需要所有人分担的责任。

代顿 - 哈德森公司：哲学观手册

战略使命和方向

代顿 - 哈德森公司是一个多元化的零售企业，致力于通过零售时尚化的优质商品，面向美国消费者提供服务。

要长期为消费者提供服务，我们需要有能力和积极进取的雇员，欣欣向荣、允许我们开展经营活动的社区，以及最大化的长期利润。我们有义务、有目的地全面培养雇员，满足我们所在社区的商业、社会和文化需要，并在盈利能力上与业内名列前茅的企业看齐。

因此，代顿 - 哈德森公司服务的对象包括四大类顾客：消费者、雇员、股东和社区。以这些顾客为服务对象的共同点是利润——我们为社会提供优质服务而获得的奖励。因此，长期的利润是我们的主要责任，这样我们将来可以继续为我们的客户提供服务。

企业宗旨

在满足自己的四类顾客上，公司拥有明确的宗旨。这些宗旨和有关的主要目标包括以下内容：

1. 作为消费者的采购代理，满足他们对商品和服务的需要和期望。

- 提供品种丰富、优质和时尚的商品。
- 提供给消费者带来真正价值的商品。
- 通过适当的服务、富有创造力并能够提供足够信息的广告和管理完善的商店，为销售活动提供支持。
- 在我们涉足的每一个市场中和我们提供的商品品种的范围内保持显著的竞争优势。
- 在满足我们的客户的商品和服务需要的过程中最大限度地体现出诚实的态度、正直的精神和快速的反应能力。

2. 促进我们的雇员的个人能力和专业发展。

- 无论年龄、种族、肤色、性别、宗教信仰或民族，所有雇员都有机会通过教育、培训和工作经历充分地挖掘他们的潜力。
- 让雇员有机会凭借优异的表现在职务上得到提升，并肩负更大的责任。
- 提供鼓励雇员发挥主动精神和提供信息、促进信任、发展创造力和保持经济稳定性的环境。
- 坚信丰厚的薪酬待遇能够换来优异的表现。

3. 向我们的股东提供有吸引力的财务回报。

- 以零售业和整个工业界的最高标准为参照，成为首选投资对象。

- 按股数向股东派发稳定增长的红利，使红利成为经常性收入。
- 提升股东持有的股票的长期价值，其增长的幅度要与收入增长的幅度保持同步——在市盈率、投资回报率和股本收益率等方面在业界名列前茅。
- 取得符合以下方面标准的财务绩效：

股本收益率

每股收益增长率

4. 为我们所在的社区提供服务。

- 在我们的商业行为和公司及其雇员与他们的所有顾客的关系上成为值得大家效法的企业公民。
- 在法律、伦理和道德上以最高的标准要求自己。
- 与商业、城市和政府机构配合改善允许我们开展经营活动的环境。
- 每年从应缴纳联邦税收的收入中拿出5%，改善社区的生活质量，这是因为我们是社区的一部分。

企业目标

我们的主要目标是在我们经营的每一个方面都独占鳌头。在履行我们对四大类顾客——消费者、雇员、股东和社区——所有肩负的义务上，我们渴望被公认为楷模。此外，我们努力创新，在零售业不断发展的过程中成为行业的开路先锋。

实现了这个目标，我们就成为零售业的首选投资对象。虽然利润是我们为社会提供优质服务而获得的奖励，但它在根本上还是我们继续为社会提供服务的前提条件。因此，我们的任务是管理公司，使之成为零售领域的首选投资对象。

销售观

我们经营的每一个公司的目标，都是以高于市场上的任何类似零售组织的标准向公司的客户提供优质的服务。每一个公司在其提供的商品和服务上都要努力地对客户有明确的定位和清晰的认识。这个观点的本质是四项关键要素：

1. 优势

优势是指公司在商品上具有优势，而且在市场上表现得出类拔萃。在供应商品的过程中，我们特别需要努力让消费者确信，他们在我们的商店里可以挑选到他们要寻找的质量最好的商品。此外，无论我们决定在哪些市场和商品领域参与竞争，我们都要努力在这些领域成为首屈一指的零售商。若公司决策要进入某个市场，这表示公司承诺在财务上实现这样一个长期目标，即在这个市场上表现得出类拔萃。

2. 质量

质量是我们所有经营活动的本质。它的最重要的表现形式是商品。但质量的概念同样完全适用于公司的管理团队、设施和地理位置。在客户的眼中，我们应该是由高素质的人员经营管理的销售优质的商品和提供优质的服务的优质企业。

3. 时尚

时尚是企业的核心。时尚是变革，是具有方向性的变革。通过时尚商品的销售，新生事物和变革是可以预测的。我们的目标是每一个公司在自己所处的市场中都成为时尚的领导者。无论销售什么种类的商品，我们公司都要把市场中的新产品和令人心动的商品摆在客户的面前。

4. 价值

价值不仅仅高于价格，它还带给客户满意的投资回报。

对于商品本身来说，价值意味着付出一定的代价而得到的质量。

我们公司会积极地作为客户的采购代理，帮助他们购买优质的商品，确定尽可能最理想的价格，努力地向客户提供最大的价值。由于认识到成本结构和经营费用不可避免地会在客户承受的价格上反映出来，因此我们公司会努力在成本上做到精打细算。

此外，我们敏锐地捕捉到价值这个术语的广义含义：客户用在寻找产品或等待服务上的时间、在购物的途中发生的燃料费用、耐用品的服务保障以及购物经历本身在精神上和情绪上体现出的价值。

房地产观

公司认识到长期的成功既取决于商品战略，又依赖于合理的房地产战略。公司的特点是成功地将这两方面结合在一起。优势、质量和时尚的理念既适用于商品，同样也适用于地理位置和设施。因此，我们的目标是拥有高品质、体现出时尚和高品位的商店。我们寻求优越的地理位置，面向未来建造我们的商店和设施。

管理观

一方面是经营的自主权和灵活性，另一方面是公司输入的理念和提供的指导，这两方面实现平衡，这就是代顿－哈德森公司的管理观。

为此：

1. 公司将：

- 规定投资回报率和收入增长率的标准。
- 批准战略计划。
- 调拨资金。
- 批准目标。
- 监控、估算和审核经营成果。

- 根据绩效提供奖励。
- 分配管理资源。

2. 负责经营的分公司可以自由地、有责任地：

- 管理自己的业务。
- 制订有助于它们实现最优发展的战略计划和目标。
- 使公司发展成一个可以保证经营成果、符合最优发展方向的组织。
- 按照公司的哲学观手册经营各自的业务。

3. 公司的雇员只能提供符合以下要求的服务：

- 必须能够保护总公司的利益。
- 符合公司的发展需要。
- 符合负责经营的分公司的需要，并使得质量或成本具有显著的优势。

4. 公司强调：

- 根据业务的种类采取统一的会计制度。
- 即时公布经营成果。
- 系统化地培训和培养雇员。
- 按照公司哲学观手册的要求，在经营行为和市民关系上坚持适当的高标准。

发展观

通过有利可图地经营我们的现有业务，并收购或发展新业务，公司将逐步取得稳定和高质量的财务绩效。我们的发展重点按顺序排列如下：

- 通过发展新的商店或在现有商店内实施新的策略，使现有的公司在市场上取得可观的利润，表现得出类拔萃。
- 我们的公司采取切实可行的措施拓展新市场。
- 收购在战略和财务上与代顿－哈德森公司保持一致的其他零售公司。

- 在内部提出新的零售策略。

在资金分配上，公司将根据每个分公司的投资回报率是否达到自己制定的投资回报率目标和是否与收入增长率保持一致，并根据该分公司按照资金需求报告中的预测数字完成任务的管理能力，为现有的分公司拓展业务提供资金。

要通过收购或创立新公司的方式扩大公司的规模，公司希望通过这个机会取得令人满意的长期增长率和收益率、适当地控制风险并使之符合公司的长期战略。

道德标准和商业行为

公司的政策是在商业行为、道德和社会责任上始终如一地坚持高标准。公司希望雇员个人表现出高度诚实的态度和高度客观的精神，并希望在影响公司的所有决策和行动上，这种诚实态度和客观精神不会因利益上的冲突而受到妨碍。

公司控制雇员商业行为的政策是最低的行为标准。要做到出类拔萃，雇员需要在行为和态度上成为楷模——优秀雇员的行为标准。

罗克韦尔国际公司：汽车经营集团文化分析——企业过去、现在的文化以及应展现出什么样的文化

背景

1. 20世纪八九十年代的运输市场瞬息万变。

- 更复杂
- 国内外的竞争愈演愈烈
- 疯狂的价格战

2. 政府的规章制度越来越影响我们的管理、决策和经营的灵活性。

- 企业罚款
- 解除管制
- 均等就业机会
- 燃料经济

3. 组织内部各级雇员的构成和价值观正在发生变化。

- 文化水平得到了提高
- 获得稳定工作的压力大
- 需要心悦诚服，而不是被人指挥来指挥去
- 妇女和少数民族的力量越来越大
- 希望别人倾听自己的意见
- 希望拥有所有权
- 共同参与决策

4. 为了最大限度地提高我们应对千变万化的市场、政府和复杂的人际关系的能力，我们必须不断地改变和发展我们的文化。

- 理念
- 传统
- 价值观
- 管理体制

以提供总体框架的方式解决 20 世纪八九十年代的问题。

5. 在宣传具有以下特征的企业环境时，文化理念的提出、实现和沟通将起到至关重要的作用。

- 创新
- 谨慎地承担风险
- 相同的价值观
- 积极进取的管理方式

表 A-1 文化轮廓

文化类别	我们曾经的位置（70年代中期）	我们已经采取了哪些措施	我们现在的位置（得分：1、3、5、7、10、X）	未来的发展方向
短期和长期环境	短期工作重点——每个月、每个季度和每年的税前利润曾经是主要关心的问题	改进战略规划的程序 为汽车经营集团招聘规划人才 收购非核心业务 引入季度业务审查制度 提拔非制造部门的高管 承诺更新设施	组织仍旧觉得他们看到的许多情况给人留下混乱的感觉 有前途的人被解雇了 招聘的大学生的数量大幅减少 季度审查制度受短期经营审查制度的影响较大 工程部门仍旧侧重于维持现状 没有采取明显的措施组建真正的市场营销部门 我们很少针对竞争对手的挑战采取应对措施	需要在短期和长期的工作重点之间实现更好的平衡 最高管理层强调对于企业和个人的发展来说，长期的工作重点是关键 科尔尼（A. T. Kearney）公司研究的课题是一个很好的榜样。许多人曾经认为我们不会坚持下去 加强对研发工作的关注 组建一个真正的市场营销部门和雇用需要的人才 管理层承诺吸收未来发展所需要的人才 促使战略规划成为日常的工作内容，以长期决策为基础做出短期决策
组织沟通	组织在发展过程中很少花时间就以下问题与雇员沟通： • 目标 • 价值观 • 业务 • 问题	只在刚成立的、没有组建工会的业务部门实施了沟通制度	几乎没有取得什么进展 在以下方面，大多数部门都没有持续的机制： • 与下级沟通 • 接受上级的意见	雇员的价值观刚刚形成，需要畅通的沟通渠道 通过这个渠道，达到以下目的： • 形成互利的价值观和认识 • 了解雇员的需要、担心的事情和关心的问题 • 采纳所有雇员的意见和运用他们掌握的知识
信息共享	信息受到严密的封锁 分公司之间没有共享信息 上层通常不共享信息 封锁坏消息，企图私下里解决问题；隐瞒好消息	开始把各分公司的负责人召集在一起讨论共同面临的问题 每个月召开一次市场营销会议 高层管理人员口头表示他们希望直接“挖到内幕消息”	在收集和共享各分公司的信息上，缺乏系统化的方法 人们仍旧害怕向上传送“令人沮丧”的信息 如果要在制订年度经营计划的过程中表现出坦率的态度，公司还有很长的路要走 介绍情况时，人们认为是在“推销”	需要建立关键数据和信息库 无论好消息和坏消息，都要强调坦率和信任 建立适当的论坛，便于各分公司之间及生产部门和管理部门之间共享信息

个人取向	随着总公司把权力分散到各分公司，人们形成了一种条块分割的态度 工厂或分公司凭空做出决策 管理部门和生产部门之间没有形成良好的工作关系	建立了某些总览全局的制度 业务规划 安排关键管理人员 通过高管研讨会建立论坛，使得总经理们能够经常地相互交流 （外界的）研究报告明明白白地指出需要人们共同解决问题 对待下岗的态度证明人们要共同解决问题	对总体目标和方向缺乏了解和共同面对的态度 面向独立的业务部门推出奖励制度，这个措施具有积极和消极影响 根据（外界的）研究报告总结出的意见需要被大家采纳，即要求全面地审查各个部门的决策 生产人员对管理人员的看法在许多情况下都是消极的	需要促使组织的各级雇员了解、支持和具有共同的目标 建立逐步提出重大的、覆盖广泛的发展思路的制度和组织 重要客户战略 地域战略 系统化地审视管理人员的审查制度的增值特点 取消或改变明显缺乏增值作用的环节
工作稳定性	个人的工作稳定性没有被视为公司的目标，特别是涉及： • 生产工人 • 按月领取工资的、管理层看得见的雇员，如厂长	为了避免出现徇私和法律问题，公司在雇员下岗期间支付工资	位于刻度的中央说明过去10年企业拥有非常健康的环境 并非长期重视管理的结果 在管理工厂的过程中，人们很少在管理上考虑雇员的工作稳定性问题 按月领取工资的雇员如果不能在某个级别上取得成功，他也不会有机会从事更低级别或不同级别的工作 由于雇员担心工作的稳定性，因此他们很难不由自主地形成认同感	在内部需要认识到对于所有级别的雇员来说，工作的稳定性是一个新出现的重要问题 考虑实施管理生产规划制度，从而可以在相当长的一段时间里最大限度地缩短下岗的周期 转变雇员的态度，让他们感到自己在组织中是错综复杂的一部分，从而： • 在提高生产力上得到他们的协助 • 让他们不必担心失去工作

英特尔：非正式的文化

技术/经营

- 英特尔公司的一个目标是在技术和经营上成为和被公认为最优秀的、保持领先的头号企业。如果作为一个公司，我们实现了这个目标，那么对于我们个人来说显然有积极的影响。人们认为，如果公司是平庸的或普普通通的，个人也不可能取得突出的成就。在这个方面，我们的自尊心与文化牢固地结合在一起。
- 我们在我们的技术、产品和经营方式（例如，虽然我们的管理培训方法不是独一无二的，但是非同寻常的）中突出创新与创造力。在某些情况下，这种方法失败的可能性非常大，但具有非常大的优势。
- 公司总体上以高科技为发展方向，倾向于由一批"工程师"负责经营管理。在经营上，我们以前不太重视支持业务，直到最近，这种情况才有所改观。我们现在的目标是：在这些领域取得的成就要与我们在纯技术领域取得的成就一样出类拔萃。
- 整个公司普遍重视经营效益，因此我们在审查大多数经营活动时要关注它们对经营效益的影响。这种做法有时候会引发冲突，如在工厂的生产能力出现不足时，参与晶片分配会议的人会表现得非常"紧张"。
- 我们对我们留给客户和业界的形象非常敏感。我们认为对客户的承诺是神圣的，如果没有履行我们的承诺，我们会感到不安。我们会不断地努力向业界证明我们在描述公司的情况时是可以信赖的，而且我们组织得井井有条，同时，所有决定经营效益的因素都完全处于我们的控制之下。

管理风格

- 英特尔是一个由个人组成的公司，每一个人都有自己的个性和特点。虽然管理团队的情况也是这样，但是在过去 10 年里，我们逐渐形成了具有某种普遍特征的管理风格，使得我们能够实现企业的目标。
- 管理层是严于律己的。领导人必须能够认识到自己的错误、承担责任和从中受到启发。
- 公司鼓励各级雇员开诚布公（建设性）地发表不同意见，而且认为这是一种解决问题、消除矛盾的途径。隐藏问题是不能接受的。公司强烈禁止偷偷摸摸地搞公司政治活动。
- 集体决策制是不可动摇的。决策一旦做出，就需要得到支持。意见的质量不是由在组织中担任的职务决定的。组织鼓励最基层的雇员做出决策。
- “畅所欲言”“开诚布公”的管理方式是这种管理风格的一部分。公司里的会议（被定义为“双向教育”课程）多得难以置信。人们在公开论坛上讨论问题、做出决策。公司的各级经理平易近人。
- 高水平的组织能力和高度的纪律性是必不可少的。在符合我们的经营目标的前提下，管理层需要按照自己的方式形成一个有机的整体。履行承诺的情况会受到严密的监督，并被视为考察个人总体绩效的关键性指标。
- 管理层必须具有职业道德。决策与行为必须始终如一地在职业道德上不会受到指责。如果管理层具有诚实的品德，一视同仁地对待所有雇员，那么他们便树立了这样的信誉——他们具有职业道德。
- 管理层要勇敢地面对棘手的决策，无论是商业决策（如并购的麦克罗马公司（Microma））、组织决策还是个人决策。

- 直线经理承担个人发展的责任。在这里，在行为举止上遵守职业道德意味着要在下级的专业发展上投入时间和精力。

职业道德 / 工作环境

- 英特尔的总体目标是根据个人的职业目标分配工作任务。此外，我们努力营造一种环境，雇员在这个环境里实现自己的目标的同时，可以享受工作的乐趣。
- 我们努力提供有利于快速发展的机会。因此，我们需要在培训上投入大量的力量。
- 英特尔是一个以成果为导向的公司。重视实质，而不是形式；重视质量，而不是数量。
- 我们相信靠努力工作换来高生产力的原则是值得骄傲的。高度纪律性是公司所期望和值得称道的。
- 公司认可推定责任的概念（如果某项任务需要有人完成，那么推定你有责任完成这个任务）。
- 公司承担长期的责任。如果在某个阶段事业上出现了问题，重新分配工作是一个比解雇更好的选择。
- 我们希望让所有雇员都参与发展和分享他们与英特尔的关系。我们希望雇员关心公司。为了实现这个目标，我们强调畅通的沟通渠道，并努力把公司分成规模尽可能小的集体，从而使雇员之间形成认同感和密切的关系。
- 公司希望所有雇员在行为举止上遵守职业道德。

英特尔的团队

- 团队是英特尔的职业道德 / 工作环境不可分割的一部分。要实现英特尔的目标，团队的绩效是至关重要的。

- 英特尔的团队具有不同的形式。公司的许多组织必不可少地设置了拥有正式名称的团队（如现场销售人员、Fab Ⅳ工厂等）。为了解决重大问题，公司还组成了特殊的团队，其中许多团队在本质上需要牵涉许多单位。我们常常把这种团队称为“特别工作组”。

  虽然上述团队是非常重要的，但是对于英特尔来说，可能最重要的是“无形”团队。这些团队没有正式的名称，没有特殊的形式，什么时候需要解决正常经营中不断发生的团队问题，它们什么时候就会应运而生。只有靠这些无形的团队的努力，英特尔才能实现其宏伟的目标。

- 团队的目标优于个人目标。这个原则适用于日常的经营活动，而且是根本性的。若需要改变工作任务或组织结构，这些变革是以优化团队的工作效果为目的的，而不是以维持个人的职业发展道路为目的的。
- 我们非常重视“管理接口”。我们的经营活动受到矩阵式的管理层和“多个老板”的影响。在许多情况下，责任是模糊不清的，运用推定责任的原则就变得非常关键。我们还有一个选择，即增加企业的管理费用，设置许多重复的岗位，从而解决这些问题。

礼来公司：基本人事政策

以下内容是我在大家的要求下总结出来的，它们反映了我的一些想法，涉及我们在处理公司的人事政策时应遵守的基本原则。这些想法毫无疑问地不会出现在任何出版物上。它们浓缩了过去 30 年来我在

处理人事工作的过程中积累的经验，因此在很大程度上，它们可能并不十分完善。然而，通过了解这些想法，我们可以知道它们是否应该，并且是否能够经受住时间的检验，或者是否应该被其他更加现代化的处理人事工作的方法所取代。

这些想法在重要性的顺序上或在我们应该考虑的顺序上没有经过特别的安排。它们只能被视为某些杂乱无章的想法，曾经被我埋藏在心里，而且是在别人的要求下被整理成书面文字的。

公平

在雇员眼里，公司必须始终体现出公平性。如果某个雇员可能认为直接管理他的主管或他的同事不公平地对待他，我们必须采取一切措施，确保这名雇员通过自己的经历和其他雇员的经历认识到公司始终能够公平地对待自己的雇员。

如果人们能形成这种认识，那么它会让执行公司人事政策的人拥有非常好的声望，并有助于生产监督部门排除想解雇的大部分人选。经验表明在许多类似于这样的情况下，如果有关人员有机会完全了解情况，知道他们的同事或主管领导为什么会遇到困难，并得到第二次机会，那么他们要么把自己解雇，要么证明不利于他们的指责是错误的。在任何一种情况下，如果雇员感觉到他们得到了公平和公正的对待，那么说明在人事部门工作、负责处理这种情况的人出色地完成了自己的工作。

如果有权力，对人事问题最缺乏了解的人会解雇任何人，但是要帮助不幸的雇员渡过难关，并使得该雇员成为感到满足、快乐和满意的雇员。我们需要自信的人，他们会比较多地容忍、考虑和理解其他人。这样的人是真正值得与之共事的。

解雇

多年以来，我们形成了一种哲学观，即无论何种原因，承担监管责任的人不会被迫监管他不想监管的人。这意味着部门的负责人可以说他不需要某个特定的人，而且他必须把这个人从这个特定的部门调走。对于经理、分公司领导、副总裁或执行副总裁来说，情况同样如此。

只有人事部门的人才能让雇员与公司脱离关系。我认为这基本上是一个非常合理的哲学观。这是因为如果雇员理解了这种哲学观，那么他们就知道他们的事情会得到恰当和彻底的考虑。而且如果雇员理解了我在第一项内容（公平）中提到的哲学观，他们会得到公平的对待。

由于生产监督部门知道他们必须公正和合理地提供有关被解雇的雇员的建议，因此这种有关解雇的哲学观也会对他们有帮助，而且恰恰因为他们不喜欢张三或李四，所以他们不能把特定的人从公司中分离出去。

外部行为

当两个以上的人被关联在一起时，他们的行为举止就始终是我们要面临的问题。许多年以前，我们试图形成这样一种为人处世之道，即只要个人在外面做的事情不会妨碍他在企业里的工作或影响企业中的同事，他的这种行为就与企业无关。我认为这种为人处世之道产生了非常好的效果。

这似乎有点像某种需要我们遵守的、宽松的计划，但是要在组织中找到可以帮助每一个雇员判断是非的人终究是非常困难的。我从未做到这一点，而且我认为雇员意识到这样一个事实，即我们了解和知

道他们有时会表现得离经叛道，但我们不打算惩罚他们。如果我们准备执行这种计划，组织中有谁能惩罚最后一个离经叛道的人呢？

由监督部门做决策

如果有1 000个人从事监督工作，其中有些人偶尔会做出影响雇员的错误决策——有些决策对雇员有利，有些是不利的。然而，如果完全可能的话，监督部门在所做出的决策上必须得到公司的支持。否则，监督部门就会失去信誉，雇员可能会找到张三或李四，要求他们改变直接负责管理的主管在工作上做出的决策。

如果这种政策得到贯彻执行，那么就说明负责监督工作的人必须接受恰当的培训，他们必须知道如何处理人事问题，否则就会导致最不幸的情况发生。

有些主管偶尔会做出需要公司提供资金支持的决策，这种计划必须得到贯彻执行。这样，雇员在任何时候都不会有机会说公司说话不算数，当然，主管所说的话代表着公司的态度。

认识每一个人

随着经营规模的扩大和雇员数量的增加，要做到这一点就变得越来越困难。对于组织中从事人事工作的人来说，认识每一个人曾经是轻而易举的事情。然而，现在要做到这一点，同样的原则必须适用，而且我们必须制订相应的计划。

人事部门的高层领导似乎应尽可能频繁地出现在由雇员组成的各类小组面前，利用说明会、信息发布会和管理人员培训班等方式提供的机会。认识其他人和让其他人认识你，组织通过雇员活动小组安排的社会活动是非常重要的方式。

如果雇员通过这样或那样的关系感到人事部门的负责人是一个“好人”，那么我认为在求助于他考虑他们的事情上，雇员会比他们知道谁负责管理人事部门表现得更轻松自如。

换句话说，雇员觉得他们想结交有权有势的朋友，而且他们想知道这个朋友是谁，并尽可能地对这个人有所了解，以便评估他能够向他们提供的服务。如果评估的结果是令人满意的，那么你在整个组织中就拥有良好的人事关系；如果评估的结果是不令人满意的，那么你就应该被免职，这是因为这毕竟是雇员对在人事部门中工作的人的评估，而这些人是公司人事工作成败的关键。

责任

在这个组织中，我们非常幸运地看到公司仅有的四位总裁支撑起了礼来的盛名。

礼来家族不仅得到了雇员的尊重，而且还得到了印第安纳波利斯市的市民和其他有机会了解他们的人的尊敬。从人事部门的角度上看，这的确是非常有帮助的。

每当任何有利于雇员的措施得以实施时，我们总是觉得这种信息应该是经总裁签字后被传递给雇员的，这是因为他增强了雇员心中的信念，即他是一个好人，对他们的幸福感兴趣。

相反，如果任何具有不同性质的措施是不可避免的，那么这肯定需要经人事部门的高层领导签字才能让雇员知晓。如果这位领导在整个组织内有足够的熟人，并得到雇员的适当认可，那么他们就会接受决策，因为他们认为如果这项决策不是正确和公平的，负责人事工作的人是不会签字的。

我们的雇员能够接受我们摆在他们面前的各种措施，我认为这一直是我们在这里看到的最令人满意的事情之一。我觉得这是以雇员确凿无疑的认识为基础的，即摆在雇员面前的措施是有利于雇员的，否则它们也不会被提出来。这是我们拥有的一种非常奇妙的感觉，只要我们拥有这种感觉，我认为我们就不会遇到任何类型的劳资纠纷。然而，事物发展得非常快。如果把雇员引入歧途，或不公平、不诚实地对待他们的人恰恰是他们曾经信任的人，那么前几年所做的工作就像放在热气腾腾的地方上的雪球一样会化为乌有。

以上信息是我在众人的要求下提出来的，因此如果在你看来这些内容不应该是这样的，或者你觉得它们毫无价值，那么我可以按照你觉得合适的方式不断地修改这些信息。

E. 贝克

1953 年 2 月 19 日

附录 B

质量控制小组

质量控制小组或QC小组是日本管理艺术最令人感兴趣的启示之一，也是在精神上接近Z理论的启示之一。事实上，美国许多曾经到日本参观访问的管理者对这些小组的效率印象深刻，他们决定回国后在自己的公司推行类似的方法。

质量控制小组大行其道的原因在于，它们具有独一无二的功能。它们的职责是与管理层共同负责发现和解决在协作与生产力上出现的问题。换句话说，这些小组会注意到组织中出现问题的所有细微之处，然后做上标记。因此，源于日本的质量控制小组有助于实现优质化、提高生产力和提高雇员士气，而且付出的成本相对较小。它们现在得到了人们的普遍接受，大有取代“零预算”和“目标管理”等此前风靡一时的管理方式，成为20世纪80年代的管理时尚之势。它们现在很受欢迎，而且具有较强的生命力：对于致力于根据质量控制小组的基本原则（而不只是根据自己的理想）调整自己的管理方式的公司来说，质量控制小组提供了在各个层次上让组织焕然一新的途径。

在日本，效果是惊人的。截止到1979年12月，在日本科学家与工程师协会质量控制小组总部正式注册的质量控制小组超过了10万个。这个数字不包括任何其他没有注册的质量控制小组，而后者的数量估计有100万。据日本生产力中心华盛顿办事处主任新井让二（Joji Arai）说，日本的质量控制小组每年提出并得到采纳的建议平均到每个工人身上是50～60条。现在的最高纪录是某个公司创造的，即每个工人在一年内提出并得到采纳的建议平均达到99条。设想一下各级工人广泛地参与质量控制工作，这会产生数以千计的、有助于改进工作的建议和想法，这些建议和想法极大地促进了日本企业的生产力。然而，这些成绩的取得是不花一分钱的。新井先生还说日本的雇员在工作的前 10 年里平均接受大约 500 天的培训，包括参加培训班和在职培训。

质量控制小组为何做得这样好呢？在日本，质量控制小组一般是由 2 ～ 10 名雇员组成的，他们是这个小组的永久成员。企业鼓励所有雇员（临时、兼职和各级雇员）参与质量控制小组。每一个小组的雇员自然而然地构成一个工作组，其中的每一个人的工作以某种方式相互关联在一起。在更大的系统中，各个小组通过“质量控制小组”相互关联在一起——工厂内的许多质量控制小组为完成某个特定的项目而组成的临时性的联盟。每一个质量控制小组的负责人是班组长，它的任务是研究它所负责的生产或服务工作中的任何问题。在大多数情况下，质量控制小组负责的研究项目会在 3 个月内完成，而且不应超过 6 个月。然后，在每年的 11 月（他们把 11 月定为全国质量控制小组月），他们召开会议，研究质量控制小组的工作并表彰先进。

通常，每一个质量控制小组每周开一两个小时的会议，有时利用工作时间，有时利用雇员自己的时间讨论自己的项目。一个典型的项目可能涉及小组的一个或多个成员发现的某个质量问题。他们可能会认为这是一个严重的问题，并与小组的其他成员进行讨论，包括班组长。然后，这群人可能开始对这个问题进行系统化的研究，收集有关问题的类型和性质的统计数字，甚至可能计算经质量控制小组的成员处理的、每一个零部件在生产过程的各个阶段出现的问题的数量。在可能为期六个星期的研究任务的最后阶段，成员们再一次聚集在一起，分析数据，通过画图表的方式确定问题的根源：是工程部门提供的设计有缺陷，是供应商提供的零部件在设计上存在误差，还是机器安装得不正确，或是小组的成员之间缺乏协作呢？一旦质量控制小组的成员找到了问题，他们就会提出解决问题应采取的措施。如果小组的成

员可以完全地接受这些措施，他们就会采纳这些建议。如果小组的成员发现的问题是一个比较普遍的问题，那么他们可能要求成立一个质量控制团队，以便在全工厂内寻找问题的根源，或者他们可能就应采取什么样的解决方案向上级管理部门提出建议。最后，他们找到和实施了解决方案。研究的成果被刊登在工厂的新闻简报上；这个小组因建议被成功采纳而受到了表扬；如果所提出的解决方案特别具有创新性或重要性，公司会指定它竞争企业内部、本行业甚至全国性的荣誉。公司会让雇员看到所有被采纳的建议共同产生的作用，这样每一个人都会意识到他们圆满完成任务与公司的利润和他们获得的奖金数额是息息相关的。

质量控制小组在日本已经成功实施了许多年。它们是在第二次世界大战后 1949 年 1 月开始出现的。18 个月后，美国统计学教授戴明博士（W. E. Deming）应邀为日本科学家与工程师协会组织的首届“八日质量控制研讨会”授课。该协会认为工业界长期毫无效果地把研究与分析从日常工作程序中分离出来，而这就是他们举办研讨会的动力。工程师们认为他们在工厂里不可能研究所有质量与生产力问题，因此他们决心建立一种框架，在这种框架中，工人可以与他们共同完成这些任务。戴明博士为工人们提供统计方法培训，工人们可以利用这种方法发现质量和生产力问题。这些曾经被美国的工业工程师开发出来的方法，成了质量控制小组使用的基本分析工具。

虽然统计方法本身不存在特别的魔力，而且它们在美国已经被广泛地使用了一百多年，但不同的是日本人的决心，他们花钱让生产部门的雇员掌握这些方法，然后在改变工作的组织方式上赋予这些雇员发挥影响作用的权力与权威，从而提高质量和生产力。日本式创新的特点就是与较低级别的雇员分享权力，并花钱培训这些雇员。

日本人非常重视统计方法，因此为了认可质量控制小组在日本取得的杰出成就，他们在 1951 年 6 月设立了“戴明奖”。1954 年，美国的影响进一步加深。当时美国教授朱兰（J. M. Juran）博士应邀为“质量控制管理研讨会”授课，这一次也是由日本科学家与工程师协会组织的。但是，统计学不仅仅是质量控制小组取得成功的关键因素。戴明和朱兰贡献的测量方法与日本人对组织的人性化一面的关注的结合，创造出了我们所了解的质量控制小组现象。

日本人强调他们的质量控制小组的成功不仅仅取决于方法，而且还取决于他们的生产目标所具有的这种基本的、具有人性化的方面。日本科学家与工程师协会认为质量控制小组的基本宗旨是：

- 促进企业的进步与发展。
- 尊重人性和建立和谐、生机勃勃的工作场所，而在这样的地方工作是非常有意义的事情。
- 充分发挥个人能力，并最终创造无限可能。

一方面，人们重视统计方法，而另一方面，这些一般性的宗旨体现出宏伟的蓝图，这两方面显然存在相当大的差距。在成功实施质量控制小组的过程中，充分实现这两个目标是十分必要的。许多公司在利用统计方法的同时，把这些一般性的宗旨视为无意义的、在很大程度上可以忽视的说教，这似乎是美国面临的危险。

如果把人性化与统计方法深思熟虑地结合在一起，质量控制小组的范围几乎是无限的。日本科学家与工程师协会手册指出：“企业通常在生产部门内推行质量控制小组制度。然而，它的影响范围已经超出了生产的范畴。例如，扩展到办公室、销售部门、仓库、银行、保险公司等。质量控制小组影响到母公司及其分支机构或分包商。这些小组在日常经营中密切合作。许多这样的质量控制小组已经成功地改善了它们的经营状况，并提高了它们之间的沟通能力。”在某些情况下，合作甚至延伸到彼此竞争的企业之间：“彼此竞争的公司的质量控制小组召开交流会，如钢铁和造船等行业。这种性质的交流活动能否成为可能，取决于高层管理团队的理念及是否具有保持合作关系的传统。”由于在日本，94%的孩子都上高中或中专技校，因此质量控制小组的大部分成员至少是中学毕业。事实上，在许多中专技校，除了学习传统的技术和工程知识外，学生还需要学习开展质量控制小组的工作所需的方法和概念。

但是，质量控制小组在日本的最大贡献与如何对待工人这个个体有关。例如，日本科学家与工程师协会手册指出：

> 无论有多少工厂实现了机械化，只要仍旧有人在工厂工作，我们就应该把他们当作人来看待。但是这些天来，这个方面被彻底地忽视了。不能适当地考虑人性化的公司迟早会失去最有才华的人才。过去20年间，这样的情况在美国这样的国家层出不穷。我们没有理由忽视人们的个性、轻视人们的能力、把人们视为机器和歧视他们。
>
> ……在人们的一生中，在工作场所消耗的时间占相当大的一部分。人们更乐意在一个愉快的地方工作。在这里，人性化得到适当的重视，而且人们感到他们所做的工作真正具有某种意义。这就是质量控制小组打算实现的目标……机械化的工厂仍旧需要由人来管理。由于人们拥有渴望学习更多知识的动力，因此他们掌握了他们以前根本就想不到的能力。

> 被称为精英管理的机制，即一种根据人们目前的绩效和已经掌握的能力对他们进行评估的制度，是否能够挖掘出他们的潜力是值得怀疑的。

不幸的是，美国的许多公司似乎坚持简单地靠行政命令实行质量控制小组制度。日本人认为这种做法是行不通的。相反，管理层必须创造积极的条件，然后耐心地允许人们自然而然地加大力度和增强信心。手册继续指出："质量控制小组工作应经过精心的设计，这样人们可以逐渐地增强信心，或者更确切地说，信心的增强是参与质量控制小组工作的自然结果。虽然它的一个目标是建立和谐的关系，但是'建立'这个词不应被解释为强迫做什么事情。和谐的关系应像花一样自然地绽放出来。如果在车间里，工人和班组长被视为机器的一部分，并被要求按照固定的标准工作，那么这样的工作环境是非常糟糕的。人的本质是思考的能力。车间应该是供人们进行思考和发挥自己的智慧的地方。拥有这样的工作场所必须是质量控制小组的工作目标之一。我们能不能不要求工人严格地按我们教给他们的方法工作，而是让他们在遇到问题时思考和提出问题呢？如果改进在本质上要求得到车间以上的人的授权和协作，那么为什么不允许工人有所改进、允许他们表达自己的看法或提供有利于改进的有用信息呢？"

此外，如果平等参与和分享的概念要具有意义，那么与雇员共享利益就是必不可少的。"挣更多的钱是劳动者强烈渴望的目标之一。质量控制小组的目标必然包括提高收入。按理说，随着蛋糕越做越大，个人在蛋糕中享有的份额也就越大。质量控制小组的工作增加了公司的利润，并最终提高了个人的收入，而这些人通过质量控制小组的工作为增强盈利能力做出了自己的贡献。"

在某种意义上，质量控制小组的目标是允许每一个雇员成为规划员、工程师和劳动者。“工程师的职责因能力、职务、习惯和与车间关系的不同而不同。例如，在美国，工程师制定标准，而车间的工人一丝不苟地执行标准。工程师的职责与车间的职责分离，而且二者之间存在隔阂。在工作上，质量控制小组的真正目标是把工程师从车间里解放出来，这样他们可以把时间用于从事更有建设性的工作。因此，要取得最优的效果，企业必须采取措施，让他们与质量控制小组保持密切的联系。”

我们得到了许多根本性的启示，而且我们在它们的面前不是无能为力的。对美国来说，最重要的启示是，只有企业在培训雇员上舍得投资，然后与他们分享影响决策的权力，企业才能充分发挥他们的潜力。没有培训，邀请参与决策的结果只能是遭遇挫折和引发矛盾。没有决策权力的分享，培训投资既无效果，也会造成浪费。希望向日本企业学习的美国企业只效仿日本企业当年的做法，并把双方最好的方面结合在一起，就像他们研究美国的工业系统一样，我们必须采取同样的措施。

当然，只有中层和高层管理人员真正认识到质量控制小组取得成功所必需的条件，并对它们予以支持，质量控制小组才能在美国企业中得到成功的实施。这反过来意味着管理层必须提供鼓励合作的长期激励措施，如果没有这种激励措施，较低级别的雇员是不会予以合作的。因此，我们不能孤立地理解质量控制小组，而应把它视为一个更大和更复杂的组织系统的一部分，以及 Z 理论设想的系统的一部分。

注　释

导言

1. See George C. Homans, *The Human Group* (New York: Harcourt, Brace & World, Inc., 1950).

第 2 章

1. For a thorough and practical discussion of participative methods of decision making and their use in industry, see Edgar H. Schein, *Process Consultation* (Reading, Mass.: Addison-Wesley, 1969).
2. See Thomas P. Rohlen, *For Harmony and Strength: Japanese White-Collar Organization in Anthropological Perspective* (Berkeley: University of California Press, 1974).
3. 关于美国在第二次世界大战后对日本工业结构的影响的性质和程度，社会学家和人类学家可谓各抒己见。虽然我在这里提出的解释不是定论，但具有一定的代表性。
4. See Amitai Etzioni, "Organizational Control Structure," *Handbook of Organizations*, ed. J. G. March (Chicago: Rand McNally, 1965).

第 3 章

1. For a recent and complete translation of Weber' point of view, see Max Weber, *Economy and Society*, ed. G. Roth and C. Wittich (New York: Bedminster Press, 1968). For an interpretation of Weber' ideas as they apply to American organizations, see Peter M. Blau and W. Richard

Scott, *Formal Organizations* (San Francisco:Scott, Foresman, 1962).

2. Anyone interested in a formal statement of the ecological view as it applies to organizations should see Michael T. Hannan and John H. Freeman, "The Population Ecology of Organizations," *American Journal of Sociology*, Vol. 82 (March 1977).
3. See Douglas McGregor, *The Human Side of Enterprise* (New York: McGraw-Hill. 1960).

第 4 章

1. See Harold J. Leavitt, Managerial Psychology, 4th ed. (Chicago: University of Chicago Press, 1978).
2. See Edgar Schein, *Process Consultation* (Reading, Mass.: Addison-Wesley, 1969).
3. 在组织研究领域和我自己思考的领域，克里斯·阿吉里斯（Chris Argyris）的书是最有影响的著作之一。虽然他写了很多书，但我在这里特别提到的是他的里程碑式的著作——《个人与组织一体化》。
4. See Rosabeth Moss Kanter, *Commitment and Community* (Cambridge: Harvard University Press, 1972).
5. “氏族”在这里和本书其他章节里指的都是工业氏族。氏族的用法来源于社会学家埃米尔·涂尔干（Emile Durkheim）。在这种用法中，杂乱无章的、由个人组成的集合体叫群，被组织起来的最小单位叫小组，而氏族是由许多小组组成的。氏族是一个关系密切的联合体，其中的个人通过各种关系被相互关联在一起。氏族的成员可能拥有或不一定拥有血缘关系。我所说的氏族在这里指的是一个由产业工人组成的关系密切的团体，这些工人彼此非常了解，但一般不拥有血缘关系。
6. See Ivan H. Light, *Ethnic Enterprise in America* (Berkeley: University of California Press, 1972).
7. See Marcel Mauss, *The Gift* (New York: W. W. Norton, 1967).

8. I have developed this work in collaboration with Jerry B. Johnson. For a complete description of the initial study, see W. G. Ouchi and Jerry B. Johnson, "Types of Organizational Control and Their Relationship to Emotional Well-Being," *Administrative Science Quarterly*, Vol. 23, (June 1978). We were assisted in this work by Alan Wilkins, David Gibson, Alice Kaplan, and Raymond Price, to whom I am grateful.

第 5 章

1. See Richard Walton, "The Diffusion of New Work Structures: Explaining Why Success Didn' Take," *Organization Dynamics* (Winter 1975).
2. 加利福尼亚大学洛杉矶分校（UCLA）的理查德·鲁梅尔特（Richard Rumelt）教授和哈佛大学的阿尔弗雷德·钱德勒教授通过研究发现，主业远远偏离自己所长的企业往往在利润上，没有沿着与自己的专长有关的方向发展的企业赚得多。投入这些充满风险的陌生事业的公司，可能在开发未来技术和产品的投资项目上遭受了挫折，因此觉得它们必须在陌生的方向上开辟一条新路，从而在发展上孤注一掷。

第 7 章

1. See "1978 Executive Conference on Quality of Work Life," Organizational Research and Development Department and Personnel Administration and Development Staff, General Motors Corporation, Detroit, Michigan, 1978. This is the source for the G. M. case history reported.
2. These and other G. M. details are from the Executive Conference report cited in the previous footnote.
3. 在第 5 章的第三步中，我详细描述了斯坎伦（Scanlon）计划，这项计划关注的是激励措施。

第 8 章

1. See William J. Goode, *World Revolution and Family Patterns* (New York: The Free Press, 1963).

2. Ouchi and Johnson, cited above, reports statistical data on a comparison between Company A and Company Z.
3. These concepts I developed in concert with Alfred M. Jaeger. An earlier statement of these ideas may be found in W. G. Ouchi and A. M. Jaeger, "Type Z Organization: Stability in the Midst of Mobility," *Academy of Management Review* (April, 1978). The data referred to here are reported in the Ouchi and Johnson article.

参考文献

Abegglen, James C. *The Japanese Factory: Aspects of Its Social Organization.* Glencoe, Ill.: The Free Press, 1958.

Argyris, Chris. *Integrating the Individual and the Organization.* New York: John Wiley & Sons, Inc., 1964.

Argyris, Chris, and Donald A. Schon. *Organizational Learning: A Theory of Action Perspective.* Reading, Mass.: Addison-Wesley, 1978.

Barnard, Chester I. *The Functions of the Executive (30th ed.)* Cambridge: Harvard University Press, 1968.

Blau, Peter M., and W. Richard Scott. *Formal Organizations.* San Francisco: Scott, Foresman, 1962.

Chandler, Alfred D., Jr. *Strategy and Structure.* Garden City, New York: Doubleday-Anchor, 1966.

Cole, Robert E. *Work, Mobility, and Participation.* Berkeley: University of California Press, 1979.

Dore, Ronald. *British Factory — Japanese Factory.* Berkeley: University of California Press, 1973.

Durkheim, Emile. *Suicide: A Study in Sociology,* trans. J. A. Spaulding and G. Simpson. New York: The Free Press, 1951.

Durkheim, Emile. *The Division of Labor in Society,* trans. G. Simpson. New York: The Free Press, 1933.

Etzioni, Amitai. "Organizational Control Structure," *Handbook of Organizations,* ed. J. G. March. Chicago: Rand McNally, 1965.

Goode, William J. *World Revolution and Family Patterns.* New York: The Free Press, 1963.

Gouldner, Alvin W. "The Norm of Reciprocity." *American Sociological Review,* Vol. 25 (1961).

Hannan, Michael T. and John H. Freeman. "The Population Ecology of Organizations." *American Journal of Sociology,* Vol. 82 (March 1977).

Homans, George C. *The Human Group.* New York: Harcourt, Brace & World, Inc., 1950.

Johnson, Richard T., and W. G. Ouchi. "Made in America (Under Japanese Management)," *Harvard Business Review* (Sept.–Oct. 1974).

Kanter, Rosebeth Moss. *Commitment and Community.* Cambridge: Harvard University Press, 1972.

Kuhn, Thomas. *The Structure of Scientific Revolution.* Chicago: University of Chicago Press, 1962.

Light, Ivan H. *Ethnic Enterprise in America.* Berkeley: University of California Press, 1972.

Likert, Rensis. *The Human Organization: Its Management and Value.* New York: McGraw-Hill, 1967.

March, J. G. and H. A. Simon. *Organizations.* New York: John Wiley & Sons, Inc., 1968.

Marx, Karl. *Capital.* New York: Modern Library, 1936.

Mauss, Marcel. *The Gift: Forms and Functions of Exchange in Archaic Societies,* trans. Ian Cunnison. New York: W. W. Norton & Company, Inc., 1967.

McGregor, Douglas. *The Human Side of Enterprise.* New York: McGraw-Hill, 1960.

Nakane, Chie. *Japanese Society.* Middlesex, England: Penguin Books, 1973.

Ouchi, W. G. "A Conceptual Approach to the Design of Organizational Control Mechanisms." *Management Science* (August 1979).

———. "Markets, Bureaucracies, and Clans." *Administrative Science Quarterly* (March 1980).

———, and A. M. Jaeger. "Type Z Corporation: Stability in the Midst of Mobility." *Academy of Management Review* (April 1978).

———, and Jerry B. Johnson. "Types of Organizational Control and Their Relationship to Emotional Well-Being." *Administrative Science Quarterly, Vol. 23* (June 1978).

Porras, Jerry I. and P. O. Berg. "The Impact of Organizational Development." *The Academy of Management Review* (April 1978).

Roberts, B. C., H. Okamoto, and G. C. Lodge. "Continuity and Change in the Industrial Relations Systems in Western Europe, North America, and Japan." *Draft Report of the Trilateral Task Force on Industrial Relations to the Trilateral Commission* (May 1977).

Rohlen, Thomas P. *For Harmony and Strength: Japanese White-Collar Organization in Anthropological Perspective.* Berkeley: University of California Press, 1974.

Schein, Edgar H. *Process Consultation.* Reading, Mass.: Addison-Wesley, 1969.

Sloan, Alfred P., Jr. *My Years with General Motors.* Garden City, N.Y.: Doubleday, 1964).

Tonnies, Ferdinand. *Community and Society,* trans. C. P. Loomis. New York: Harper Torchbooks, 1957.

Walton, Richard. "The Diffusion of New Work Structures: Explaining Why Success Didn't Take." *Organizational Dynamics* (Winter 1975).

Weber, Max. *Economy and Society,* ed. G. Roth and C. Wittich. New York: Bedminster Press, 1968.

Williamson, Oliver E. *Markets and Hierarchies: Analysis and Antitrust Implications.* New York: The Free Press, 1975.

Williamson, Oliver E. "Transaction-Cost Economics: The Governance of Contractual Relations." *The Journal of Law and Economics* (October 1979).